R・A・モース◉編
赤坂憲雄

菅原克也◉監訳
伊藤由紀・中井真木◉訳

世界の中の柳田国男

Yanagita Kunio Studies Around the World

藤原書店

世界の中の柳田国男　目次

第Ⅱ部 妖怪・遠野・文学的創造 …… 83

第Ⅲ部　柳田国男の遺産……………………………………187

凡例

一　人名・書名・誌名等の表記は現行の漢字字体を用いた。

二　引用に際しては、各論文の原著者が依拠したテクストに従うこととし、本書全体を通じての統一は図らなかった。よって、柳田国男の著作からの引用は、以下のさまざまに編集・表記方針の異なる各種文献に依拠している。

『定本柳田国男集』（筑摩書房、一九六二―七一年）、『柳田国男全集』（ちくま文庫、一九八九―九一年）、『柳田国男全集』（筑摩書房、一九九七年―）、初出雑誌、初版単行本、角川文庫版『遠野物語』等。

三　和文著作の引用について、原論文において翻訳からの引用がなされている場合、および原著者による翻訳が使用されている場合には、適宜、和文原著より引用した。引用文が原著と一致しない箇所については、訳者の判断で引用範囲等を改変したところがある。外国語文献からの引用については、既に邦訳が出版されている場合でも、新たに訳出した。

四　引用文中の漢字・仮名遣い等の表記はできうる限り出典に忠実なものとした。ただしルビは適宜省略した。

五　注の書誌や参考文献一覧の配列・表記法等は原論文に従い、本書を通じての統一は図らなかった。

六　原著者による引用等への補記は［　］で示した。訳者による補記は〔　〕で示した。また、訳者の判断で補ったルビは（　）で示した。原文イタリックの箇所が強調ないし概念表現である場合、傍点を付し、大文字で始まることによって強調されている単語は〈　〉で括った。

世界の中の柳田国男

元貴族院書記官長にして、農村問題に真摯に取り組む著名な学者である柳田国男には、とくにお世話になったことを、ここに申し述べておこう。

——J・W・ロバートソン・スコット（イギリスのジャーナリスト）

『日本之真髄』（一九二二年）より

柳田翁にお会いしたのは、翁が八十一歳の時である。通訳を介しての面会であった。その時の仏のような姿の印象が今でも心に残っている。柔和で、穏やかで、落ち着きがあり、同時に、威厳に満ちて、こちらの敬意を当然と考える、堂々たる体躯の、均整のとれた、きりりとした人物であった。目鼻立ちがはっきりとして、顔の色はつやつやとしていた。

——リチャード・M・ドーソン（アメリカの民俗学者）

一九五〇年代に柳田を訪れた時を回想して

〔柳田に〕もうお会いになれないのが残念です。本当にあなたに見せたかった。どんなにすばらしい蔵書に囲まれていたか。お客とどんな風にうちとけて話をしていたか。助手たちの仕事をどんな風に監督していたか。——私が本を見ていると、あなたも一息入れてはどうかと言われ、お茶を飲みながらおしゃべりをしました。……二階から下りてきて女性たちの輪に加わり、研究の様子や執筆の進みぐあいを尋ね、それぞれに意見を述べて、励ましていました。そうやって、一人ひとりの研究の後押しをするのを、どんなに喜んでいたことか。彼はすべてを把握していました。

——ファニー・ハギン・メイヤー（柳田の翻訳者）

一九八一年八月六日の手紙

はじめに

ロナルド・A・モース
クリスチャン・ゲーラット

本書に収録された論文は、柳田国男（一八七五―一九六二年）の生涯と作品とを、さまざまに異なる国際的視座から検証する。論文の数は多くはないが、日本の民間伝承と柳田国男に強い関心を持つ各国の専門家の著述の代表例を集めた。巻末の「柳田国男関係外国語文献一覧」では、国内外の研究者による外国語文献を紹介した。

本書に掲載する論文を選定するに当たって最初に問題となったのは、「柳田国男研究」の語が実際に何を指すかを定義づけることだった。最も基本的なレベルでは、この語は柳田の著作と研究の検証を指す。つまり、柳田の書いたものや、柳田が研究によって明らかにしたことを、分析し解釈するものである。もう一つのより広いレベルでは、柳田という人物やその業績と思想を対象とする研究を指す。よく知られているように、柳田の生涯は民俗研究にのみ費やされたわけではない。最終的には、「柳田国男研究」は柳田の思想とその学説とを、二十世紀日本あるいは世界史の中に位置づけることを目指すことになる。ここには、たとえば、柳田の民俗研究を、世界的な社会科学の近代化と発展のプロセスの中で分析する試みなども含まれる。柳田国男研究に向けたこれらのアプローチのいずれにおいても、本書で行なった以上の検討が求められるが、それには本書よりはるかに多くの分量が必要となるだろう。

本書の編集に当たっては、柳田の業績の中でも特に重要なテーマに注目した論文を集めることを心がけた。論文のうち半数ほどは本書のために書き下ろされたものである。執筆者のなかには、柳田研究は柳田による文化・民間伝承の考察にはじまると考えている者もいる。彼らによると、柳田は文化というものを、習得したり伝達したり共有したりするもの、具体的には社会で生き残ってゆくための知恵、問題解決のための知識、日常生活における親族関係や社会的ネットワークなどを指すと理解していたようである。また一方では、柳田が民間信仰や民衆心理を「新国学」と位置づけて関心を寄せた点をとらえて、柳田の学問が徳川期の国学研究の伝統に基づいていると論じている者もいる。

物語、民話、伝説など、われわれの祖先が知識と価値観の伝達のために主に用いた方法も、柳田の作品の中核にある。本書の中で、たとえばメレック・オータバシ氏の論文は柳田の文学的関心を重視し、柳田の『遠野物語』(一九一〇年)に文学の観点から新たな光を当てている。クリストファー・ロビンス氏の論文は、『遠野物語』をさらに広い視座から検証し、この作品を、同じく東北地方を扱った、劇作家でユーモア小説家の井上ひさし(一九三四―二〇一〇年)の作品と比較している。マイケル・ディラン・フォスター氏は、柳田は妖怪について書いたことで民間伝承の発展の理論を形成した、との見方を示し、デイヴィッド・ヘンリー氏は柳田後期の思想における桃太郎の話の重要性に着目する。

西洋の眼から見た柳田国男

柳田の研究は日本の心意現象を解きあかすことを目的としていた。このことから、柳田の学問を、近代化に遅れてきた「日本自己認識学」の一種と見ることもできるだろう。言いかえれば、柳田が試みたのは地方社会と農耕に日々関わっている声なき多数の人々に、文化的アイデンティティと声とを与えることであった。

本書に収録した論文が明らかにしているように、柳田の著作と思想の形成には多数の要素が関係している――たとえば明治政府の経済政策と工業化政策、明治期の中央集権体制の強化、日本に先立って工業化の社会的文化的影響を受けたヨーロッパの知識人や作家の著作の影響などである。これに加えて、柳田が中国と日本の古典文学に親しんでいたこと、日本の地域生活や民間信仰に対する文学的直感を有していたことなども挙げられる。後述するが、柳田の生涯の仕事を「日本ならではの人間主義《ヒューマニスト》研究」と見ることも可能かもしれない。

今回、(日本語以外の)外国語による先行研究を調査して、柳田国男や日本の民間伝承について何らかの形で触れた研究は国際的にみて多数あるものの、その中で柳田やその研究に直接着目した研究はごくわずかしかないことが分かった。興味深いことに、柳田に関する研究は北米で最も多く確認された。これはおそらく、北米では学問分野として日本研究の伝統が根づいていることに加え、アメリカの研究者の中には一九四五年以降に占領軍の一員として日本に滞在し、柳田と直接面会したことのある者がいて、彼らの中に柳田の印象が今なお生き続けていることも関係しているだろう。

日本との関係の歴史はアメリカよりヨーロッパのほうが長いが、柳田国男研究は明らかにそれほど進んでいない。ヨーロッパの研究者の間でも、柳田国男が近代日本の重要な思想家であるという共通認識は広まっており、その著作は広く引用されているが、学問分野としての柳田研究はヨーロッパではほとんど存在しないに等しい。フランチェスコ・デントーニ氏が柳田国男の人物と思想をイタリア語で紹介しているほかは、柳田本人についてのまとまった研究は、ペーター・ルートゥム氏のドイツ語による二つの研究論文が、柳田国男と博物学者の南方熊楠（一八六七―一九四一年）の関係を主に取り上げているのを挙げられる程度である。

とはいえ、柳田を扱った修士論文や卒業論文は、ヨーロッパでもこれまでに多数書かれており、近年の学会でも柳田関係の発表がいくつか行なわれている。今後これらが出版点数の増加に結びつくかは未知数だが、欧米では怪物、幽霊、妖怪などを扱った文学作品に対する関心が高まったのと時を同じくして、新たに柳田に注目が集まりつつあるので、西洋での柳田研究の将来は明るいものと思われる。マイケル・ディラン・フォスター氏は、柳田の妖怪研究を媒介として、怪奇小説や神秘現象の話に注目が集まる現在の傾向を、いかに過去と結びつけうるかを論じている。

日本を除くアジアでの柳田国男研究はまとまりを欠いていて、一層特定が難しい。これは一つには、柳田の民俗研究が日本の植民地政策と同一視されてきたことに起因する。第二次世界大戦前から戦中にかけて、日本の民俗研究者ら（その多くは柳田の門弟）が民俗（フォークロア）の概念を中国や朝鮮半島をはじめとするアジア各地にもたらしたことが知られている。柳田の著作のいくつかは韓国語に翻訳されており、柳田と中国の民俗研究者ら、とりわけ周作人（一八八五―一九六七年）との交流については日本で発表されたいくつかの研究に取り上げられている。柳田に関するアジアでの研究の複雑さから、この問題は将来的には独立した研究の対象になりうると思われる。

われわれが取り組まなくてはならなかった問題をより困難にしていたことの一つは、日本または柳田国男に関する、「純粋に外国の」研究など実際には存在しないということである。一般に、外国人研究者は研究を実施するうえで日本の研究や日本人研究者からの助言に大きく依拠するものである。本書に収録された論文についてもこのことは事実当てはまる。

もう一つの問題は、柳田の時代に比べると、現在では、人類学、民族学、民俗研究などの学問分野が、日本でも世界でも大いに発展し勢力を広げていることである。今日の知的環境は、柳田がその著作の多くを執筆した、民俗研究の発展途上期とは大きく異なっている。上記のいずれの分野についても、今では学会や学術誌や専門書があり、国際学会や研究会が定期的に開催されている。このことは本書の巻末の「柳田国男関係外国語文献一覧」を見れば明らかであろう。

本書に収載された論文の多くは、上記のような学問分野の専門教育を受けた若手研究者が、柳田の研究スタイルとアプローチに批判的な眼差しを向けたものである。これらの研究者は柳田の研究を先駆的業績として重視してはいるものの、日本の民俗研究については、柳田国男や彼が書いたものという狭い範囲に囚われることなく、その先へ進んでゆく必要があると考えている。スコット・シュネル氏と橋本裕之氏の論文は日本の民俗研究の島国体質に批判的ではあるが、その一方で日本の民俗研究が世界の民俗研究に貢献しうる可能性を指摘してもいる。本書の執筆者の多くが指摘するのは、柳田国男が日本の民俗研究の発展に及ぼした功罪の両面である。

柳田研究のテーマの多様性

このような文脈において、なぜ柳田が二十世紀日本の重要な思想家として、例外的に国際的な知名度を獲得しているのか考えてみるのは重要なことである。理由の一つは、柳田の著作が幅広い主題（民間信仰、儀式、祭、祖先崇拝、地域社会の構造、親族体系、民俗宗教など）を取り扱っていることである。

柳田の人気の一部は、その流れるような、文学的かつジャーナリスティックな文体が古い世代の日本人に人気があることに由来している。しかしまさにこの文体は、西洋の研究者には威圧的で暗号めいたものに見える。また柳田は著述において、典拠を示すことで学術的な体裁を整えるという、研究者が通常行なう手続きを避けていたため、研究者によってまともに扱われなくなったということもある。また柳田は、常に読んで面白いが、その著述において独断的あるいはイデオロギー的な態度を（意図的に）避けているということもある。

また、柳田の生涯には過渡期がある——一九〇〇年から一九二〇年まで、柳田は端的に言って二つの人生を同時に生きており、その二つの人生はしばしば干渉しあっていた。一方で柳田は、高位の政府官僚として日々の政治に関与しており、他方で、私的生活といってよい領域において、文学サロンや民俗研究の著述を通じ、文化についての幅広い問題に取り組んでいた。

柳田は同時代の多くの日本人とは違って、大学卒業後すぐには留学をしなかったが、一九二一年五—

十二月と、一九二二年五月―一九二三年十一月の二度にわたり、ジュネーヴで国際連盟の委員を務めている。その後は約二〇年にわたって朝日新聞社の記者を務めた。一九三〇年代には、自身の郷土生活研究所に、地方生活に関心を持つ共産主義者や左翼活動家らを匿い、逮捕から救った。第二次世界大戦後は、占領軍の一員として日本で活動していたアメリカの人類学者らと親交を厚くした。そしてこの間五〇年以上にわたって、広範な知識と自身の旅行体験に基づく多くの単行本やエッセイを書き続けた。

近年、柳田の国際連盟勤務時代の重要性がにわかに注目を集めるようになった。というのも、柳田はこの機会に直接西洋の民俗研究に触れ、世界の民俗研究の動向への理解を深めたからである。ヨーロッパでの経験は（柳田はフランス語と英語の充分な運用能力があり、ドイツ語とオランダ語もある程度分かった）、柳田が一九三〇年代以降集中して民俗研究に取り組む際の基礎を築いた、という点が研究によって明らかにされており、本書の中でも複数の論文で言及されている。

柳田は国際連盟の委任統治委員会のメンバーとして日本から指名され、ジュネーヴに滞在した。委員会の開催は年一度であり、柳田はその合間に各地を旅した――ドイツ（一九二二年八月、一九二二年九月、一九二三年四月、同年八月の四回）、スイス、オーストリア、フランス、オランダ、イギリス、イタリアを訪問したほか、フィンランドとロシアの民俗研究についても資料を集めている。余暇には書店を回って書籍を購入し、ヨーロッパの民俗研究の専門家らを訪問している。柳田の桃太郎についての著作を論じたデイヴィッド・ヘンリー氏の論文は、ジュネーヴ時代以降の民俗研究の方法論に関する問題を扱っている。トーマス・バークマン氏の論文は、より直接的に柳田の国際連盟での経験に着目する。バークマン氏は、柳田がどの程度までヨーロッパの啓蒙主義的知識人と政治的見解を共にしていたか、という重要な問題を提起している。

柳田研究において、日本でも海外でもほとんど顧みられることのなかった問題の一つは、柳田が自身の民俗研究を形成するうえで、どの程度まで海外の思想や研究に依拠していたかということである。これを検証するのは難しい。というのも、柳田は著作にほとんど注を付けておらず、情報源をほとんど明らかにしていないからである。とはいえ、柳田の旧蔵書は現在東京の成城大学に寄贈されており、全部で約二万点の資料のうち、外国語の書籍は一四三四冊、雑誌は九百冊にのぼることが分かっている。

日本の研究者らがすでに指摘しているように、柳田の官僚としての生活には興味深い重要なエピソードが多いのだが、柳田の研究における政治と民俗の混交について十分な注意を払っている外国人研究者はごくわずかしかいない。その中で、アダム・ブロンソン氏の論文は、柳田の著述における政治と民俗研究の相互作用を検討している。

以上述べたことなどから、柳田が国際的にも高い知名度を獲得している理由がわかるだろう。

日本の「大いなる伝統の番人」

複雑で矛盾しているようにも見える柳田の性格だが、海外に興味を持ったのもその性格のゆえである。柳田は超人的な記憶力を有し、文学的才能にも恵まれていた。詩歌を学ぶ一方で、社会科学者を目指した。話しことばや口承に惹かれる一方で読書も好んだ。都市に暮らしながら地方生活に憧れ、エリート紳士らしい装いと振る舞いでありながら、地方の農民に共感した。生命を愛しつつ、幽霊や妖怪や霊魂や死の領域にも惹かれていた。愛国者であり、農業、宗教、教育に関する政府の政策の多くに疑問を呈したが、当局と直接対立したことはなかった。柳田の比較研究の視野はあくまで限定的なもので、日本のみを対象とした日本の民俗研究の意義を信じていた。だが、柳田は自身の研究の方法論を形成するに当たって、民俗に関する海外の思想に大きく依拠していた。その意味で欧米の思想の日本化の中心人物と見てよいだろう。

もっとも、柳田の業績は民間研究者としてのもので、十分な学問的訓練を欠き、組織の後ろ盾もなかった、ということも事実である。ヨーロッパの書物体験から、柳田はヨーロッパのほぼ全域において、キリスト教優位の社会ゆえに民間信仰が周縁的な存在となっていることを知った。柳田は、多くのヨーロッパの文献から――特に、W・B・イェーツや、ドイツロマン派のグリム兄弟やハインリヒ・ハイネの作品から――日本も工業化の進展によって変わってしまうだろうという警告のシグナルを読み取っていた。それでも柳田は、近代化の遅れた日本では、民間信仰はまだ生命力を残していて、探そうとすればまだ見つけられるはずだと考えた。こうして柳田は、全国にまたがる情報の収集に、切迫感を持って取り組んだ。

旅行とフィールドワークは、農民の生活と信仰を確実に記録する唯一の方法であり、柳田の情熱の対象となった。訪問先の選定や訪問の方法、発見すべき事柄などを、柳田は「探索の科学」と見なした。地方の山や谷を歩き、風景を読み解き、人々の語りに積極的に耳を傾け、地域の情報を持った専門家らとの議論を楽しみ、収集したデータの断片を作品へと織り上げ、自身の発見を詩的かつジャーナリスティックな文体で書き残して読者の関心を摑む――こうしたことが、柳田の生涯の仕事となった。旅行と観察と著述とを混ぜ合わせる柳田の才能は、アラン・クリスティ氏の沖縄に関する論文に描かれている。

海外の研究

日本が海外の本格的な研究対象となったのは第二次世界大戦後のことで、戦時中に日本語の訓練を受けた欧米の専門家らが本国へ帰り、博士号を取得し、西洋の大学で日本語と日本研究の学科を立ち上げたのがきっかけである。当初の研究は主に日本史に関するもので、初歩的な教材の準備と近代日本の政治経済の検証が集中的に行なわれた。日本文学には戦前から熱心な愛好家がおり、比較的早く西洋の大学で研究分野としての地位を固めていた。日本の宗教の研究も、特にヨーロッパでは盛んである。ベルナール・ベルニエ氏の論文は、柳田が『先祖の話』で用いた研究の方法論について強い懸念を示しているが、この懸念はベルニエ氏自身の日本での研究と、近代の社会科学の方法論とに基づくものである。

日本人以外で日本語のできる研究者は、あらゆる研究分野を合わせても全世界で現在おそらく三千人程度であろう。一九八八年の統計では、日本の専門家はアメリカの約二九五カ所の学術機関に一二九四人が在籍していた。柳田の著作で外国語に翻訳されたものはまだまだ少ない。『遠野物語』と『先祖の話』が英訳で読めるのみである。

海外における柳田国男への関心は、日本での一九七〇年代の柳田への関心の高まりに刺激された面もある。それと前後して日本で小規模なブームが起こるたびに——一九六二年にはじまる『定本柳田国男集』の刊行、同じ年の柳田の逝去、一九七五年の生誕百年の前後など——海外での柳田研究も成長を遂げてきた。この生誕百年のブーム以降、海外での柳田の認知度は高まり、一九二〇—三〇年代（大正末から昭和初期）に日本が帝国主義の下、アジア全域へ勢力を拡大していた時代の主要な知識人として知られるようになった。

一九八〇—九〇年代になると、柳田は海外、特にアメリカの新世代の研究者の注目を集めるようになった。これらの研究者は一九二〇—三〇年代のドイツと日本の知的潮流の比較に関心を持っている。彼らの見解では、柳田は政府主導のナショナリズムや日本の植民地主義と帝国主義を好ましく思っておらず、自身で草の根の学問分野を立ち上げて、国家レベルで起こっている事態への対抗軸として機能させようとした。ただし、民俗研究を有力な社会科学の一分野に育てあげようとした柳田の試みは失敗した、というのがこれら研究者の見方である。柳田の民俗研究は、新国学の形を取った文化ナショナリズムであり、非科学的な文化的排他主義、あるいはロマン主義的ナショナリズムと呼びうるものだ、と彼らは主張する。本書では、アダム・ブロンソン氏の論文が、この見方に呼応している。

二十世紀の人間主義者としての柳田国男

柳田の研究が弱点や過誤を含んでいたことに弁解の余地はないとしても、それが当時を代表するものであることを認めておくことは重要である。それに、比較研究の立場や国際的視座から見ると、柳田の思想や民俗の捉え方は、それほど例外的なものとも言えない。

民俗研究という学問領域とその手法を確立させることは、ヨーロッパでもほかのどの地域でも、決して容易なことではなかった。民俗研究はまずヨーロッパで確立されたが、アメリカで専門的地位を獲得するのには時間がかかった。今日でも北米で民俗研究の博士課程を有する大学は一一校、修士課程のある大学は一七校である。アメリカの民俗研究の先駆者で、一九五六―五七年に柳田の民俗学研究所で研究活動を行なったリチャード・M・ドーソンは、民俗は複雑すぎてほとんど定義されていない、それどころか「フォークロア（folklore）」という用語は一八四六年以前には存在しなかった、と指摘している。ドーソンは（柳田と同様に）、大学のいわゆる人文科学《ヒューマニティーズ》（歴史学、言語学、文学、哲学、宗教学、芸術学、詩学）の学科は、実際には「人間性《ヒューマニティ》」を取りこぼしていると考えている。大学の人文科学研究は事実上「ハイカルチャー」のみを扱うもので、「民俗」研究はこの偏向を正すものとして意図された[1]。この定義に従えば、柳田はドーソンのいわゆる「人間主義者」にほかならない。ドーソンは一九六八年に民俗の定義を試みてこう書いている。「民俗（フォークロア）は人々の文化である。それは［大学の］歴史学者が記述する表だった文明の陰に、潜み隠れた文化である。学校や教会、議会や法廷、書物や演奏会は、［高度な］文明を体現する制度としてである。しかしこれらを取り巻く、伝統に裏づけられたその他の文化体系が、世界のほとんどの人々の思想や信仰や行動を直接支配しているのである」[*1]。この「その他の文化体系」こそが、柳田の民俗研究の対象である。

　柳田国男の没後五〇年を迎える今日でも、柳田の研究と著作の遺産は生き続けている。その功罪をどう論じようと、柳田が日本の二十世紀の知の巨人の一人であることには変わりはない。柳田の遺産は日本にのみ残されたものではない。この小さな本で示そうとしたとおり柳田は、日本の民俗的伝統をめぐり、世界中で大きな関心を生み研究を促している。柳田の生んだ学問分野は国際的な比較研究の基盤として、豊かな可能性を秘めている。

日本の内外での柳田研究の本質を、これ以上ないほど簡潔に言い表した言葉として、文化人類学者の石田英一郎が柳田の生涯の仕事を評した「偉大な未完成品[(2)]」という言葉がある。二十世紀日本の屈指の人間主義の思想家として、柳田が歴史上に占める地位は揺るぎない。そして没後五〇年経った今日でも、柳田は日本の内外を問わず、人々が日本の伝統と文化を言い定める際の雛形を提供している。

（訳：伊藤由紀）

原注

（1）Richard M. Dorson, "The Value of the Humanities: A Folklorist's View." *The Humanist As Citizen*, ed. John Agresto and Peter Riesenberg, National Humanities Center, 1981, pp. 165-176. リチャード・マーサー・ドーソン（Richard Mercer Dorson, 一九一六―八一年）はアメリカの民俗研究者、著述家、大学教授。インディアナ大学フォークロア研究所所長を務めた。Richard M. Dorson, "Concepts of Folklore and Folklife Studies," in *Folklore and Folklife*. University of Chicago, 1972, p. 13 も参照のこと。

（2）石田英一郎「偉大なる未完成――柳田国男における国学と人類学」『柳田国男集』（『現代日本文学大系』20）、筑摩書房、一九六九年、四二六頁。この解説の中で石田は、柳田民俗学を「永遠に求めてやまぬ探究の心につらぬかれた未完成品」（四二二頁）とも評している。

訳注

＊1 Richard M. Dorson, "What is Folklore?" *1968 Festival of American Folklife*, Smithsonian Institution, 1968, p. 8. ［ ］内の補足と、傍点による強調は引用者による。

第Ⅰ部　近代性・政治・日本民俗学

ヨーロッパへの回廊——柳田国男と国際連盟

トーマス・W・バークマン

柳田国男は、すでに日本で民族学者〔エスノロジスト〕としての名声を得ていた一九二一年、はじめて祖国を離れた生活をすることになった。柳田がヨーロッパへ赴いたのは、国際連盟委任統治委員に任命されたためである。委任統治委員会は、大戦後に敗戦国ドイツ帝国およびオスマン帝国の旧植民地・属州の管理統治にあたる各国の取り組みを監督する組織であった。日本にとって、委任統治委員会の委員を出すことは、日本帝国が列強としてのさまざまな責任を新たにまた一つ引き受けることを意味した。柳田にとって渡欧は、ヨーロッパの知的資源に触れ、専門を同じくする世界の研究者と交流し、みずから使命と信ずる仕事の基本的な考え方を世界の舞台で試す好機であった。柳田がヨーロッパに身をおいたことは、当時、国際連盟事務局次長の地位にあった植民理論家・教育者の新渡戸稲造と柳田の間の、学問的関心や職務・経験の重なりを浮き彫りにする出来事でもあった。

柳田国男が一九〇〇年の東京帝国大学卒業後、多くの友人と同じように欧州で学んでいたなら、彼はいったいどのような人生を辿っていただろうか。日本に留まった柳田は、丸善に並ぶ最新刊の洋書を読んだり、同輩に勧められたものに触れたりといった、他人を介した経験を通じて外国のことがらを知った。そのような柳田が、国際連盟での業務によって、中年に入ってはじめて長期の海外体験をすることになったのである。

国際連盟における日本

日本は一九二〇年の国際連盟創設時からの加盟国であった[1]。国際連盟は独立国家とインド等少数の有力植民地が加盟する国際組織であり、大戦の再発防止、各国の軍備制限、世界全域での人類の福祉向上を目的として、第一次世界大戦の戦勝国により設立された。日本には様々な反応があった。指導者層の一部は、国際連盟が日本の成長や権益に対する足かせとなるのではという疑念を抱いた。政治的現実主義者たちは、国際連盟は現状の体制維持によって秩序を保とうとする機関であり、この体制は日本のような新興勢力を牽制する方向へ動きかねないと見た。だが、政策決定の任にあたる人々には、リスクより利益が勝るように思えた。

日本はイギリス、フランス、イタリアと並んで常任理事国となり、後にドイツがこれに加わった。世界秩序を守ろうとするこの新しい組織を支持することで、日本は国際的地位を獲得し、世界の指導者たちとの接点や、商業上のつながりを得た。日本は自身の指導的役割を重く受け止め、自国の精鋭をジュネーヴに送り込んだ。杉村陽太郎、石井菊次郎、安達峰一郎は、後にそれぞれ国際連盟事務局次長、同理事会議長、国際司法裁判所所長を務めた。連盟との協調は、日本が国際主義をとった一九二〇年代を通じて、外交政策の中核となる。これと揆を一にして、日本は、軍縮、貿易、平和維持のための多国間交渉においても、連盟非加盟のアメリカ合衆国を含む、列強との協力関係を築いた。レマン湖のほとりには、戦争はやがて人々の経験から消え、国民、人種、民族間の対話がこれに代わるのだという強い確信が満ちていた。ここで活躍した日本人たちは、ジュネーヴ精神〔石井菊次郎の言では「ヂュネバの空氣」〕として知られたこの空気を深く胸に吸い込んだ。石井大使はこの精神を次のように表現している。

參列各員の胸中に溢れる愛國心は連日接觸の餘り自ら鋭角が削られて圓滿となり、態度は和衷的に討論は妥協的と化して來た。總じて戰爭は罪惡視せられ、平和は心より歡迎せられた。念へば茲には新歐羅巴ならで新世界が發現したのであつた。(2)

ジュネーヴの連盟関係者社会が醸成した多文化的環境や知的刺激は、一九二〇年から三三年の間にこの地に勤務した数多くの日本人に、創造的エネルギーを吹き込んだ。柳田国男とその長年の友人新渡戸稲造も、この豊かな泉から多くを汲み取った。

ジュネーヴでの柳田の公務は委任統治制度に関わることであった。委任統治制度は一九一九年のパリ講和会議において国際連盟の発足とともに制定された。帝国主義的な領土獲得の否定を示すと同時に、連合国の欧州各国および日本が、敗戦国の旧領支配を主張することを可能にする、驚くほど巧みな着想であった。この措置は、一九一九年一月の講和会議開会に先立って南アフリカ連邦のヤン・クリスチャン・スマッツ将軍が提唱し、これにアメリカ合衆国大統領ウッドロウ・ウィルソンが賛同した。旧来の植民地の統治権は本国が持っていたが、委任統治領の統治権は国際連盟が有する。そして講和会議によって指名された受任国が、それぞれの統治領の保護または委任統治の任にあたるという仕組みである。こうしてシリア、タンガニーカ、カロリン諸島等、敗戦国の一四の旧領が列強の委任統治領となった。大戦中、カロリン諸島、マーシャル諸島、マリアナ諸島からドイツ海軍を駆逐した日本は、この太平洋の三つの植民地諸島の受任国となった。なお、興味深いことに、柳田の弟の松岡静雄はドイツ支配下の南洋諸島上陸作戦の一つを海軍将校として指揮している。受任国には委任統治領を独立へ導くよう保護監督的な手法で統治を行なうことが義務付けられていた。しかし、旧ドイツ領諸島のような「C式」委任統治では、自治ははるか先のことと認識されていた。日本には委任統治領に本国の法を適用することが許される一方、領域内に要塞を築くことは認められていなかった。

委任統治の規約には、受任国が、統治領民の物質および精神の福祉と社会的進歩を図ることは「文明ノ神聖ナル使命」[*1]であると明言されている。委任統治制度の監督は、国際連盟に置かれた二つの常設委員会のうちの一つである、常設委任統治委員会に託されていた。柳田が一九二一年から二三年にかけて委任統治委員を務めていた間、委員会は年一回ジュネーヴで開催され、受任国より毎年提出される教育・医療・農業・労働環境に関する長々とした報告書が真剣に審査された。委任統治委員会からは受任国の代表に対し報告書に関して質問がなされた。委員会の九人ないし一〇人の委員は理事会によって任命され、自国政府内に役職を持つことが禁じられた。多くは受任国の国籍も有しなかった。第一回総会での決定により、委員のうち最低一人は女性とされ、委任統治領における女性および子供の利害を担当した。

委任統治委員会にはその勧告を遵守させる権力はなかった。距離が遠いこと、費用が嵩むこと、習慣が異なること等で、委任統治委員会の委員が現地調査を行なうのは不可能だった。委員会の業務補助には国際連盟事務局委任統治部部長ウィリアム・ラパール率いる小規模な事務局があたった(3)。

委任統治委員には政府外の人間を任じなくてはならないという条項は、日本にとって非常に不都合で、専門的知識を持ち信頼するに足る日本人を選定するのは困難だった。この条項のため、連盟の業務にもっとも適した人材である、欧州で活躍中の外交官は資格外となる。また、日本から委員を派遣するとなれば、長い旅程を勘案して、三週間の会議のため最低でも三カ月間、自宅を留守にしてもらう必要があった。実業家や専門家、植民政策研究者が、次の会議開催を待つため一年間ヨーロッパで過ごすことに同意しようとも思われない。それでも、創設から一九三八年まで委任統治委員会には常に日本人委員が在籍し、この間開催された三四回の会合のうち、欠席はわずか三回であった。日本がこのように欠かさず出席したのには、南洋諸島の委任統治に異議を唱えたり干渉したりする敵対的な国が現れないかという懸念が、動機としてあったことは明らかである。ただしこのことはまた、日本が国際的責務を果たすことに重きを置いたこと、それは一九三三年の国際連盟脱退後も変わらなかったことも示している。

一九二一年当時、柳田は長期の海外赴任を引き受けてもよい状況にあった。常設委任統治委員会の年次会合の合間には、委員会の業務に妨げられることなく、自由にヨーロッパ中を旅行し、博物館を訪れることができた。これは柳田の視野を大きく広げる貴重な機会となった。柳田の後任二代の常設委任統治委員は外務省の元官僚であった。柳田を含むこの三人の日本人委任統治委員が、日本の委任統治下の島々を訪れることは一度もなかった(4)。柳田が統治委員を務めたのは、彼が新渡戸稲造と旧知の間柄であったことが関わっていた。

ジュネーヴの新渡戸稲造

パリ講和会議における五大国の一国として、日本に国際連盟事務局次長の推薦が求められた際、日本の代表団は、英語または仏語に堪能で、日本内外に名声があり、好人物で、外交官でも政治家でもない人物を探した。一九一九年春、私人の立場でパリに赴いた日本人のなかに、日本の指導層内に発言力を持つ元台湾総督府民政長官後藤新平（一八五七―一九二九年）がいた。後藤は英語を話せる同伴者として、新渡戸稲造とその妻メリーに同道を求めていた。新渡戸は当時、東京帝国大学教授として植民理論を教えるかたわら、東京女子大学学長を兼務していた。一九〇一年から〇三年には、台湾で後藤長官のもと農政の専門家として働き、植民地経営の理論と実践の両面で信用を勝ちえていた。新渡戸が西洋語で著した日本および東洋文化に関する著作は、世界中で広く読まれていた。*Bushidō: The Soul of Japan*（『武士道』、一九〇〇年）の国際的人気により、新渡戸は、この時代の数少ない世界的に著名な日本人の一人となっていた。

伝えられるところでは、日本の和平交渉代表団はパリの日本大使館に集まって、誰を事務局次長に推薦するかという問題に頭を悩ませていた。いくつかの名前が上がっては却下された。その時、新渡戸が後藤とともに部屋に入ってきた。代表団の中心で采配を振っていた牧野伸顕は、新渡戸を一目見て「ああ此處に立派な候補者がゐた！」と叫んだ。後藤が新渡戸を強く促し、代表団は熱狂し、新渡戸は受諾した。新渡戸は大学の職を辞し、日本に戻らずそのまま連盟での仕事に飛び込んだ(5)。新渡戸はすでに長く柳田と交友関係にあり、農政や民間伝承〔フォークロア〕研究への関心を共有していた。新渡戸の国際連盟事務局就任により、柳田はジュネーヴに呼ばれることになったのである。事務局次長の経歴や思想を知るなら、彼が日本のもっとも有名な民族学者の経歴や人間形成に与えた影響の大きさが明らかとなろう。

新渡戸稲造（一八六二―一九三三年）は富裕な盛岡藩士の家に生まれ、アメリカ合衆国のジョンズ・ホプキンス大学とドイツのハレ大学で経済学と農業を学んだ。新渡戸は、内村鑑三と並んで、札幌農学校においてキリスト教に改宗した札幌バンドの一員であった。その後、信仰を深める中で敬虔派のメソジスト主義に触れ、ジョンズ・ホプキンス大学在学中、ボルチモアでクエーカー主義に出会い、生涯クエーカーとして活動した。

新渡戸の国際連盟に対する姿勢は、さまざまな思想や道徳的信念、国際経験、人脈といった複雑な背景のなかで定まっていた。クエーカーとしての人道主義的修養や世界各地への旅行経験を通して、新渡戸は平和と相互理解への情熱を抱くようになった。教育者としての経歴から、国際的な知的協力の意義に目覚めてもいった。「マニフェスト・デスティニー」*2を掲げる米国で学生生活を送り、植民政策の教授を務めた彼は、「開化的」で有益な海外支配というものがあるとする考え方を受け入れていた。新渡戸の国家主義は、日本の武士道的過去へ着目したことと、明治政府の下で職務に携わることで、鍛えられていった。こうした関心には柳田と共鳴するところがあった。ジョンズ・ホプキンスでの新渡戸のゼミ仲間には、ウッドロウ・ウィルソンやジョン・デューイがいた。新渡戸を教えた教授陣は、新渡戸がボルチモアに着く数カ月前にはフレデリック・ジャクソン・ターナーに社会進化論や経済的国際主義を教えていた。ターナーはその後、アメリカ合衆国の国家的性格の形成において「フロンティア」が果たした役割を主張する歴史家として有名になる。新渡戸は、より優れた文明の前進は止めることができないと信じていた。彼にとってのフロンティアは台湾、そしてその先にあった。そのように国の外へ向かう拡張主義的概念について、新渡戸は、日本人にわかりやすいよう桃太郎の話を持ち出して説明している。東京帝国大学の植民政策の講義で、新渡戸が学生たちに唱えたお題目は「"Colonization is the spread of civilization."『植民は文明の傳播である』」であった。新渡戸の膨張主義思想には、植民地の人々の福祉を図るというリベラルな側面も含まれていた。講義では植民地民の生活環境の改善を強調し、彼らを日本の文明水準に引きあげるための同化政策を擁護した。学生には「如何なる人種といへども、何か吾人の學ぶべき特殊の長所を有する」ことを銘記させた(6)。

ジュネーヴへ赴いた事務局次長新渡戸は、自身の知的活動と国際的活動を導いてきた牢固とした信念を持ち続けていた。理解不足こそが国際紛争の主要原因であるという信念である。一九一二年、彼はボルチモアの母校にてアメリカ人聴衆に向け次のように語っている。

時に知識が剣を呼ぶこともありますが、剣を遠ざけるのはより深い知識です。この国と我が国がお互いをよりよく知り、お互いの使命と願いをより深く、より広く理解することができれば、人類の進歩に大きな一歩を加えることができるでしょう(7)。

新渡戸にとって、ジュネーヴ精神の中核をなすのは共感能力であった。国際連盟で指導的立場にあった期間を通じ、新渡戸は真の理解により人類の共通性が明らかになるだろうことを疑わなかった。新渡戸には、国家やそれぞれの利益のあいだに横たわる重大な食い違いをあいまいにする傾向があった。国家間のわだかまりや紛争は、つまるところ無理解によるのであり、双方が相手の視点からものごとを見る気になれば解決可能なのである。この牢固たる信念を真実と考えた新渡戸は、文化横断的知的理解のための精力的な活動に身を投じた。柳田もたびたび訪れたレマン湖畔の新渡戸邸は、世界各地からやってきた連盟職員や著名な科学者・哲学者が文化交流を行ない、意見を交わす場となった。今日のユネスコの前身である知的協力国際委員会の創設は、新渡戸が連盟の組織整備に果たした重要な貢献である。

船出したばかりの連盟の理想を宣伝する講演をヨーロッパ各地で行なった新渡戸は、人道的見地に立った国際的礼譲を訴えた。彼は西洋の古典文明や古典文学に言及しては聴衆を刺激した。第一回総会に四〇カ国から百人の代表が参集する時には「世界政治における神聖な実験」が行なわれ、「皆が互いを理解できるようになる炎の舌が降る五旬祭の日」となるであろうと予言した。これはウィリアム・ペンと聖ルカの引用である。また、国際連盟規約をマグナカルタになぞらえ、「世界の良心」を預言者エリヤを動かした静かな細い声になぞらえた(8)。理想主義が席巻する大戦後のヨーロッパにあって、この人道主義的呼び掛けへの反応はよかった。新渡戸は後年、連盟から退いた後にも、共感を訴えるメッセージを声高に唱え続けた。一九三〇年代初頭にあっても、新渡戸は、満州事変における日本の目的の正当性をアメリカ合衆国の聴衆に納得させ、関東軍による満州国建国を認めさせることができると確信していた。

新渡戸と柳田を結びつけたのは彼らが辿った道の重なりあいだった。新渡戸は本州の北東に位置する岩手県盛岡の出身である。新渡戸は伝統的な生活を身をもって体験していた。柳田より十三歳年長の新渡戸が生まれたのは幕末の日本である。初めて上京した時には駕籠に乗っていた。柳田は瀬戸内海に近い小さな田舎町に生まれた。一九〇九年頃、岩手に豊かに残る民衆風俗に惹かれて、柳田は東北地方、そして盛岡から程近い遠野郷へ足を運んだ。柳田が第一高等学校で学んだ数年後、新渡戸はこの社会的上昇を約束する学校の校長に就任している。新渡戸は裕福な家の子弟であり、柳田の婚家も富裕であった。ともに東京大学で学び、農業経済の専門教育を受けた。二人とも明治政府の官僚機構に入り、そこで自身の農業に関する専門知識を生かした。彼らには、自分の能力を信じて、官界での昇進の道とは別のところに夢を追うだけの個人資産があった。その道とは、新渡戸は教育者、柳田は民俗学者であったが、双方ともに著述家、新聞記者としても活躍した。柳田がまだ官僚であった時代、新渡戸は自身が主宰する研究会である郷土会へ柳田を招き入れている。これは日本における民間伝承研究の基礎を築こうとするもので、一九一〇年から一九年にかけてほぼ毎月東京で会合を開いていた。柳田はこの時期に雑誌『郷土研究』も刊行している。二人はまた、政策立案を通して社会改革を目指す研究・政治活動団体、社会政策学会でも活動の場を同じくしていた。(9) 土地、教育の場、助言・相談の場が幾重にも重なりあって、柳田と新渡戸を固く結び付けていた。

二人の共通の学問上の友人にJ・W・ロバートソン・スコット（一八六六―一九六二年）がいる。スコットはスコットランド人のジャーナリスト兼農業専門家で、一九一四年から一八年にかけて滞日中、新渡戸や柳田と交わった。日本では、英国政府に雇われて対独戦争の意図について宣伝活動を行なう一方、各地をまわって日本の農業技術を研究した。その際、しばしば柳田や新渡戸が同道した。スコットはイギリス帰国直後に出版した著書『日本之真髄』(*The Foundations of Japan*, 一九二二年)の序文で、彼らの協力に謝意をあらわしている。スコットの別の本である反戦書『是でも武士か』(*The Ignoble Warrior*, 一九一六年)は柳田が和訳したものである。この本は、スコットの宣伝工作の一環として著されたもので、日本と英国の軍事的価値観を好意的に比較している。日本の武士道倫理についての主な典拠は、当然のことながら新渡戸の『武士道』であった。スコットは背の高い、ひげを蓄えた平和主義者で、肉食を避け、煙草やアルコールを断っていた。新渡戸とはクエーカーとしての宗教的経験を共有し、農村における教育の意義と発展を信じていた。スコットは離日前、日本を西洋に紹介することを一つの目的とする雑誌『新東洋』(*The New East*)を創刊した。日本を西洋に紹介することは新渡戸の生涯を通じての目標であった。後にスコットは、新渡戸と柳田こそがこの月刊誌の編集を促したのだと証言している。滞欧中の柳田はスコットのもとを訪れ、その案内でイギリスの農村を旅している。(10)

柳田と新渡戸は多くの関心を共有していた。二人とも文化の境界を超えたコミュニケーションや理解の道具として、エスペラントに強く期待していた。新渡戸は、一九二一年八月にプラハで開かれた第十三回世界エスペラント大会に、国際連盟を代表して参加している。エスペラントを連盟の公用語に加えようという、ジュネーヴでの運動に関わっていた可能性もある。この動議はフランスの拒否権によって実現には至らなかった。日本代表団は一九二一年の第二回総会において、エスペラント教育を推進するという決議を共同提案した。(11)

また、二人とも日本の昔話である桃太郎に魅了され、これを題材にした著作を残している。新渡戸の弟子であった矢内原忠雄は、新渡戸の東大での講義録を出版し、その「桃太郎主義」に言及している。これはフロンティアが本国の国家的性格を涵養するという思想である。当時の新渡戸にとって、フロンティアとは、自身が製糖業の近代化に着手したばかりの台湾であった。新渡戸とフレデリック・ジャクソン・ターナーの思想的類似は偶然ではない。新渡戸の桃太郎主義は後に、より好戦的な追随者をひきつけることになる。オレゴン大学在学中、ターナーのフロンティア理論に影響を受けた松岡洋右《ようすけ》は、桃太郎主義を満州に応用し、中国東北部をめぐる争いに端を発した日本の国際連盟脱退を決めることになる。柳田は著作『桃太郎の誕生』（一九三三年）の第一章で、桃太郎の話を扱っている。[12]

柳田と新渡戸はともに人間主義者《ヒューマニスト》であった。新渡戸は東大の植民政策の研究者であった時も、ジュネーヴの国際問題の調停者であった時も、自ら政治学者や国際関係の専門家を任じて発言したことは決してなかった。彼の専門分野は人間関係論だった。二十世紀前半を代表する政治学者ジェイムズ・ショットウェルは、新渡戸について、「彼にとって国際理解とは、〔中略〕政治だけでなく、芸術や文学の分野にいたるまで、国家がその複雑な個性をあらわにする多様な表現すべてを、共感をこめて学ぶことであった」と述べている。石井菊次郎大使は新渡戸を「一種の哲学者〔中略〕精神家」と呼んだ。柳田は、新渡戸のようにキリスト教に帰依することはなかったが、柳田の民族誌研究にとって宗教は重要な位置を占めた。柳田のもっとも親しい仲間は文学者たちであった。日本で民間伝承研究と民族誌学（エスノグラフィー）の分野を発展させた柳田ではあったが、彼が人々の記憶に残るのは社会科学者らしい緻密な考察によってよりは、人間主義《ヒューマニズム》的な探究やマイノリティへの共感能力によってである。[13] 彼らが国際連盟の事業になした貢献には、人間主義が色濃く影を落としている。二人はパリ講和会議において日本代表団が国際連盟規約に人種差別撤廃の条項を盛り込むことが出来なかったことに憤っていた。植民政策論の学生に「如何なる人種といへども、何か吾人の學ぶべき特殊の長所を有する」と忠告したこの人間主義者の事務局次長こそ、柳田が常設委任統治委員会の委員に任命されるよう取り計らった人物なのである。

常設委任統治委員会の柳田国男

国際連盟の各種機関の人事には四大国が大きな発言力を有していた。新渡戸は事務局第二位の地位にある者として、日本がさまざまな社会活動組織や人道的活動組織において、大国としての影響力をふるうのを目のあたりにすることになる。柳田はすでに官職を離れていたが、一九二一年二月、熊本での講演中に、新渡戸が彼を連盟に推薦したという電報を受け取った。柳田は当初、この国際機関での職務も、日本の官僚機構での職務同様、報われることが少ないだろうと考え、拒否の姿勢を示した。だが結局ナショナリズムが勝った。何か日本の役に立つことができるに違いないとの確信に至り、渡欧を受諾した。五月に日本を発ち、十月開催の常設委任統治委員会の第一回会合に間に合うよう、ジュネーヴに拠点を構えた(14)。

注意しなければならない重要な点は、柳田が新渡戸同様、非専門家として国際連盟に派遣されたことである。どちらも外交官ではなく、どちらも日本を代表してはいなかった。国際連盟事務局は国際的行政機関——当時としてはまったく新しい概念——として構想され、構成員は中立的立場の非専門家であり、自国のためではなく国際的な職務に従事するものとされた。総会や理事会に出席する外務省の専門官僚とは異なり、事務局や委員会の構成員は自国政府を代表する立場にはなかった。連盟の公僕であり、連盟にのみ責任を負ったのである。彼らは自国政府の推薦を受けてはいたが、事務局長により任命され、理事会により承認され、連盟から俸給を支給された[15]。柳田が常設委任統治委員会に勤務したのは一九二一年から二三年にかけてのことである。これが、彼が日本を離れて暮らした唯一の期間となる。

柳田は、常設委任統治委員会に、民族学者らしい独自の貢献をした。委任統治委員会における発言や報告からは、柳田が植民地の人々の文化や権利を尊重し、保護しようとしていたことが確かめられる。柳田は伝統的な権力機構を保護すべきと考えていた。柳田によれば、首長は「たいてい、その部族の慣習に関わる問題を裁く最適の人物である」。食人などの非人道的慣習は受任国がやめさせねばならないが、「土着の法のうち少なくとも進歩の妨げとならない部分はそのままにしておくべきである」。柳田は、教育がもっぱら宣教師によって行なわれることの危険性に注意を促し、そのような教育は部族構成員と遊離した特権階級を生むと指摘した。対案として柳田が示したのは、研修を受けた現地人教師による現地語での実学教育である。また、委任統治領での学校教育においては、受任国政府の国家主義的宣伝活動は排さなければならないとした。

柳田は、同化ということを、受任国の正当な目標とはすべきでないと主張した。このことに関して、柳田は日本の（そして西洋の主流をなした）植民政策や植民地経営とは明確に立場を異にしている。皮肉なことに、同化政策を日本が採るべき植民政策として掲げたのは他ならぬ新渡戸だった。柳田は特に「愛国歌や君主の名を現地の子供に教え込むこと」を批判し、「系統立った歴史地理教育によって現地人の心性がいかに変化してしまうか」を憂慮している。民族学者なら誰でも気付くことだが、土着文化は外部からもたらされる教育に接することで、いともたやすく崩れてしまう。柳田は、土地の人々自身の歴史や文明を教えることを提唱した。土着文化を保護する原則は、日本の委任統治領を含むC式委任統治領にこそ、もっとも必要であると柳田は考えていた。

私見では、これらの地域に完全な公平を実現する手引きとなりうるのはただ一つの原則のみである——それは規約の第二十二条に示された原則であり、これによって委任統治領をA、B、Cのカテゴリーに分け、現地の文明の到達程度に応じた現地人の保護を保障している。つまり、進歩のもっとも遅れた、またはもっとも脆弱な人々がもっとも多くの保護を要するのである。(16)

皮肉なことに、この文化保護の原則は、南洋諸島の民が高等教育を受けたり指導的地位に就いたりするのを認めない口実ともなりうるものだった。

柳田が委任統治委員会において積極的に唱えた見解は、同僚委員や受任国政府の見解と好対照を成した。彼らは西洋文明の波が押し寄せることで土着の慣習が消え去ってしまうことに無関心であったり、むしろ積極的に賛成であったりした。見逃せないのは、柳田が委任統治委員会において西洋以外の社会を代表する唯一の人物だったことである。柳田のジュネーヴでの発言が、一九二〇年代初頭になされたことにも注意しなければならない。それは、南洋庁（一九二二年設立）の教育政策が定まる前であったし、太平洋の委任統治領に日本人移民が殺到して現地の文化保護が難しくなる前であった。まもなく、国粋主義の波が日本の植民地に押し寄せ、一九三〇年代になると日本のあらゆる組織に浸透するのであった。

柳田の文化保護主義的見解は、国際連盟の委任統治政策に影響を及ぼしただろうか。答えは恐らく否である。彼が提起した問題が実際の発言として残ったことは重要であるが、連盟の記録によれば、柳田の意見はせいぜい礼儀として耳を傾けてもらえただけである。柳田が目に見える影響力を行使しえなかった理由として挙げられるのは、柳田本人が連盟の公用語を使いこなせなかったこと、柳田以外に民族学の専門家や非ヨーロッパ人がいなかったこと、彼に国際政治上の人脈がなかったこと、そしてマイノリティの文化に対する世界的関心が未熟であったことである。柳田の後任の二人の日本人委員は、任務には柳田に劣らず忠実であったが、地域文化の問題については柳田ほど関心をもたなかった。それでもなお、柳田国男が常設委任統治委員会に提起した進歩的発想は、ジュネーヴの空気に触れた日本人の精神や活動に発揮された自立的理想主義の一例と言えるであろう。

柳田のヨーロッパでの研究生活

四十七歳での委任統治委員の受任は、この職位がなければ決して経験することのなかったであろう土地や社会に柳田を導き、その後の活動に大きな影響を残した。柳田は一九二一年五月に横浜を出港し、アメリカ合衆国を横断してヨーロッパへ向かった。パリに立ち寄った後、七月十一日にジュネーヴに到着している。十月に最初の委員会が開かれるまでの間、ヨーロッパ北部を旅行した。委員会の一カ月後にはヨーロッパを離れ、十二月に日本へ戻った。翌年の五月、柳田は再びジュネーヴへ向かい、委任統治委員会の職務がない時期にはドイツやイギリスを旅した。ロンドンでは友人のJ・W・ロバートソン・

スコットを訪ねている。ドイツには一九二三年までに四回訪れた。柳田はまたスカンジナビアやイタリア、オーストリアにも足をのばしている。大戦で失われた時間を取り戻そうとするかに見えるヨーロッパの知的世界に柳田は身を浸していた。民族学や人類学といった学問分野が興隆を示していた。世界に関する知見を広げたいという柳田の野心はさらに外に向かった。一九二二年には、委任統治領における民族問題を実地に視察する目的で、パレスチナと東アフリカへの旅行の援助を日本政府に求めている。しかし政府はこれを却下した。[17] 一九二三年の帰国と委任統治委員の離任は、九月一日の関東大震災の報せによって早まったようだ。柳田のヨーロッパでの日々の出来事は、一部『瑞西日記』に記録されている。[18] 柳田は大学や図書館、博物館を訪れた。民間伝承の専門家に会い、講義をした。出会った研究者から学問上のヒントをもらいながら、民族学、民間伝承学、神話学、心理学等に関する資料を集めた。成城大学に収蔵されている柳田の蔵書中の膨大な洋書からは、柳田が民族誌資料を熱心に集めたことがわかる。一九二〇年代半ば以降、柳田が研究生活に新たな情熱を注ぎ、一層打ち込むようになったのは、ヨーロッパでの旅行と研鑽から受けた刺激によるものだとする柳田研究者もいる。

ヨーロッパでの経験に触発され、柳田は自身の研究に比較の手法を取り込むようになる。新たに収集した書籍を資料に、柳田の研究の対象地域は拡大した。柳田は、『桃太郎の誕生』のなかで、ヨーロッパの物語と日本の物語には関係があると強調している。柳田があげる主要な例の一つはシンデレラ譚である。柳田は、このシンデレラ譚と、魔法による変身譚を含むさまざまな日本の民話を詳細に比較し、日本の文化遺産とヨーロッパの文化遺産は密接に関係するのだとした。成城大学の伝承文学研究者高木昌史の説くところによれば、欧州旅行によって柳田は、人間の経験には比較可能な普遍的特性があるとする考え方に眼を開かれたという。一九三六年から三九年にかけて作成された柳田のフィールドワーク用マニュアルは、比較の大切さを強調している[19]。世界での経験は、すでに柳田のなかで確立していた理論のいくつかに、修正を迫った。柳田は普遍性の中心を中国から西洋に置き直し、西洋を中心とする普遍主義を日本固有のアイデンティティへの脅威と見なすようになった。日本文化の起源説についても、論ずる対象は山人から南洋の海の民へ移行した。その南洋の地が日本の委任統治領であったことは看過し得ない。日本人論の代表的研究者である小熊英二は、この変化を柳田が西洋から受けた影響に帰している[20]。

最後に述べておくなら、柳田はヨーロッパで、抑圧された人々やマイノリティへの共感を深めた。国際連盟を通じて、柳田はヨーロッパにおけるユダヤ人差別の問題を知り、多くの委任統治領においてマイノリティがいかなる状況におかれているかを知った。滞欧後には沖縄の人々への強い共感が生まれ、彼らが日本人に虐げられてきたことへ関心を寄せた。さらに柳田は、自分自身が身勝手にも沖縄の人々を見下していたと認め、日本が朝鮮の人々の自立的経済活動を抑圧していることを、人種的優位の意識から生まれたもので問題だと指摘した[21]。柳田は抑圧されたマイノリティに声を与えるものとして、エスペラント普及に力を入れてゆく。ヨーロッパでの職務は柳田の民族学に人道主義的な色彩を加えた。

国際連盟という組織を通じて、常設委任統治委員会の委員であった一人の民族学者に対し、委任統治領の土着の人々には何が必要なのかを述べる場が与えられた。一方、その民族学者たる柳田国男の思想、方法論、活動領域は、ジュネーヴから拡がる学問世界との相互交流によって豊かになり、大きく広がったのである。

（訳：中井真木）

原注

（１）日本と国際連盟の関係および国際連盟において新渡戸稲造の果たした役割については、以下の著書においてより詳しく論じた。Thomas W. Burkman, *Japan and the League of Nations: Empire and World Order, 1914-1938* (Honolulu: University of Hawai'i Press, 2008).

（２）Ishii Kikujirō, *Diplomatic Commentaries* (Baltimore: Johns Hopkins Press, 1936), 136.〔石井菊次郎『外交余録』岩波書店、一九三〇年、一六五頁〕

（３）F. S. Northedge, *The League of Nations: Its Life and Times, 1920-1946* (Leicester: Leicester University Press, 1986), 198-202, 219, 220; Matsushita Masatoshi, *Japan in the League of Nations* (New York: Columbia University Press, 1929), 133; Mark R. Peattie, *Nan'yō: The Rise and Fall of the Japanese in Micronesia, 1885-1945* (Honolulu: University of Hawai'i Press, 1988), 79-80.

（４）Matsushita, *Japan in the League of Nations,* 134-135; Ronald A. Morse, "The Search for Japan's National Character and Distinctiveness: Yanagita Kunio (1875-1962) and the Folklore Movement" (Ph. D. dissertation, Princeton University, 1975), 70-72.〔ロナルド・A・モース『近代化への挑戦――柳田国男の遺産』岡田陽一・山野博史訳、日本放送出版協会、一九七七年、八四―八五頁〕

（５）Kitasawa Sukeo, *The Life of Dr. Nitobe* (Tokyo: Hokuseido Press, 1953), 64; J. Passmore Elkinton to Catherine Bruning, 3 January 1941: Inazo Nitobe Papers, RG 5/107, ser. 2, Friends Historical Library of Swarthmore College. 新渡戸は英語が堪能であったほかドイツ語にも長けていたが、フランス語はほとんどできなかった。〔翻訳に際しては、石井満『新渡戸稲造伝』関谷書店、一九三四年、三五八頁より引用した。牧野の発言は、同じく一九三四年を初出とする宮部金吾の新渡戸伝では、「あゝ此処に居た！」とされている。宮部金吾「小伝」『新渡戸博士追憶集』（『新渡戸稲造全集』別巻）一九八七年、二二頁。〕

（６）John Higham, *History* (Englewood Cliffs NJ: Prentice-Hall, 1965), 174; Richard T. Ely, "Economic Internationalism," *Chautauquan,* 10 (February 1890), 538-542; Miwa Kimitada, "Crossroads of Patriotism in Imperial Japan: Shiga Shigetaka (1863-1927), Uchimura Kanzō (1861-1930), and Nitobe Inazō (1862-1933)" (Ph. D. dissertation, Princeton University,

1967), 66, 85-87, 276-278, 344-348; Alexis Dudden, *Japan's Colonization of Korea: Discourse and Power* (Honolulu: University of Hawai'i Press, 2005), 134. 新渡戸の引用は、それぞれ矢内原忠雄編『新渡戸博士植民政策講義及論文集』岩波書店、一九四三年、一七三頁および一七〇頁による〔原論文では Miwa, "Crossroads," 276, 348 からの再引用とする〕。古典的な桃太郎の物語は、少年が鬼が島を征服し、故郷の家族に安全と富をもたらすというものである。新渡戸より一世代下の松岡洋右は、まさにアメリカン・フロンティアに位置するオレゴン大学での学生時代にターナーの思想に影響を受けている。新渡戸がこの理論を台湾で実践したように、松岡はこれを満州で実践したのであり、そこでは辺境《フロンティア》を守ることが「皇國日本の眞の姿」を取り戻すことにつながると考えられた。David J. Lu, *Agony of Choice: Matsuoka Yōsuke and the Rise and Fall of the Japanese Empire, 1880-1946* (Lanham MD: Lexington Books, 2002), 14.〔日本語原文の引用は松岡洋右『興亜の大業』第一公論社、一九四一年、二三三頁による。〕

（7）〔"Sees No 'Yellow Peril': Dr. Nitobe Lectures On Japan at Hopkins University,"〕 *Baltimore Evening Sun*, 12 January 1912.

（8）Nitobe, "Japan, the League of Nations, and the Peace Pact," Takagi Yasaka, ed., *The Works of Inazo Nitobe* (Tokyo: University of Tokyo Press, 1972), Vol. IV, 235; "Retrospect and Prospect," *Osaka Mainichi*, 16 November 1929; Nitobe, "What the League of Nations Has Done and Is Doing," Takagi, ed., *Works*, IV, 375-376.

（9）David A. Henry, "*Momotarō*, or the Peach Boy: Japan's Best-Loved Folktale as National Allegory" (Ph. D. dissertation, University of Michigan, 2009), 124-125; Morse, "Search for Japan's National Character," 54.〔モース『近代化への挑戦』六九頁〕

（10）Nakami Mari, "J. W. Robertson Scott and his Japanese Friends," in Ian Nish, ed., *Britain and Japan: Biographical Portraits*, vol. II (Folkestone, Kent: Japan Library, 1997), 166-175; J. W. Robertson Scott, *The Foundations of Japan: Notes Made During Journeys of 6,000 Miles in the Rural Districts as a Basis for a Sounder Knowledge of the Japanese People* (London: J. Murray, 1922); Scott, *The Ignoble Warrior: A Collection of Facts for the Study of the Origin and Conduct of the War* (Tokyo: Maruzen & Company Ltd., 1916)〔ジェー・ダブリュー・ロバートソン・スコット『是でも武士か――欧洲戦争の原因及び行動に関する研究資料の集録』ジェー・ダブリュー・ロバートソン・スコット、丸善（販売）、

一九一六年（本書は英日二カ国語で記述されている）〕; Scott, *Faith and Works in Fleet Street* (London: Hodder and Stoughton Limited, 1947).〔本段落の内容に関しては、Morse, "Search for Japan's National Character," 59-62（『近代化への挑戦』七四―七七頁）も参考になる。特に柳田が匿名でスコットの翻訳者となっていたことは、大藤時彦「柳田先生の翻訳」（『現代日本思想大系 月報』二六、筑摩書房、一九六五年）を典拠として、同書六一頁で触れられている。〕

（11）Matsushita, *Japan in the League of Nations*, 51; Kikugawa Tasuku, "One Episode of a Japanese Folklorist: Kunio Yanagita in Geneva," in *The Journal of Intercultural Studies*, Extra series, no. 2 (1992), 112-114.

（12）Miwa, "Crossroads," 345-348; Lu, *Agony of Choice*, 14; Henry, *Momotarō*, passim.

（13）James T. Shotwell, "Dr. Inazo Nitobé: An Appreciation," in *Pacific Affairs*, Vol. 6, no. 8 (November-December, 1933), 546-547. 鹿島平和研究所編『外交随想――石井菊次郎遺稿』鹿島研究所出版会、一九六七年、一八三頁。Kikugawa, "One Episode," 113-114.

（14）Morse, "Search for Japan's National Character," 70.〔モース『近代化への挑戦』八四頁〕

（15）Burkman, *Japan and the League of Nations*, 117.

（16）Miwa Kimitada, "Colonial Theories and Practices in Prewar Japan," John F. Howes, ed., *Nitobe Inazō: Japan's Bridge Across the Pacific* (Boulder, CO: Westview Press, 1995), 172-173; Morse, "Search for Japan's National Character," 71-72; League of Nations, Permanent Mandates Commission (PMC), *Annexes to the Minutes of the Third Session, Held at Geneva from July 20th to August 10th, 1923* (Geneva: League of Nations, 1923), 239-256, 280-285.〔PMC, 280-285は柳田国男が委員会に提出したレポート"The Welfare and Development of the Natives in Mandated Territories"の一部である。なお、当該報告書は岩本由輝によって翻訳紹介されている（柳田国男「委任統治領における原住民の福祉と発展」岩本由輝訳、岩本由輝『もう一つの遠野物語』増補版、刀水書房、一九九四年、二一六―二三一頁）。〕

（17）Kabayama Kōichi, "Ethnology, Folklore Studies, and the Nation State: The Contribution of Yanagita Kunio," in Hosei University Institute of International Japanese Studies, ed., *Japanese Studies: Seen from Europe, Seen from Japan* (Tokyo: Hosei University Center for International Japanese Studies, 2008), 162-163.〔樺山紘一「国民国家をめぐる民族学と民俗学――柳田国男からの展開」法政大学国際日本学研究所編『日本学とは何か――ヨーロッパから見た日本研究、

日本から見た日本研究』法政大学国際日本学研究センター、二〇〇七年、二四九―二五〇頁〕

（18）柳田国男『瑞西日記』（『瑞西日記』は〔生前には〕出版されず、柳田の日々の会合の記録は著作集にのみ収められている。『定本柳田国男集』第三巻、一九六三年、二五一―三〇四頁）。

（19）Henry, "Momotarō," 122, 134-135. 高木昌史『柳田国男とヨーロッパ――口承文芸の東西』三交社、二〇〇六年、第一部。

（20）Oguma Eiji, *A Genealogy of "Japanese" Self-images*, David Askew, tr., (Melbourne: Trans Pacific Press, 2002), 181-182, 268, 377.〔小熊英二『単一民族神話の起源――〈日本人〉の自画像の系譜』新曜社、一九九五年、二一二―二一四、三〇六、四二四頁〕

（21）Kikugawa, "One Episode," 112-114.

訳注

＊1『御署名原本・大正九年・条約第一号・同盟及聯合国ト独逸国トノ平和条約及附属議定書』（国立公文書館所蔵、アジア歴史資料センター Ref. A03021294200）、二三頁。

＊2「明白な天命」の意。十九世紀のアメリカ合衆国において領土拡張を正当化する標語として掲げられた。

境界の攻防——戦前の柳田による歴史学・民族学批判と戦後民俗学

アダム・ブロンソン

はじめに

本論は民俗学者柳田国男と日本民俗学（folklore studies または native ethnology と訳される）との関係を探るものである。特に、民俗学の歴史のいくつかの時期を取り上げて、日本民俗学に対する二つの通説が生じるに至った歴史的背景を検討してゆく。その二つとはすなわち、（1）柳田国男が二十世紀初頭に日本固有の学問である民俗学を創始したという見解、そして（2）民俗学は常に周縁に追いやられた学問であったという見解である。私の目的はこれらの見解をくつがえそうとすることではなく、過去において、各時代の要請に従って民俗学の表象がいかに選択的に組み立てられ、利用されてきたかを解明することである。過去の探究はすべて今日の歴史学のドクサ（根拠の薄弱な思い込み）の支配を免れ得ないというピエール・

ブルデューの仮説に従い、本論ではより新しい時代の議論から出発し、その流れを歴史的にたどることで、過去にどのような議論がありえたのかを再現してみたい（Bourdieu 1992）。はじめに、柳田国男と民俗学の関係に関するいくつかの通説的理解の歴史的形成過程を辿る。そのなかで、民俗学界の内外で柳田の表象が大きく異なっていたこと、第二次世界大戦後、柳田国男が神聖視されたことに着目し、これを批判的に論じる。関敬吾が一九五八年に著した民俗学史には、第二次世界大戦後の混乱の中、民俗学者たちが民俗学の説明のために繰り返し用いた表象戦略がよく表れている。おおむね本論の前半では、戦後さかんに柳田国男の著作が援用された事実との関連において、関による民俗学史を検討し、民俗学が傍流の学問であったことと、没後の柳田が博した人気との関係を描き出すことを試みる。

次いで視点を転じ、一九二七年に雑誌『民族』誌上で起きたフォークロア（民間伝承）研究を巡る論争との関連において、関の著作を検討したい。関によれば、『民族』は民俗学史上重要な位置を占める雑誌であり、戦後の民俗学が復興のために拠るべきモデルであった。民俗学の歴史の中でもとりわけこの時期に着目することで、一九二〇年代は民俗学がその学問としての定義をめぐってもがき続けていた時代であったという、直線的な系譜を語る民俗学の歴史でしばしば軽視されがちな事実をごく簡単に指摘したい。また、一九二七年、柳田と歴史学者西村真次とのあいだに生じた論争に端を発する一連の議論を追うことにより、日本民俗学と、隣接する史学および人類学との間にはっきりとした境界を示そうとした当時の状況も明らかになるだろう。この境界を検討することで、戦後に民俗学が傍流の学問として表象されるに至った事情も理解できるようになる。関敬吾のような民俗学者は、戦後民俗学が学問として停滞していると考え、これを再興したいと望んだ。そして、民俗学をあくまで在野の民間学として打ち出そうとする立場と、隣接学問諸分野との生産的な結びつきを確保しようとする立場の間で引き裂かれてしまったのである。

柳田の手法は非科学的だといって民俗学を批判するならば、柳田の著作の魅力と、更には民俗学そのものの魅力を見失ってしまうだろう。民俗学が日本の軍国主義化に加担していたことを証明しようと、柳田をはじめとする民俗学者たちの言説に罪を着せようとする批判もまた、同じ結果を招く。民俗学が傍流としての立場に甘んじたことや、柳田が日本固有の学問の創始者となったことを、理論的に論証したり歴史的根拠で説明したりするだけでは、その意味はうまく捉えきれない。むしろ、民俗学の表象を検討することで、（学界の内外の）なかば自律的な学問的生産の場、さらには政治イデオロギーの場において、政治的影響力や制度上の保証を求めて、いかに利害がぶつかりあうのかが明らかになる、と考えるべきなのである。最終的に本論が目ざすのは、学界の内外における、学問と政治の複雑な関係を理解することである。

柳田国男の神聖視

ある哲学史家は近代哲学について、カント以前の哲学はカントに流れこみ、カント以後の哲学はカントから流れ出たと評したが、日本民俗学における柳田国男の役割もまた、これを彷彿《ほうふつ》するものがある。

——関敬吾「日本民俗学の歴史」（一九五八年）

一九六四年、『20世紀を動かした人々』というシリーズの第一巻に柳田国男が取り上げられた。執筆は丸山真男の弟子である橋川文三である。この第一巻は『世界の知識人』という題で、カール・マルクス、バートランド・ラッセル、マハトマ・ガンディーなど、世界的な偉人を取り上げている。ここに柳田を含めることに多くの読者は違和感を抱くに違いないと意識した橋川は、柳田を世界的知識人に含めるのは、日本民俗学の創始者として果たした役割が理由ではないと述べている。そうではなく、地球上のあらゆる地域に移植可能な社会科学研究の枠組を生み出し、「世界人類学」の基礎を築いた人物として、その選択を正当化しようとするのである。橋川によれば、柳田は人類学にまとわりつく西洋中心的な視点を取り去ることで「人類の科学」という人類学者の夢を実現したのであり、その著作は個別性と普遍性の完璧な融合を表している、ということになる（橋川二〇〇二）。

政府の方針（一九〇八年の神社合祀令）に抗議して職を辞した農商務省の元官僚として[*1]、柳田は、一九六〇年代から七〇年代の多くの日本の知識人にとって、中央に対する抵抗の象徴であった。この時期、柳田は日本の反体制派の英雄となったが、これら反体制派の多くは、市民運動や新左翼、あるいは色川大吉などの民衆史家と結びついていた。もっとも、柳田の著作は多くの左寄りの知識人に援用されたが、柳田本人が生前に急進的だとみなされることはなかった。むしろ、断固として社会主義的政治活動に与しなかったため、柳田が次々に生みだした著作は、政府の方針への批判を執筆動機としたかに思えるものも含めて、戦中の最も弾圧が厳しかった時期の検閲を免れた（Koschmann 1985: 131, Kojima 2011: 115）。また、戦後の日本で、日本国民の独自性を前提とし自民族中心主義的に論じる「日本人論」が流行した際、柳田の著作はその拠りどころの多くを提供した。

知識人や反体制運動家の間で、柳田の著作が常にもてはやされたにもかかわらず、柳田が作りあげようとした民俗学という学問そのものは、一九七〇年代には衰退の様相を呈していた（Morse 1974: 123）。柳田の没後、その人気が急上昇したことにより、民俗学も一旦は盛り上りを見せたが、民俗学が次第に「柳田学」と同義になってゆく間に、その研究分野は、人類学、社会学、および歴史学によって分割されてしまった。残されたのは、柳田の書き残したものを解釈するという作業だけであった。

民俗学の名を存続させようとする試みは部分的には成功した。だが、柳田という個人の名が民俗学全体を代表するものと認識されると、柳田の死は一つの学問分野そのものの死を表すことになる。もちろん、民俗学は対立にあけくれた歴史を持つ学問であり、柳田が無から生みだしたものではない。それでも、関敬吾によるイマヌエル・カントとの比較が示唆するように、柳田は、日本人論の論者や民衆史家たちのお気に入りとなるはるか以前から、日本民俗学に甚大な影響を及ぼしていた。柳田が神聖視されたのは、早くは柳田最晩年に書かれた複数の民俗学史においてである。関による民俗学史において、柳田の存在はたしかに大きい。ただし、関の執筆意図は民俗学の学問史を書くことであって、知識人柳田国男の伝記を書くことではなかった。関によれば、民俗学は柳田の指導のもとではじめてその可能性を十全に発揮したが、柳田はあくまで、ヨーロッパに起源を遡る知識人の系譜上の一人にすぎない。それだけではない。橋川文三をはじめとする一九六〇―七〇年代の柳田信者とは異なり、関は柳田を民俗学の「創始者」と呼ぶこともない（カントが哲学を創始したのではないのと同じことである）。つまり関は、柳田を模範とすべき民俗学者の典型として位置付けるものの、民俗学全体を柳田の著作に押し込めることはしていないのである。

関の論文「日本民俗学の歴史」は、一九五八年、民俗学者による学術論文集シリーズである『日本民俗学大系』の第二巻に発表された。一九五〇年代後半、民俗学はすでに将来が危ぶまれる状況にあった。『日本民俗学大系』の編者たちの使命の一つは、隣接分野からの更なる浸食を食い止め、学際的研究を通して民俗学の研究領域を拡大する方策を示すことであった。第一巻には言語学、考古学、人類学、歴史学等の他分野と、民俗学との相互関係を強調する論文が収録されていた。

関は、民俗学の今後の発展の道筋を示そうと、民俗学の過去を掘り起こし、そこに民俗研究の視野を押し広げる学際的輝きを帯びた瞬間があったことを語る。とりわけその重要性が指摘されたのが、一九二〇年代半ばに刊行され、短命に終わった雑誌『民族』である。関はまた、民俗学者たちに向かい、党派主義に陥って停滞することなく、隣接分野（社会学および文化人類学・民族学）の成果を積極的に吸収し続けるよう強く勧めた。つまり関は、民俗学の歴史をさまざまな要素から成るダイナミックなものとして描き、言外に、周縁に追いやられ停滞した現状との対照をあらわしたのである。このような学問史理解は、捏造ではなかったが、かといって公平無私な観点からなされたとも言えない。関は、現在および未来の学問実践に役立てようと、積極的に過去のなかに手がかりを捜したのである。

関論文は、冒頭で、民俗学が他の学問に較べ周縁にあることを強調する。特に重要なのは、民俗学が他の「輸入された」学問とは違い、絶大な力を持つ国家官僚制支配の外で発達したことを主張する点である。

日本の近代科学は、ヨーロッパからほぼ完成した形で輸入し、国家の庇護のもとに国立の大学で育成され、こんにちに至ったものが多い。これに反し、民俗学は研究者みずからが研究領域を開拓し、みずからの力によって樹立した科学である。しかも、こんにちなお国立大学に正規の講座をもたず、わずかに二、三の大学で講義がもたれているにすぎない。〔中略〕

また、現在の民俗学研究者もほとんどが、他の学者のごとく、大学で形式的な概論を聴講することによって、この研究に入ったものではない。みずからの問題に対処し、これを解決せんとして、他の専門分野から入った者が多い。したがって、体系だった論著も研究も少ない。〔中略〕そのためか、民俗学は科学にあらずと論難する学者もある。こうした批判者の多くは、教室ですぐれた学者の講義をきいて幸福に育った学者である。

ところが、民俗学の教師は科学的訓練をうけた学者ではない。ほとんどが村びとを教師とし、フィールドを教室として育った研究者である。

（関一九五八：八一）

関は、日本の学界の官僚的・特権的世界から独立した立場をあらわすものとして、民俗学を性格づけた。そして、民俗学は制度的保証もなければ（国立大学に学科がない）、知識人の信望もない（他分野の学者は、民俗学は本物の科学ではないと批判する）、周縁に追いやられた存在だとの意見を述べた。ヨーロッパにおける民俗学の学問的系譜を強調する一方、学問史を記述する際は在野の学問としての地位を維持した。そうした言説をとることで、関は、体制に取り込まれた学界との「二重の断絶」を仕組み、民俗学に学問としての正統性を付与し、後に日本の軍国主義に巻き込まれていった他の学問分野（特に国史）と民俗学との差別化を図った(1)。

一九三四年、柳田は『民間伝承論』の中で民俗学は「明日の学問」であると宣言した[*2]。一九四五年以降、国家中心主義的な官僚的学問世界に汚名が着せられると、戦後の民俗学者たちは、遂に「明日」が来たのだ、新生日本の代表的学問は民俗学なのだ、と力説する機会を得た。柳田も、一九五三年に発表した「歴史教育について」と題する論文で、戦前の歴史教育を非難する同様の見解を示している。一九六〇年代の知識人による柳田の援用に鑑みれば、こういった主張が、民俗学の学問的評価を相対的に向上させたとも推測し得る。だが、こうした評価がそのまま民俗学という学問自体の制度的支援の拡充につながることはなかった。

関には、戦後民俗学が制度上置かれた周縁的立場を強調する理由がそれなりにあったのだろう。だが、民俗学は周縁の学問であるという言い方は、決して戦後に始まったわけではない。事実、柳田の著作の中では、少なくとも一九二〇年代から、主たる研究対象である読み書きのできない民衆の周縁性が唱えられており(柳田一九二七)、それは常に民俗学の周縁性として物語られるものと対応していた。このような民俗学の持つ周縁性は、一九六〇年代に近代化論やマルクス主義の大きな物語に失望した知識人の間で、新しい重要性を獲得した。ただし、柳田学現象を支えた人々の多くは民俗学者ではなかった。彼らには、柳田というもっとも影響力のある学者から、民俗学の物語を引き剥がし、独立させる理由などないものと思われた。民俗学を、歴史学や人類学とは明確に区別される、体系的学問として確立してゆくことに、彼らはほとんど関心を持たなかったからである。

周縁の学問と正規の学問

関の主張によれば、日本の民俗学者たちは、もっとも重要な教えを研究対象である村びとから学んだのだという。一方で関は、民俗学に学問としての正統性を付与してもいる。この二つの側面は決して矛盾するわけではない。むしろこの二つの側面こそ、民俗学と体制に取り込まれた学界との「二重の断絶」なのであり、この「二重の断絶」が、戦後になって民俗学にさらなる正統性を加えることになったのである。関が指摘する民俗学の系譜はヨーロッパに遡る。それは、イギリスとドイツにおけるフォークロア（民間伝承学）とエスノロジー（民族学）の知的伝統に及び、ヘルダー（皮肉なことにカントの最大の敵である）から、リール、グリム、タイラー、フレイザーまでを網羅する（関一九五八：八三）[2]。日本では一八七七年にエドワード・S・モースが人類学を「輸入」し、一八八四年には東京人類学会が創立された。関によれば、ちょうどこの頃、鈴木券太郎がタイラーの「文化残存」の理論を翻訳紹介し、一般に「民俗学」と呼ばれる学問の基礎が築かれた。タイラーの理論は、単系的発展段階主義に反対して、古くから残る伝統的慣習は無用な迷信ではないと主張する。それらはむしろ過去から伝わった遺産が今日の環境に適応したものなのである（関一九五八：八七）。関は、国がすでに一八八〇年に農村の風習調査を実施し、文化残存研究のための貴重な資料を発掘していたことも指摘している。

そしてやがて柳田が、民俗学における偉大なカント的境界をなすにいたる。関は、一八九二年の久米邦武「神道は祭天の古俗」筆禍事件によって、神話や伝説への関心が高まったことに言及し、柳田の登場を当時の文脈に位置付ける（関一九五八：八九）。一九一〇年、大きな影響を残した『遠野物語』を出版した後、一九一三年、柳田国男は神話学者高木敏雄と組んで雑誌『郷土研究』を刊行した。関は、雑誌創刊にあたって、柳田と高木がドイツ民俗学〔Volkskunde〕から強い影響を受けたことを指摘する。それはリールの言葉を借りれば「民族の有機的全体を、その自然的・民俗誌的基礎に従って規定する」学問であったという（関一九五八：九二）。研究の内容は、日本の地方の日常生活の一部である「文化残存」の検討を主としていた。

ところが、関の主張によれば、民俗学は『郷土研究』の比較的狭い視野から範囲を広げ、雑誌『民族』にいたって、隣接学問と幅広い交流を持つようになった。関は、この雑誌に繰り返し言及し、これは民俗学の展開の高潮期を示すもので、現在でも学ぶことの多い時期だとする。民俗学の周縁性と反アカデミズムを強調しつつ、同時に学問的折衷主義の時代を讃美するという点で、関の文章には明らかな矛盾が潜んでいる。周縁に追いやられているかに映る民俗学の地位と、一九六〇—七〇年代の柳田人気について考えるためには、引き続き、次の問いを投げ掛ける必要があるだろう。すなわち、複数の学問領域が流動的に境界を接する状況で、いったい何が民俗学を独自の学問としたのだろうか、と。

学際的学問の時代——『民族』の背景

隔月刊行の雑誌『民族』は大正末期に刊行を開始し、わずか三年半で休刊となった（一九二五—二九年）。のちに民俗学の創始と結び付けられることになる最初の学術誌『郷土研究』が、一九一七年に休刊してから、八年半後のことである。『郷土研究』と『民族』の間に横たわるこの約九年の間には、二つの小雑誌『土俗と伝説』および『民族と歴史』が出されては消えていった（関一九五八：九八）。

自分自身を民俗学者と認識していたかはさておき、[3]これらの雑誌に常連として寄稿していた人々は、共通の学問上の目的意識によってゆるやかに結ばれていた。それはある面では、先行する郷土研究会が持っていた、田舎の生活に関わる問題を探究するという使命に由来していた。関によれば、『民族』の刊行が始まった時期、これらの多様な研究者たちは、研究方法や研究上の関心の違いから、それぞれ柳田国男、折口信夫、渋沢敬三を中心とする三派へ分裂しはじめていた。[4]しかし、『民族』が刊行を開始した一九二五年には、民俗学という用語で言い表される研究領域はまだ流動的であった。[5]

柳田は、まだ戦後のように神聖視されておらず、民俗学において何が正統とみなされるのかはっきり語ってもいなかった。リヴァーズやフレイザー、ゴム等、ヨーロッパのフォークロアおよびエスノロジー理論は、柳田に対しても、[6]柳田の影響力の外にいる研究者（特に人類学者）に対しても、共通の影響力を及ぼしていた。民俗学と他の学問との関係は、『郷土研究』に参加した元寄稿者たちの間ではまだ論争の種であった。第一次世界大戦後、エスノロジーに関わる話題への関心が高まって生まれたこの流動的な状況と、柳田、折口、渋沢の間で異なる研究方針が芽生えていたという上述の事実をあわせみれば、『民族』に発表された論文が極めて多彩であったことも驚くにあたらない。『民族』には、柳田は毎号少なくとも一本の論文を寄せていたが、折口の論文も数多く載ったし、京都帝国大学の先駆的な考古学者浜田耕作や、東京帝国大学の人類学者鳥居龍蔵等、柳田とそれほど近くない著名な大学教授たちの論文も多かった。関は次のように述べている。

『民族』においては、問題はこれまでの『郷土研究』におけるよりははるかに広範となり、人類学・考古学・言語学的諸問題・社会制度・原始宗教・中国思想・芸能・物質文化などの諸方面におよび、単に日本の問題にとどまらず、比較民族学的方法によって問題がとりあげられたことがとくに目だっている。（関一九五八：一〇二）

関は直接には言及していないが、雑誌に載った論考が地理的多様性を示したのは、日本の植民地に関する論文が含まれていたためである。したがって、第二次世界大戦後にこれら植民地が失われたことは、民俗学が内向きに転じた理由を部分的に説明することになる。『民族』では、後に柳田自身の学問的営為においても避けられることになる、[7] 複数の植民地間の比較研究も、まだ「タブー」ではなかった。[8] 事実柳田は、『民族』創刊号に匿名で書いた文章において、編輯者たちは「民族に關する學問の範圍を限定せんとする野心を持たぬ」と述べている（柳田一九二五：九八）。

このような学問的な醗酵が進む不安定な状態の中で、『民族』第二年目に、民俗学の意義や将来の方向性をめぐる論争が勃発した。早稲田大学の歴史家西村真次が寄稿した、「『民族』第一巻所感」と題する『民族』初年の書評論文が、郷土研究運動の中心人物である柳田国男との論争を引き起こしたのである。

外部からの批判——西村真次

『民族』一九二六年十一月号（第二巻第一号）には、雑誌初年の学術成果の批評が、二人の早稲田大学の教員から寄せられた。一つは、英文学者で自称「ゴスィック・ローマン」詩人の日夏耿之介《ひなつこうのすけ》によるもので、フォークロア研究が文学的インスピレーションにつながりうることを語っている。日夏による『民族』初年の全体的評価はおおむね肯定的で、自身が研究する「詩歌起源論」と関連する論文の存在を殊に喜んだ。日夏が見いだした詩との関連は、ヘルダーが民衆《フォルク》の自然言語として詩に注目したことを思い出させる。日夏は金田一京助の論文を絶賛し、次のように述べる。「懐疑的すぎる吾等は、人類學者や考古學者や傳說學者のともすれば、大膽極まるやゝ神經の太すぎる論斷を下されるに愕《おどろ》きの眼を瞠《みは》る事が多いのですが、金田一氏の飽く迄も謙遜な態度は氣持がよいと感じてゐます。」ついで、かつて柳田の協力者であった南方熊楠の説得力あふれる「民俗學的考察」を称賛し、今後の研究の「有力な敎示、手がゝり」となるだけでなく、自分の詩想をも刺激したと言う。もう一点指摘すべきこととして、日夏は柳田の個別の論文自体には触れていないものの、他の寄稿者たちが柳田の志を継ごうとする姿に満足の意を示している（日夏一九二六）。

これに対し、遥かに挑発的な批評であったのが、西村真次の「『民族』第一巻所感」である。西村は早稲田大学史学科に所属する、若く精力的な歴史学の教授であった。古代の航海についての彼の研究は高い評価を受け、海事史に関する主要著作群がただちに *A Study of Ancient Ships of Japan*（一九一七―三一年）

と題して英訳されるほどであった。[*3]『民族』との関わりでより重要なのは、西村が自分自身の研究の一環として人類学的な課題に取り組んでいた点である。すでにこの時点までに、西村は『日本の神話と宗教思想』（一九二四年）、『文化人類学』（同年）、『体質人類学』（一九二六年）といった、人類学やフォークロアに関する著作を発表していた（西村朝日太郎一九七八）。

　西村の知的背景を理解するには、彼が一九二〇年代のエスノロジー（民族学）熱に深く肩入れした歴史家であったことを見なくてはならない。このエスノロジー熱の大部分は、アンソロポロジー（人類学）の比較の概念への期待にはじまったものだが、じつは柳田国男は、後年そのような企てからは決然と距離を置くようになる。[9] 西村の所感が『民族』に掲載される二年前、歴史家松本芳夫による西村自身の新著『文化人類学』の書評が慶應大学の歴史学雑誌『史学』に掲載された。やや長くなるが、以下にその書評を引用しよう。それはこの書評が、当時のエスノロジー熱の文脈と、世界主義的な性格を帯びた西村の人類学への展望をうまく伝えてくれるように思われるからである。

> 世界大戰によつて從來の國家政策の上に重大なる影響が與へられたのであるが、しかもなほ吾々は國家生活の價値と必要とを感じ、新たに民族主義の提唱をとき、殊に最近の世界の事變は人種の闘爭を激成しつゝあるかに思はれる。けれども他方において吾々は國家、民族、乃至人種の闘爭の如何に恐るべく、悲しむべく、不幸なるものであるかを痛切に經驗したのであつて、この不幸を避けるために國際聯盟が組織され、人類愛が高唱され、あらゆる努力をつくして人類の和衷協調が策されつゝある。しかしこの目的の達成に最も重要なることは、各國民が相互を理解するとともに、

吾々が人類そのものについての知識をもつことである。前者は所謂《いはゆる》歴史研究によって成就されるけれども、他面においてそれは國家の盛衰興亡や文化の差異優劣を論ずるがために、却つて過大なる國民的自負心、徒らなる競争心、敵愾心をすら挑發せしむるに至るおそれがある。この弊害を防ぐためには、國家や國民といふ差別相を撤《ママ》して全體としてみたる人類の發達史をもつて補はねばならず、それがためには人類そのものの研究を對象とする人類學によらねばならぬのである。［中略］その構成、或はその細論においては異論もないではなく、また全體としてやゝくひたらぬ憾《うら》みも感ずるけれども、しかしかかる種類の著書の全く缺けたるわが國においては唯一の參考書ともいふべく［後略］

（松本一九二四）

このような絶賛があり、西村も最大限の努力を傾けたものの、彼がエスノグラフィー〔民族誌〕研究を行なう学問を呼ぶ名称とした「文化人類学」は、戦後になるまで用いられず、「民族学」が用いられたのであった（Nakane 1974）。

西村が制度的学問世界に占めていた地位は曖昧なものであった。彼は帝国大学制度の外にある、早稲田大学の若くて進歩的な学科の教員であり、日本には「全く缺けたる」科目である文化人類学の講座を教え、調査を行なっていた。関敬吾は、『民族』の中核をなすグループは「非アカデミックな鬱然たる大家」たちであったとするが（一九五八：一〇二）、西村をそのまま、制度化された学問世界を体現する存在と見なし得たかは難しい。『民族』の寄稿者の多くは大学教授であり、柳田を取り巻く中核グループですら、さまざまな大学の教壇に立っていた。柳田自身も、一九〇〇年ごろから早稲田大学で農政学の講義を受け持っていたようである。

とはいえ、西村は比較的名の知れた大学に定年まで雇用された教授であり、外国語文献を翻訳し引用したという点で、国際的な学問世界の輪に連なっていたわけでもあった。そのような西村の批判に対し、柳田は、強大でエリート主義的な学界に対立するものとして民俗学を展望することになる。しかし、柳田と西村それぞれの知的背景を理解するなら、彼らの個人的な論争を、「体制」側にある学問世界と、「抵抗者」側にある民俗学という、単純な二項対立で捉えようとすることに無理があることがわかる。西村と柳田の間に交された議論は、学問としての正統性をめぐる権力闘争であり、またアカデミックな学問と土着の知を標榜するものが、いかなる関係を結ぶのかをめぐる理論上の論争であった。

名前に何が込められているか。エスノロジー対フォークロア研究

『民族』の第一年を祝う儀礼的挨拶の後、西村はまず誌名の妥当性に疑問を投げ掛ける。彼の主張はやや紛らわしい。というのも、意味の重なりもある「ミンゾク」という同音異義語に関わることだからである。『民族』の名称をめぐる問題は、「民俗学」という用語を、学問としての独り立ちを示す呼称として定着させる上で生じたものであった。西村は次のように述べる。

第一に『民族』が出るといふことを知つた時に、なくてはならぬ、疾くにあつて然るべき雜誌が出ることになつたのは嬉しいことだと思つた。發行者に對して其勇猛な大膽な實行を感謝する心が

續行した。

第二に『民族』第一號を手に入れた時、何といふ品のよい、小ざつぱりした、美しい、キスしたいやうな雑誌だらうと思つた。それについて直ぐ起つた考へは、題名の『民族』といふ語のことだ。私達は『民族』といふ語を常に『國民』といふ語のシノニムに使つてゐるので、[10]かうした内容をもつた雑誌には『民俗』とした方がよくないかと思つた。『民族』は恐らく"Ethnologie""Folkerkunde〔ママ〕"から取つた名前であらうし、其事は岡正雄君の『民族學の目的』（一の一）といふ譯文で感づいたが、私達は其學統からいつも"Folklore"といふ語を用ひ、それを『民俗學』と譯してゐるので、何だか『民俗』の方がよささうに思はれた。體質と文化との双關であるところの民族といふものを取扱ふのは不似合と思つたからだ。又エトノロギならば人種の意は體質的意義が勝つのでないは〔ママ〕と思はれる。

（西村一九二六）

つまり、西村は「民族」の「族」を別の漢字にすることを提唱しているのである。西村は、folkloreの訳語として使われる「民俗」のほうが、ethnos や clan の訳語として使われる「民族」よりもよいとする。西村は、当時、英語の folklore を訳すのに一般に「民俗」が用いられていたことを重視するのである。二冊の近刊で、人類学の形質的側面と文化的側面をはっきりと区別していた西村にしてみれば、雑誌『民族』は主に形質条件ではなく文化遺産を扱っているのだから、ethnicity や race の訳語ではなく、folklore の訳語を使うべきだということになるのであった。

一見したところ、西村の批判は意味論的なあら捜しのようにも見えるが、実際にはこれは、イギリスの人類学およびフォークロア研究の歴史のなかでずっと続いてきた論争の争点に関わっていた。『民族』の編集者岡正雄によるイギリスの人類学者W・H・R・リヴァーズの講義録「民族学の目的」（"The Aims of Ethnology"）の翻訳は、雑誌『民族』の反進化論的論調を決定付けていたが、西村がこれを見逃すことはなかった。『民族』は基本的に（必ずしも人種主義的な前提から自由になってはいないが）科学的文化研究を扱うのであり、文明の発生条件として想定される環境を再現しようとするわけではなかった。したがって『民族』は、ヘンリー・トマス・バックルの単系的進化論には見向きもせず、W・H・R・リヴァーズの文化伝播説を支持するのである。(11)

しかし、イギリスのフォークロリスト、ジョージ・ロレンス・ゴムの「フォークロリズム」（民俗学）と、W・H・R・リヴァーズの「エスノロジー」（民族学）のどちらを採るかという段になると、問題は込み入ってくる。十九世紀後半以来のフォークロリストと人類学者の間の論争の根底には、カルチャーとフォークロアが用語として似ているという問題があった（Bascom 1965）。最終的に民族誌的観察は人類学に委ねられたが、ドイツ語の"Volkskunde"（民の学）という用語は引き続き民族誌的主題にも用いられた。

当時イギリスで用いられた用語の語義的重なりを踏まえれば、日本語においてフォークロアとエスノロジーの訳語が基本的に互換可能であったことも驚くにあたらない。この曖昧さが、もともとの英語の語義に由来している以上、西村がイギリスの学界の権威に訴えてみても、『民族』の誌名問題が解決できる望みは薄かった。

誌名の妥当性に対する西村の懸念は、雑誌が刊行されている間は問題とされることがなく、誌名はもちろんもとのままであった。一九二九年に『民族』が休刊となると、西村が推奨した用語「民俗」を用いた新しい雑誌『民俗学』がすぐに刊行された。しかしながら、「民俗学」と「民族学」はその後数年にわたり、ほぼ互換のきくものとして使われ続けた。ただし一部の研究者たちは、自分たちの学問を「民俗学」と呼ぶことで、研究対象の範囲が狭まることになると、ことあるごとに主張した（関一九五八：一〇八）。[*4] この段階で柳田が実際に採っていた方法は、エスノロジストの鳥居龍蔵とは異なってはいたが、柳田も鳥居も自分たちはエスノロジストだと考えていただろう。

『民族』誌上での論争の数年後、西村の用語は最終的に柳田自身によって用いられることとなった。だが、その理由は西村のそれとはかなり違っていた。方法論についての言説『郷土生活の研究法』（一九三五年）で、柳田は自身の「一国民俗学」の理論を説明している。

自国人が同胞の間の民間伝承を採集するのが Volkskunde すなはち Folklore であり、どことなく広く他民族の生活を記述するのが Völkerkunde, Ethnology である。〔中略〕私はかりに Volkskunde の方を一国民俗誌学、Völkerkunde を萬国民俗誌、もしくは誤解の恐れなくば比較民俗誌学と名付け……この知識が十分に整理せられ、一つの体系をもつてのぞむことが出来、Volkslehre といふ言葉が用ひられる時期が来て始めて、堂々と日本民俗学と名乗つてよい〔後略〕　（関一九五八：一三八より再引用）[*5]

民俗という言葉はそのままであるが、その定義は、より普遍的な文化研究に基づくもの（西村の文化人類学の概念に近いもの）から、国民国家と不可分なものへ、あるいは研究の方法論による定義（形質と文化に基づく二分法）から、地域（自国か外国か）による定義へと変化している。民俗学においては土着の知識に何よりも重きを置くべきだとする柳田の主張は、ヨーロッパのエスノロジーおよびフォークロアの理論的志向とははっきり断絶している。柳田の定義とは対照的に、ヨーロッパのフォークロア研究は、もともと十九世紀のグリム等によって行なわれたヨーロッパ領域内のものから、研究対象を広げ、ヨーロッパ帝国の領土〔植民地〕も含めた比較研究の枠組を持つようになっていた。[12] たとえば、大きな影響力を有していたイギリスのフォークロリスト、ジョージ・ロレンス・ゴムは、一八九二年の著作 *Ethnology in Folklore* で、ギリシャとインドのフォークロアの伝統を比較し、アーリア人の優秀性を主張する根拠としている。

柳田は後に、民俗学が民族学を吸収して比較民俗学を形成するには、すでに時機を失したと認めることになる。それは、政府の支援を受けた民族学研究機関の名称を変更するのは、あまりに困難だったからである(一九四四:自序)。実際には、民族学と民俗学は、戦前期を通して居心地の悪い関係のまま併存し続けることになった。最終的には民族学が制度的な後ろ盾を受け、国家公認の人種主義理論と関係を深めた。そのため、戦後には民俗学より強い非難を受ける事態となった。

柳田が、比較研究を旨とするヨーロッパ流フォークロアから決別して、「一国民俗学」を創始したのは、戦間期に広範に見られた「西洋への反逆」の一齣であった(Najita and Harootunian 1988)。ヨーロッパ流普遍主義を排そうとする戦間期の他の試みと同様、柳田による西洋中心的なエスノロジーの排斥は、日本とその植民地の関係をどう位置づけるかという問題に逢着した。柳田は、日本の植民地で帝国政府の庇護のもとに働く日本のエスノロジストたちを励ましている。人類学の中心を西洋から引き離したいと望みつつも、柳田は、植民地の民俗学に備わる自民族中心主義的先入観には、必ずしも意識的でなかった。

一九三五年頃の柳田に反して、仲間であった岡正雄や関敬吾は、戦後、死に瀕していた自分たちの学問を再興しようと、人類学と民俗学の和解を試みた。だが、彼らの影響力は柳田に比べて決定的に小さかった。ただし、先述したように、あからさまに「戦争協力」をした他の学問に比べ、民俗学が周縁的な立場にあったことで、逆説的に、戦後、柳田は日本独自の学問の創始者として祭り上げられることになる。同時にそれは、急成長を遂げていた文化人類学に比べ、民俗学が絶望的に停滞する原因ともなったのであった。[13]

史料としての伝説?

『民族』の誌名に関する西村の意見は、エスノロジーとフォークロアの差異を整理するという、未解決で込み入った問題と関係していた（ただし、そもそもそのような差異が存在すると認めればの話ではあるが）。おそらくこの問題の複雑さゆえに、この批判は『民族』次号では特に反論されることもなくやり過ごされた。他方、『民族』初年度の論文がいかなる成果を挙げ得たかをめぐる西村の意見の方は、柳田国男からの猛烈な反論を招いた。

西村は主として柳田の影響の外にある寄稿者たちを称賛した。なかでも考古学者浜田耕作の石器および青銅器時代に関する論文は、学界に特に重要な貢献をなすとしている。[*6] 柳田に近い岡正雄がW・H・R・リヴァーズの論文（前述）を翻訳していることも褒めているが、これに先立つ部分で、すでに翻訳が学問全体の進展に寄与するところはほとんどないとも指摘している（西村一九二六：一二二）[*7]。

ところが、柳田の論文「楊枝を以て泉を卜《ぼく》する事」（『民族』第一巻第二号）に言が及ぶと、西村は柳田の立論は「藝術的に過ぎ」、「讀者に模糊の感」を与えると指摘する。ただし、そのような書き方が、柳田においては「獨得の主義」となっていることも認め、『海南小記』を読んだある読者が、過剰な文学性もそこに含まれる鋭い洞察ゆえに許したいとしたことに同意する。

西村はその批評の意図を、柳田の「争ひの樹と榎樹」（『民族』第一巻第三号）に関する所感のなかで明らかにしてゆく。西村はまず、この論文は「文献的土俗研究」を代表するものだと述べる。その上で、この論文が非科学的であるとの批判に転じる。根拠として西村が挙げるのは、柳田論文中の、ある村で見られる神怪としての榎への信仰を扱った節である。論文の第七節で柳田は、千葉県布佐町で富人の屋敷が邸内の榎の根元から生じた洪水で流されたと信じられていることを詳述し、「此等の現實を考へ合せると、永い年代の間に我々の祖先が、榎から受けた感化は小さいもので無かつた」と結論する（柳田一九二六：四六二―四六四）。

西村は、柳田の結論そのものは攻撃しないが、結論に到達するまでの方法を批判し、榎から水が湧き出すことには科学的説明が可能だと主張する。たとえば、大雨の後に根が大量の地下水を吸い上げたと考えることもできる。西村は、不思議な民話を批判的な検証なしに不思議として保存しようとする危険な習慣が、柳田をはじめとするフォークロリスト一般に蔓延しつつあると非難する。それに続けて、フォークロアと歴史の関係について次のように自説を展開する。

フオークロアが歴史學の一端をなしてゐること、從つて說話を史實として取扱つて眞僞の判斷を下すことを先決問題とする私達歴史家に取つては、論者の取扱ひの部分々々についてまだるこさを感じる場合がある。

（西村一九二六：一二四）

柳田は『民族』の次の号に掲載された「松王健児《こんでい》の物語」の冒頭で批判的な反論を投げ返した。

自ら歴史家を以て任ずる當世の學者の中にも、說話はたゞ史實として其眞僞を判斷すべきのみと考へて居る人があるらしい（民族二巻一二四頁　參照）。史實として眞なる說話といふものが、折々は存在するかの如く想像して居るのならば、誠に氣の毒なる樂觀であつた。何となれば說話の內容は、常に史實では無いからである。若し此態度を以て國民の前代生活を尋ねるとしたら、事苟《いやし》くも有名なる大臣大將の傳記にでも關せざる限り、嘸《さぞ》かしいつも史料の缺乏に不自由をすることであらう。蓋し我々の解する說話は、存在其ものが儼然たる一箇の史實であり、全國を通じてその區々たる類型の散布することが、有力なる第二の史料である。個々の口碑の內容の如きは、單に比較の目標として役立つに過ぎぬのである。自分なども實は歴史家の積りで居るのだが、主として學びたいと思ふ點が、記錄證文を持たない平の日本人の過去に在るが故に、斯うして彼等の取傳へて居る昔の物、殊に其中でも複雜にして特徵の多い說話の類を、粗末にする氣にはなれぬのである。

（柳田一九二七：二五五―二五六頁）

柳田はここでかなりはっきりと、フォークロリストは民衆の生活に関心を抱き、歴史家は「大臣大將」

に関心を抱くのだとしている。これこそ民俗学は周縁にあるとする言い方が生じる根拠となる。こうした考え方は関敬吾の民俗学史で繰り返され、一九七〇年代の民衆史運動の指導的原理としても繰り返されることになる。

柳田の著作では、エリートと大衆の区別は、そっくりそのまま歴史学と民俗学の学問領域の違いであった。福田アジオによれば、柳田は歴史学と民俗学は不可分であると考えていた。西村への反論の翌年、柳田は次のように述べている。「自分たちの一団が今熱中して居る学問は、目的に於ては多くの歴史家と同じい。只方法だけが少し新しい」[14]。後の『郷土生活の研究法』でも、民俗学者は過去の再構築という歴史家と同じ目標を、別の研究方法を用いつつ目指すのだと強調している。また別の論文「国史と民俗学」（一九三五年）では、次のように述べる。「古く伝へた記録が無ければ、現に残つて居る事実の中を探さなければならぬ。さうして沢山の痕跡を比較して、変遷の道筋を辿るやうな方法を設定すべきである」[*8]。地域に重点を置くことでフォークロア研究をエスノロジーから区別しようとする一方、まさにそこに重点を置くことによって、フォークロア研究はナショナル・ヒストリー（国民史）という、すでに場所という要素に寄りかかった研究分野へ近づいてしまう。そうすることでフォークロア研究は、この二つの学問の中間に位置することになるのかもしれない。結局のところ、大きな影響力をふるった柳田民俗学が目ざすものとは、エスノロジーの方法を用いてナショナル・ヒストリーを書くということであった。そのため必然的に、周縁を代表したいという願望（エスノロジーにおける口承の重視）と、国家全体を代表し権威をもって語りたいという願望の間で、板ばさみとなったのである。

『民族』に書いていた時期、柳田はまだ民俗学が目ざすものをはっきりと見定めていなかったかもしれないが、その要素はすでにすべて出揃っている。彼は史料を発掘するために比較民族誌の方法を用いることを主張し、この方法に拠らなければ社会的エリートの歴史の研究にしかならず、民衆の歴史はわからないと述べている。柳田にとって問題となったのは、実証主義史家が説話や民間信仰をほんとうの史実とは考えないことであった（Figal 1999: 173）。柳田はこのような傾向をエリート主義と結び付け、民衆が信じていることそのものを史実とみなさないかぎり、民衆の歴史を書くことはできないと述べる。

西村と柳田の間の断絶は、理論的、政治的側面からして和解不能であった。次の号に掲載された反論において、西村はタイラーやゴムといった学問的権威を動員して「説話の內容は、常に史實では無い」という柳田の論を否定する一方、説話そのものが申し分のない史実だという柳田の主張は無視している（西村一九二七：五三一—五三二）。論文末に付されたこれへの応答で柳田は、西村によるヨーロッパの権威の引用を、説話に対するエリート主義的態度と結び付けようとする。実証主義史学における説話の利用可能性について理論的議論をするのであれば、引用される文献の著者の国籍など無関係であるはずだが、二人の議論においてはこれがきわめて重要な点であった。柳田と西村が意図のくい違う議論をしていて、それゆえ二人は和解不能であったことを明らかにするからである。

理論の一貫性という点から言えば、西村が議論に勝っている。西村は、民間伝承には史実が含まれていることを広く文献を渉猟し論証したが、説話そのものを史実として扱うことが妥当かどうかという問いは、彼には意味を持たなかった。西村にとって、説話は歴史の再構築に役立つ限りにおいて妥当性を持つのである。だが、歴史の再構築こそはまさに柳田の目的でもあった。彼らの相違点とは、西村の関心が婚姻習俗や物質文化といった観察の容易な状況の再構築に向かったのに対し（西村はこの二つの主題を扱った論文を誉めている）、柳田が民間信仰の状況の再構築に関心を寄せた点にある。柳田の立場からは、民衆心理と社会史のいずれの再構築にも説話が利用できるはずと思われるのだが、柳田は説話の内容が史実であることは決してないときっぱり主張する。これは一つには柳田が政治的見地から議論を組み直そうとしていたからである。つまり、然るべき真実の表象の議論を、政治的な表象の議論にずらしているのである。西村の議論が、真偽を判断するという歴史家のつとめを中心に展開するのに対し、柳田の論点はエリートと民衆のどちらが表象されるかという点から動かない。

柳田は実証主義史学をはっきり棄ててはいない。その一方で柳田の議論は、自分自身の研究方法を問うことから離れ、歴史家の伝統的な研究目的を問うことへ向かう。柳田の著作は実証主義史学への異議を代表するかにみえるが、牧田茂の興味深い指摘によれば、柳田は自分の研究は「実証主義科学」の一形態であると主張していたという（Makita 1973: 292）。柳田は自身の著作を通して、実証主義の一般的な定義を拡張しようとしたのかもしれない。だが、私の見るところ、この矛盾が結局のところ暗示するのは、柳田の反アカデミズムの本質は抽象理論より政治的理由づけを優先することにあったという点である。柳田と歴史学や民族学との不和は、いずれにおいても政治的な動機に基づいていた。民族学の場合は、イギリスにおけるフォークロア研究とエスノロジーの差異をめぐる学界の複雑な論争を受けとめることを放棄し、かわりに（「一国民俗学」の呼び掛けによって）土着の民に彼ら自身の民族誌的表象を担わせようとした。歴史学の場合は、従来の歴史家はエリートの側に立つと非難することで、歴史学のありかたに政治色を帯びさせようとした。

とはいえ、柳田の政治活動の場が、一九〇八年の神社合祀令に対する公開請願が終わった後は、別のところに移ったことに注意しなければならない。一九三五年に重要な理論的テクスト群を発表した時には、柳田は自分自身の見解のほとんどを、だんだん遠回しになる学問的言語で表明するようになっていた。柳田の論文や理論的著作では、人類学や歴史学における研究実践の政治性が批判されている。柳田は歴史研究のエリート主義や、人類学の「時期尚早[15]」な世界主義を、一貫して批判し続けた。それはある種の保守的ポピュリズム、あるいは「声なき多数の人々」に重きを置くナショナリズムと結び付きやすいものでもあった。

むすびに

民俗学の周縁化は柳田の政治と不可分である。一九二〇年代の民族主義の熱狂のなかで、民俗学という流動的な学問は、それより少しばかり主流に近い西村真次ら歴史家による学問実践に取り込まれてしまうかに見えた。しかし柳田は、歴史家やヨーロッパの影響を受けたエスノロジストたちの進出を強く拒んだ。柳田の政治的批判は、次第に民俗学の理論的枠組として表現されるようになってゆく。

このように考えると、関による民俗学史の重要性は一層高まる。関論文に内包されていた、民俗学の周縁性の強調と初期の学際性の礼賛とのせめぎあいはそのまま、民俗学における日本中心的な政治観の維持と、学問的領域横断の奨励とのせめぎあいとして捉えることができる。それは柳田が前提とした民衆と国民国家との関係の恣意性を暴きかねない。

関とは異なり、一九六〇年代に柳田熱に加わった人々は、民俗学を独立の学問として再興することにはまず一切興味を持たず、アカデミズムの観点からも、アカデミズムとは無縁な観点からも、ただ柳田の政治観に惹かれていた。活動家たちにとって、神社合祀令による官僚の越権行為への柳田の反対は、同時代の環境保護活動と共鳴するものであった。更にアカデミズムに連なる世界では、マルクス主義に失望した歴史家たちが柳田の著作を手がかりに民衆史に取り組み、日本の近代は西洋と比べるとまだ不完全であるという講座派の考え方を棄却する手段とした。

　最後に、冒頭で述べた民俗学に対する通説に触れてこの論を締め括りたい。すなわち、（1）柳田国男が二十世紀初頭に日本固有の学問である民俗学を創始したという見解、そして（2）民俗学は常に周縁に追いやられた学問であったという見解である。私の見るところでは、これらはいずれも部分的には歴史的記録に裏付けられている。最初の通説については、柳田と民族学および歴史学との断絶によって民俗学が始まったと見なすならば、たしかに柳田国男は民俗学を創始したと言える。柳田の態度は、上に述べたように、ヨーロッパ由来のフォークロア研究の理論的発展そのものではなく、アカデミズムの世界におけるエリート主義的傾向に反発する政治的姿勢に動機づけられていた。

　二つ目の通説に関して言えば、制度化された学問という観点から見て、民俗学がその歴史の大部分において周縁にあったことは否定できない。しかし、エスノロジーに関わる問題への関心が爆発的に高まった時期において、なお民俗学が周縁に留まったことについては、柳田の支持者たちにみられる政治と理論の「反アカデミズム的な」関係と密接な連関があったと見なくてはならない。そうである以上、戦前の学問的傾向ではなく、より広範な政治的傾向という切り口から見て、果たして民俗学がなおも周縁にあったと言えるか、と問うことも妥当であろう。柳田とその仲間たちは、かれらの研究活動という比較的狭い領域を超えた視点から見るならば、それほど周縁にあったとはいえないのである。

（訳：中井真木）

本論文は Adam Bronson, "Japanese Folklore Studies and History: Pre-War and Post-War Inflections," *Folklore Forum* 38(1), 2008, pp. 8-35 に加筆したものである。

原注

（1）知識人と「民衆」からの「二重の断絶（ダブル・ブレイク）」という概念は、ブルデューに拠っている（Bourdieu 1990）。

（2）これらの名前の多くはさまざまな先行テクストにも登場しており、その中には柳田の『民間伝承論』（一九三四年）や、柳田と関の共著である『日本民俗学入門』（一九四二年）も含まれている。ドイツの保守派フォークロリスト・歴史家であるヴィルヘルム・ハインリヒ・リールの著作の重要性を指摘したのは関がはじめのようで、それまでリールと柳田の著作との関係はほとんど言及されていなかった。リールが形作った「正統的な農民〔die unverfälschten Bauern〕」という概念は、柳田の「常民」と興味深い相似を見せている。リールは次のように述べる。「ドイツ国家には、ひとつの無敵の保守勢力が、がっしりとした、どんな変化があっても動くことのない核が留まっている。すなわち我等が農民である。農民は正統の本来的部分であり、他の民族《フォルク》が決して代わりを務めることのできないものである。知識階級は理性的な判断に基づいて保守的であろうとするかもしれないが、農民はその風俗により保守的である。今日の社会的闘争において、農民は多くの人が考えるよりも重要な役割を果たしてきた。すなわち彼らは、我が民衆層《フォルク》にフランス由来の革命思想が氾濫することを阻む天然の堤防を築いたのである。」（Riehl 1990: 155）「フランス由来の革命思想」を、仏教化・中国化と西洋化・都市化という一対の影響に置き換えると、リールと柳田との合致がよりはっきりするだろう。〔リールの翻訳に際しては、Wilhelm Heinrich Riehl, *Die bürgerliche Gesellschaft* (*Die Naturgeschichte des Volkes als Grundlage einer deutschen Social-Politik*, Bd. 2), 6. Aufl., Stuttgart: J. G. Cotta, 1866, p. 41 を参照した。〕

（3）関が指摘するように、多くの研究者は、「民俗学」という用語が独立の学問の呼称として日本国内で通用するようになった時点を、同じ名前を持つ雑誌や学会に求めている。しかし、『民俗学』が刊行されたのは、『民族』がすでに廃刊となった後であったし（関一九五八：一〇三）、一方では、雑誌『民俗学』刊行後も「民俗学」の代わりにたとえば「民間伝承論」（柳田一九三四）等の他の用語も使い続けられていた。

（4）関によれば、この分裂から発展して三つの別々の民俗学の流派が成立した。一つは柳田国男に連なる人々で、柳田が歴史を超えた「常民」の姿を（再）構築しようと最終的にたどりついた、帰納的な比較民族誌の方法論を中心とする。また一つは折口信夫に連なるもので、彼が民衆の魂の中にあり続けた「古代」という、歴史を超えた概念を再構築するために用いた、演繹的な原典主義的方法を中心とする。そしてまた一つは、渋沢敬三に連なるもので、彼が一九二一年にアチック・ミューゼアムを創設して実現しようとした、民衆の物質文化の再構築を中心とする（Christy 1997; 関一九五八）。『民族』は、この三つのグループのうち、匿名で編集に加わっていた柳田と、彼の周囲にいた少数の研究者仲間（岡正雄、石田幹之助、田辺寿利、奥平武彦、有賀喜左衛門）の支配下にあったと、関はみなしている。

（5）柳田・折口その他による『民族』掲載論文はそれぞれ異なる方法論や主題を扱ってはいるが、彼らの異なる研究方針が体系的な形で表現されるようになるのは『民族』刊行後のことであった。たとえば、柳田が民俗学の「独立宣言」とも呼ばれる『民間伝承論』を発表したのは一九三四年になってからであり、折口信夫がその大著『古代研究』を完成させたのは一九三〇年である。柳田は『遠野物語』（一九一〇年）や初期の三篇の旅行記である『海南小記』・『雪国の春』・『秋風帖』（いずれも一九一一年）で打ち立てた独特の民族誌的アプローチを修正し洗練し続けたが、「史料としての伝説」（一九二五年）等の論文で述べているような、民間伝承の歴史的研究のための明快な研究方針は、まだ曖昧なままであった。『民族』刊行後に柳田は、民俗学の目的・方法論・研究方針に関する見通しについてより詳しく解説した数篇の論考を発表することになる。すなわち「郷土研究といふこと」、「日本の民俗学」、「Ethnologyとは何か」（いずれも一九二六年）等である（関一九五八：一〇七）。〔『海南小記』・『雪国の春』・『秋風帖』は、実際には一九二〇年から翌年にかけての旅行記録を主として、それぞれ一九二五年、一九二八年、一九三二年に単行本として出版された。また、「郷土研究といふこと」以下の発表年は関の誤記に基づく誤りで、「郷土研究といふこと」は一九二五年、他の二篇は一九二六年の講演をもととし、文章としてはいずれも一九二八年刊行の『青年と学問』に発表さ

れた。〕

(6)『日本思想史辞典』〔中村二〇〇一〕によれば、柳田は大正時代はじめに南方熊楠や高木敏雄との交流を開始し、その刺激が発端となってヨーロッパの理論家、とりわけイギリスのエスノロジスト、ジェイムズ・G・フレイザーに関心を抱くようになった。

(7)川村一九九六、一〇—一一頁。柳田の未発表草稿「比較民俗学の問題」も参照されたい。

(8)日本から遠く離れたテーマの例としては、一九二七年の『民族』に古代バビロニアの男女関係に関する論文が掲載されている。一方で、日本に関連する論文でも、しばしば他地域の例が参照されている。

(9)管見では、このことに関する柳田の意図がもっともはっきり示されているのは、未発表草稿「比較民俗学の問題」である。川村一九九六も参照されたい。

(10)西村が「民族」と「国家」を否定的に結び付けたことに関しては、英語のnationとethnic groupに対応する単語が、日本語の文脈では異なる意味を含んでおり、またその含意が一九二〇年代半ばと今日ではまた異なるということに注意しなければならない（その含意が大学の学者と工場労働者との間で明らかに異なっていたことは言うまでもない）。このことに関してはケヴィン・ドークの指摘が有用である。ドークによれば、一九二〇年代半ばに「民族」という言葉に結び付けられた民族主義《エスニック・ナショナリズム》への関心が爆発的に上昇し、次第にそれは自人種中心主義的な国家主義イデオロギーへと結び付いていった（Doak 1998）。西村の批判は、「人種」としての民族は生物学的に定義されるという仮定に基づいているが、このような定義は『民族』への寄稿者の多くがとる文化中心的アプローチとはうまく噛み合わない。加えて、西村が「民族」という語の社会言語学上の使用域をはっきりと批判していることからは（西村は暗に誌名が学術的ではないと批判している）、「国民」という語を、徳富蘇峰の有名な明治時代の雑誌『国民之友』（一八八七—九八年）や、彼が同時代に刊行していた新聞『国民新聞』（一八九〇—一九二九年）といった一般向けの読み物と結びつけることも可能だろう。〔ドークの論文は、十九世紀末から一九二〇年代までの日本の民族主義の展開を追うものである。第一次世界大戦中より戦後にかけて民族主義が著しく高まり、一九二〇年代に入ると大正デモクラシーとの折り合いが問題となったことを指摘する中で、西村の『民族』誌名批判にも触れている。〕

(11)リヴァーズの進化論否定をめぐってはStocking 1995を見られたい。

(12) そうは言うものの、柳田は決して比較的な枠組から完全に縁を切ったわけではなく、そのことは彼が比較民俗学という分野のために準備をしていたことから明らかである。川村によれば、このことは柳田による日本帝国主義の弁明と関連している。川村一九九六の「はじめに」を参照されたい。

(13) 民俗学の停滞に対する近年の批判としてはSchnell and Hashimoto 2003を参照されたい。

(14) 柳田国男『青年と学問』(一九二八年)。福田一九九一、九四頁より再引用〔該当部分は一九二五年に行なわれた講演の記録に基づいている〕。

(15) 川村一九九六、一〇頁所引の柳田の言〔「時期尚早」というのは実際には柳田の引用ではなく、川村による評言である〕。

訳注

＊1 明治三十九(一九〇六)年にいわゆる神社合祀令が発布され、各地の神社の破壊が起きたことに対し、明治四十二年ごろより南方熊楠が反対運動に立ち上がった。当時内閣法制局参事官であった柳田国男は、明治四十四年より南方と交流をはじめ、『南方二書』を印刷・配布するなどして、南方の反対運動に協力した。その後、貴族院書記官長等を経て、大正八(一九一九)年に柳田は官を辞した。

＊2 柳田一九三四:九。ただし同書において柳田は「民俗学」という語を避け、「民間伝承論」を使用している。

＊3 *A Study of Ancient Ships of Japan* は西村本人が英文で著し、一九一七年から一九三六年にかけて継続的に発表した一連の著作である。なお、現在に至るまで日本語訳は出版されていない。

＊4 関がここで言及しているのは、一九二〇年代の柳田についてであり、特に柳田が自らが志す学問の名称や内容をめぐって試行錯誤を繰り返していた点である。

＊5 関の引用は柳田の原文に忠実ではない。柳田の原文は以下の通りである。「仏蘭西ではまだ一般に、民俗誌学(エトノグラフイ)及び民俗学(エトノロジイ)と、我々の謂ふところの郷土研究、または英国でいふフオクロアの学問との、差別分界がはつきりして居らぬやうである。ところが独逸語の領域に於ては、少なくとも名称の上では、もうこの二つはちやんと対立的のものになつて居て、後者即ち自国人が同胞の間の伝承を採集調査するのがフォルクスクンデ、前者即ちどことなく弘く他民族の生活を記述するものがフェルケ

ルクンデと呼ばれて居る。（中略）私はかりにフォルクスクンデの方を一国民俗誌学、または日本民俗誌学、今一つのフェルケルクンデを万国民俗誌学、もしくは誤解の虞がないならば比較民俗誌学と名けて置いて、他日もつと好い語があつたら取替へることにしようと思ふ。さうしてこの知識が十分に整理せられ、一つの体系を以てこれに臨むことが出来、たとへばフォルクスレェレといふ語が用ゐられてもよい時節が来たら、始めて我国でも堂々と日本民俗学と名乗つても、未だ必ずしも遅しとせぬであらうと信ずる」（『郷土生活の研究法』（『柳田国男全集』第八巻）二三二—二三三頁）。

＊6　西村が浜田論文に言及しているのは、「内容をざつと見て、濱田博士の『石金兩時代の過渡期の研究に就いて』以下、所謂論説も面白いものであるが、最後に二段組になつてゐる資料こそ、此雑誌を特色づけるところの、いつになつても價値の減少しない極めて大切な記事であることを感じた」と述べているところであるが、これは当該論文が『民族』創刊号の巻頭を飾っているためである。浜田論文にはこれ以上の言及がないのに比して、第一号収載のその他の論文すべてに好意的な寸評が加えられており、浜田論文を特に取り上げていると評価するのは難しいだろう。

＊7　西村は「名立たる人々の論説は、それが自家の研究である限り、學界に寄與するところが大きいと同時に、後進を誘掖することゝなるのは勿論であるがこゝでは飜譯物はあまりに有難くない。私達は執筆者自身の研究をこゝで要求したい」と述べ、『民族』各号前半部分を占める論説ではオリジナルな論文の収録を求める。その一方で、雑誌後半の資料部分では、リヴァーズの翻訳をはじめとして、翻訳を歓迎している。

＊8　一〇六—七頁。福田一九九一、九四頁より再引用。

参考文献

Bascom, William R. "Folklore and Anthropology". In *The Study of Folklore*. Alan Dundes ed. Englewood Cliffs, NJ: Prentice-Hall, 1965.〔ウィリアム・R・バスコム「民俗学と人類学」山下欣一訳、アラン・ダンデス編『フォークロアの理論——歴史地理的方法を越えて』荒木博之編訳、法政大学出版局、一九九四年〕

Bourdieu, Pierre. "The Uses of the 'People'". In *In Other Words: Essays Towards a Reflexive Sociology*. Matthew Adamson trans. Stanford: Stanford University Press, 1990.〔ピエール・ブルデュー「『民衆』の用途」同『構造と実践——ブルデュー

自身によるブルデュー』石崎晴己訳、新評論、一九八八年（後に藤原書店、一九九一年）〕
Bourdieu, Pierre, and Loïc J. D. Wacquant. *An Invitation to Reflexive Sociology*. Chicago: University of Chicago Press, 1992.〔ピエール・ブルデュー、ロイック・J・D・ヴァカン『リフレクシヴ・ソシオロジーへの招待――ブルデュー、社会学を語る』水島和則訳、藤原書店、二〇〇七年〕
Christy, Alan S. "Representing the Rural: Place as Method in the Formation of Japanese Native Ethnology, 1910-1945." PhD diss., University of Chicago, 1997.
Doak, Kevin M. "Culture, Ethnicity, and the State in Early Twentieth-Century Japan". In *Japan's Competing Modernities: Issues in Culture and Democracy, 1900-1930*. Sharon A. Minichiello ed. Honolulu: University of Hawai'i Press, 1998.
Figal, Gerald. *Civilization and Monsters: Spirits of Modernity in Meiji Japan*. Durham: Duke University Press, 1999.
福田アジオ「歴史民俗学的方法」日本民俗研究大系編集委員会編『方法論』（『日本民俗研究大系』第一巻）国学院大学、一九九一年
橋川文三「柳田国男――その人間と思想」同『柳田国男論集成』作品社、二〇〇二年
日夏耿之介「『民族』読後所感」『民族』第二巻第一号、一九二六年十一月
川村湊『「大東亜民俗学」の虚実』講談社、一九九六年
Kojima, Takehiko. "Diversity and Knowledge in the Age of Nation-Building: Space and Time in the Thought of Yanagita Kunio." PhD diss., Florida International University, 2011.
Koschmann, J. Victor. "Folklore Studies and the Conservative Anti-Establishment in Modern Japan." In *International Perspectives on Yanagita Kunio and Japanese Folklore Studies*. J. Victor Koschmann, Ōiwa Keibō, and Yamashita Shinji ed. Ithaca: Cornell University China-Japan Program, 1985.
Makita Shigeru. "World Authority on Folklore: Yanagita Kunio". *Japan Quarterly*. Vol. 20, no. 3. 1973.
松本芳夫、書評「文化人類学」『史学』第四巻第一号、三田史学会、一九二四年
Morse, Ronald A. "The Search for Japan's National Character and Distinctiveness: Yanagita Kunio (1875-1962) and the Folklore Movement." PhD diss., Princeton University, 1974.〔ロナルド・A・モース『近代化への挑戦――柳田国男の遺産』岡田陽一・山野博史訳、日本放送出版協会、一九七七年〕

Najita, Tetsuo and H. D. Harootunian. "Japanese Revolt Against the West: Political and Cultural Criticism in the Twentieth Century." In *The Twentieth Century*. Peter Duus ed. *Cambridge History of Japan*. Vol. VI. Cambridge; New York: Cambridge University Press, 1988.
中村生雄「柳田国男」子安宣邦監修『日本思想史辞典』ぺりかん社、二〇〇一年
Nakane, Chie. "Cultural Anthropology in Japan". *Annual Review of Anthropology*. Vol. 3. Oct. 1974.
西村朝日太郎『西村真次——人類学的日本文化史』『日本民俗文化大系』第一〇巻、講談社、一九七八年
西村真次「『民族』第一巻所感」『民族』第二巻第一号、一九二六年十一月
——「説話伝説神話対歴史」『民族』第二巻第三号、一九二七年三月
Riehl, Wilhelm Heinrich. *The Natural History of the German People*. David J. Diephouse trans. Lewiston, NY: Edwin Mellen Press, 1990.
Rivers, W. H. R. 岡正雄訳「民族学の目的」『民族』第一巻第一号、一九二五年
Schnell, Scott and Hashimoto Hiroyuki. "Guest Editor's Introduction: Revitalizing Japanese Folklore". *Asian Folklore Studies*. Vol. 62, no. 2. 2003.（本書収録）
関敬吾「日本民俗学の歴史」『日本民俗学大系』第二巻、平凡社、一九五八年
Stocking, George W. Jr. *After Tylor: British Social Anthropology, 1888-1951*. Madison: University of Wisconsin Press. 1995.
柳田国男「編輯者の一人より」『民族』第一巻第一号、一九二五年十一月
——「争ひの樹と榎樹」『民族』第一巻第三号、一九二六年三月
——「松王健児の物語」『民族』第二巻第二号、一九二七年一月
『柳田国男全集』より
「史料としての伝説」（第一四巻、初出一九二五年）
『青年と学問』（第四巻、初出一九二八年）
『民間伝承論』（第八巻、初出一九三四年）
「国史と民俗学」（第一四巻、初出一九三五年 a）
『郷土生活の研究法』（第八巻、初出一九三五年 b）

『国史と民俗学』(第一四巻、初出一九四四年)
「歴史教育について」(第三二巻、初出一九五三年)
『定本柳田国男集』より
「比較民俗学の問題」(第三〇巻、草稿)
柳田国男・関敬吾『日本民俗学入門』改造社、一九四二年

第Ⅱ部　妖怪・遠野・文学的創造

二十一世紀から見る柳田国男と妖怪

マイケル・ディラン・フォスター

はじめに

柳田国男は民俗学に数多くの足跡を残している。妖怪や怪異現象に関する研究もまたその一つである。実際、日本でそれなりの図書館や書店に行けばすぐわかるように、妖怪研究は今でも民俗学の主要な研究分野の一つとなっている。私は、江戸時代から今日まで文学および民間伝承において妖怪の概念がどのように変化してきたかについて研究してきた。柳田の専門家ではないが、柳田が妖怪学に与えた影響の大きさは見過すことができないと考えている。したがって本論では、柳田が妖怪にどう取り組んだかを探った上で、いささか大胆ではあるが、柳田の考え方を転用し、より広く全世界に関心を広げて、日本の民間伝承とポピュラー・カルチャーについて考える手立てとしてみたい(1)。

柳田の妖怪学について私が知り、考えることのほとんどは、日本の内外の多くの研究者の仕事にもとづいている。だが私は、アメリカ合衆国の大学で民俗学を教えるという経験を通して、柳田の論点のいくつかに対して私なりの独自の視点を得るにいたった。教えてみてわかったのは、学部生であれ大学院生であれ、私の教え子の多くは、妖怪と日本の民間伝承をほぼ同義に考えているということであった。日本について他にはほとんど何も知らない学生が、どういうわけか、カッパとかキツネとかクチサケオンナは耳にしたことがあるという。彼らはマンガやアニメ、映画、テレビゲームなど、しかも基本的には英語版を通して、こういったことを知るのである。この種の接触に刺激を受け、彼らは日本の民間伝承についてより詳しく学び、ポピュラー・カルチャーで活躍している大好きな生き物の「起源」を知ろうとする。こうした学生の多くにとって、日本の妖怪は日本文化一般の換喩であり、海の向こうの異界をめぐる、風変わりで、不可思議で、魅力あふれるもの全てを体現し表象するものなのである。

そこで本論では、この学生たちを念頭に、グローバル化したポピュラー・カルチャーにおいて妖怪がどんな役割を果たしているのかを考えてみようと思う。柳田の取り組みは、そのような考察を行なうにあたって、一つの発見の手がかりを与えてくれるからである。ことに強調したいのは、妖怪は日本文化の真正かつ消滅に瀕した部分を象徴するという柳田の考え方が、いまや妖怪に対する現在の世界的見解の根幹となっているという点、それゆえ妖怪はポピュラー・カルチャーにおいて想像上の原日本という「異界」をあらわすものとなっているという点である。私が言いたいのは、今日妖怪に興味を持つ日本および海外の人々が、実際に柳田の著作を読み、直接に影響を受けているということではない。むしろ、産業としてのポピュラー・カルチャーを媒体として、柳田の理論が、ポピュラー・カルチャーを消費するグローバル化した新しい世代の常識的見解として浸透しつつあるということなのである。私がここで述べる見解は推測に過ぎない。だが、柳田の言説を手がかりに、妖怪を消費する日本人以外の人々について、また広くは日本国外で「日本の」文化を消費する人々について、国境を越えた考察が展開できればいだと考えている。

以下では、まず柳田の著作をその歴史的・学術的背景のなかに位置付ける。次いで柳田の妖怪(およびその他の民間伝承的現象)解釈の取り組みに見られる三つの側面を簡単にまとめる。最後に、この取り組みが一般向けの言説に浸透し、やがて一世紀の時を経て、日本内外の一般大衆(ここでは民間伝承研究に専門的に従事したことのない人々を指す)の妖怪に対する通念となるにいたる事情について述べる。結論を先取りして言えば、知識階級のエリート主義的近代イデオロギーが、二十一世紀にはポピュラー・カルチャーの製作者・消費者の常識的かつ通俗的なイデオロギーになったというのが、大筋での私の見解である。

柳田国男と井上円了

明治時代、妖怪研究の主流となったのは、哲学者・教育者の井上円了(一八五八―一九一九年)の考え方であった。円了は、超自然に関する俗信を合理的に説明し、日本を西洋の国々に匹敵する(そして競合する)近代的国民国家へと導く、という明確な目的を持って「妖怪学」なるものを作った。円了の考えでは、妖怪の多くは「仮怪《かかい》」であり、これを排除しなければ、聖俗いずれの面においても、日本人が世界の真の動きについて啓発されることはない。こうした啓蒙的意図のもとに、円了は日本各地で妖怪に関連する俗信の資料を大量に収集した。その上で、妖怪を分類し、「迷信」を自らが「真怪《しんかい》」と定義するものから組織的に除くため、分析の枠組を作り上げていった[2]。

ここでは円了の文明開化思想の詳細には深く立ち入らずに、柳田の考え方は、はじめからこれとはやや異なっていたと言うにとどめておこう。柳田も円了同様、日本各地の妖怪にまつわる俗信の収集に取り組んでいたが、それらが迷信であることを暴こうとはしなかった。柳田はむしろ、それらを失われつつある古い俗信体系《ビリーフ・システム》の名残りとして記録・保存しようとしたのである。柳田にとって妖怪は、理想の過去を呼び覚ますかけがえのない文化的価値を持つものであった。柳田の超自然現象の「科学」は、妖怪を迷信とみなす円了の方法を超えようと――あるいはひょっとすると避けようと――する試みであり、妖怪と人間の関係をより注意深く観察しようとした[3]。円了とは対照的に、柳田は妖怪が存在するかどうかを問題にしない。柳田の考えでは、人々がその存在を信じていたり、かつて信じたりしたのであれば、妖怪は日本人のアイデンティティの重要な一部分であり、その実証的記録の一部となる。妖怪は、そのようなものとして研究されるべきであった。柳田にとっての問いは、いかにして妖怪を追い払うかではなく、いかにして完全に姿を消す前に彼らを捕まえるか、であった。「けだし我々の文化閲歴のうちで、これが近年最も閑却せられたる部面であり、従って或民族が新たに自己反省を企つる場合に、特に意外なる多くの暗示を供与する資源でもあるからである[4]」。急速に消えゆく妖怪という〈他者〉は、日本人の永続的な〈自己〉を定義するために欠かすことはできない。すなわち、柳田は「真実」を「想像」から分離しようとはせず、むしろその両方が成り立ちうる曖昧さそのものを受け容れたのである。

遠野と真正の探求

すでに多くの先行研究は、柳田が、地方を消えゆきつつある〈他者性〉の宝庫とみなしたこと、近代的主観性とはなにかを明らかにするために不可欠なものとして尊重したことを論じてきた。H・D・ハルトゥーニアンは「柳田にとって地方は、失われた存在の痕跡を保護し、保存するための言説より作り出された、想像上の存在である」と指摘している。[5] そう考えるなら、柳田の画期的著作『遠野物語』は、急速に近代化・都市化する中央から遠く離れた場所に、かろうじて保存されていた真正の日本への回帰(もしくは発見)に対する欲望が、かたちを取ったものだと読むことができる。『遠野物語』のなかで、柳田は読者を過去の田園的な世界の奥深くへ誘う。そこはいまだ妖怪が住み、鉄道——近代の典型的象徴——もまだ通じていない土地である。有名な序文からは、柳田がたしかに郷愁をかきたてられたことが伝わってくる。あたかも、自分は国民の心の奥底に潜むなにものかを見つけた、消えさる前にぜひ共有しなければならない、とでもいうように。「斯る話を聞き斯る處を見て來て後之を人に語りたがらざる者果してありや[6]」と柳田は書く。

『遠野物語』についてはすでに多くのことが書かれているので、ここに繰り返すつもりはない。ただ、柳田が試みた国家に内在する異界(遠野＝過去の田園的な日本)の異国化(植民地化)は、中央の都市への大規模な人口移動が起こった時期に広くみられた、「土着の」日本への価値付与の一環であったことは、あらためて述べておきたい。[7] ある面から見れば、柳田の著作は既存の都鄙のヒエラルキーをなぞったに過ぎない。柳田が遠野に付与する〈他者性〉は、彼自身が属する東京の学者・官僚・文人たちの世界による言論支配の産物である。しかしその一方で、『遠野物語』は井上円了や文明開化論者の態度から明確に距離を置いてもいる。柳田は円了の教化的態度を棄て、代わりに新しい覗き趣味を持ち込む。それは観察し報告するまなざしであり、奥地に存在する異界のつぶやきを平面描写的な都会の言葉へ翻訳する行為であった。(8)

『遠野物語』という柳田初期の文学的民族誌は、この地域の基層文化が、実際には変化の途上にあったことを示唆するだけではない。それは、根源的・田園的な過去を日本の民と国家の真の魂が宿る場所として理想化する、社会上層部の都会的な想像世界について語っているのである。『遠野物語』はこの美化の過程の一つの段階を示すのであり、時の流れの外にある場所を撮影した一連のスナップショットとして捉えることができる。遠野の風景への着目（序文では、ある山の形が片仮名のへの字に似ていると語ることで、文字通り文章のなかに土地の形状を刻みこもうとしている）は、柄谷行人が指摘するように、柳田の「風景とは言葉の問題にほかならない」という感覚を反映する。(9) 柳田はある時代のある土地の風景＝言語を保存し、これに具体的な形を付与して過去の生活様式に（テクスト上の）永続性を持たせる。のみならず、本来なら臭いや不快感をも伴っていたはずのものを、東京の近代的読者にも安心して触れることのできる形にする。妖怪というものは本質的に捕らえがたいものである。恐らくそれゆえ、真正を求める柳田のノスタルジックな探求において、妖怪は、消えゆく貴重な文化資源の代表となった。すなわち、永遠に消えさる前に捕まえなければならない、少なくとも記録しなければならない「手応えのある」物となることができたのである。(10)

『遠野物語』には怪異現象を語る物語が多く収められてはいるものの、作品そのものは、表向き妖怪を主題にしているわけではない。もっぱら短い話や経験談を集めた物語集という点で、むしろ江戸時代の百物語集に近く、柳田がこれを怪異に関する体系的論考として構想したとは考えにくい。しかし柳田が、近代化を進める国家の論理の中で、妖怪がいかなる位置を占めるのか考えはじめていたことも明らかである。妖怪についての柳田の論文には円了の思想への抵抗が見てとれるが、それは妖怪にまつわる俗信の正体を暴くのではなく、むしろそれらを貴重なものととらえ、重要な日本文化の記録とみなすという形においてである。[11]

妖怪への近代的アプローチ

柳田において独特な形を取る妖怪への取り組みについては、すでに先行研究が詳しく論じているので、ここでは簡単に要約するにとどめる。手はじめに強調したいのは、柳田の妖怪研究は、柳田による民俗学の体系化の換喩と捉えることができるという点である。妖怪という、非常に捕まえがたく抽象的な現象を捉える方法論を開拓するなかで、柳田は日本の民間伝承や習俗のより具象的な側面を考察するための確固とした研究法を確立していったのである。

柳田が妖怪と取り組むにあたっての方法論を明示的に述べたものは一切ない。だが、妖怪に関する柳田の論文をいくつかあわせみると、そこに一つの理論的枠組の存在が浮かびあがる。[12]たとえば小松和彦は、柳田が妖怪研究において強調した三つの点をするどく指摘している。すなわち、妖怪の採集と分布の把握、お化（妖怪）と幽霊の区別、そして「妖怪の発生を神の信仰の衰退とみなす」という零落論である。[13] 本稿では、小松の指摘に依拠しながらこれにやや修正を加え、妖怪現象を理解するための次の三本の柱からなるアプローチを提案したい。すなわち、（1）あいまいさの容認、（2）妖怪の収集と分類、そして（3）零落論の三つである。以下ではこれらの点について、関連するテクストの精読を通じ、それぞれの内容をみてみることとする。

あいまいさの容認

円了等の文明開化論者とは対照的に、柳田の取り組みにおいては、妖怪の表象する不可思議や豊かな可能性と、妖怪の存在に対する科学的説明の双方を尊重する。このような態度は、日本においても海外においても、現在の民間伝承研究の当然の前提である。俗信体系とは、その誤りを立証するものではなく、収集し解釈すべきものなのである。とはいえ、合理的断定を避ける柳田のこのような態度がいかに獲得されたかは、次に引用する柳田の短い文章が参考になる。これは、取り上げられることこそ稀ではあるが、たいへん興味深い内容をもつもので、俗信と経験的に証明可能な現実との間でもがいていた、若いころの柳田の姿が明らかになって示唆するところが大きい。

その文章「幻覚の実験」（一九三六年）の中で柳田は、四八年前のとある経験を語っている。十四歳の柳田少年は、当時茨城県の兄の家に住んでいた。ある日、退屈しのぎに邸内の小さな祠の前で土を掘り返している時、不思議な体験をする。

どうしてさうしたかは今でも判らないが、私はこの時しやがんだまゝで、首をねぢ向けて青空のまん中より少し東へ下つたあたりを見た。今でも鮮かに覺えて居るが、實に澄みきつた青い空であつて、日輪の有りどころよりは十五度も離れたところに、點々に數十の晝の星を見たのである。〔中略〕それを餘りに神祕に思つた結果、却つて數日の間何人にもその實驗を語らうとしなかつた。さうして自分だけで心の中に、星は何かの機會さへあれば、白晝でも見えるものと考へて居た。[14]

この経験談は神秘や神聖なものの感覚に満ちている。柳田は一瞬異界をかいま見ることを許された。そしてそこから新しい可能性の世界、すなわち「何かの機會さへあれば」見えないものの世界が見えるようになるかもしれない、という感覚が開けたのである。やがて柳田は、昼の星が見えたという経験を家にいた医学書生たちに打ち明けるが、彼の告白はただ笑いを以て迎えられるだけであった。柳田少年は、当時主流であった合理主義を逸脱したものとして嘲笑されたのである。書生たちと共に柳田は天文学の入門書などを読み、次第に自分自身の経験の真実性を疑うようになる。しかし、この経験は拭い去ることのできない印象を残し、何年かのちに、東京の大学の友人に語って聞かせるほどだった。「君は詩人だよ」（三三一頁）と柳田はひやかされた。

詩という言葉が用いられているのに、ここで注目したい。なぜなら、それは柳田独特の民俗学的方法論のありかたを示唆するからである。それは人々の心を精査するために詩的アプローチを取る。柳田の語るこの話からは、進んで信じようとし、自然の客観的法則を超越しようとする詩人の心こそが、超自然的なものの主観的法則への洞察を可能にするのだということがわかる。昼の星は隠喩とみることもできる。それは何かそれ以上のものを意味した。不思議を見たことが柳田には強烈な経験となり、一種の通過儀礼となって、他者の主観的経験を知る（あるいは少なくとも尊重する）ことを可能にした。文中に描かれているように、少年の柳田は、自分に示された神秘の徴に一切抵抗を示さず、ただその意味をどう解釈すべきか知りたいと望んだ。長じてこの文章を執筆している柳田は、今でも自分の心はものを信じない書生とではなく、かつての幼い自分とともにある、天文学が宇宙に強いる制約など自分には無縁だと言っているかのようである。

この短い経験談は、柳田がいかにして日常生活のなかに不可思議なものを見つけ出そうとするようになるかを物語っている。柳田が捜し求めたのは日常のことばに埋もれた詩であった。つまり、人々が気づかずにいて、日常の風景に埋もれている——あるいは昼の空のように公然たるもののうちに隠れている——表現のうちに、ことばを超えた意味がひそむのを見つけだすことであった。彼がこの話を書いたのが、一九三六年という、民俗学が学問として絶頂を極めた時期と広く認められる年であることも重要である。[15] 実際に経験をしてからそれを書き記すまでの間の年月に、柳田は昼の星のような現象を扱う方法を獲得していた。柳田は、大学の友人たちが科学と詩を区別することを認めつつ、詩的なものを否定しないで、むしろ詩的なものを科学的なものに組み入れることに断固として力を注ぐ。事実、極めて詩的かつ私的な経験であるにもかかわらず、柳田はこれを単なる一つの例話として示すのだと言う。「成るべく話されたまゝに記録して置けば、役に立つ」（三二九頁）であろうし、このような経験を多く集めれば、「まだもう少しその眞相に近づいて行くことが出來る」（三三二頁）というのである。

収集と分類

妖怪の収集と分類は、もちろん、柳田が始めたものでもなければ柳田独自のものでもない。この方面の妖怪研究は井上円了が積極的に推し進めたが、すでに江戸時代、宋学の影響下に『訓蒙図彙』や『和漢三才図会』といった書物の形で研究が進展していたことも忘れてはならない。私はこの流れを「百科事典方式」と呼んでいる。それは、事物を収集・集成・分類するための考え方および実践的手法であった。「百科事典方式」が重視するのは、(1)ある主題に関する知識の包括的な収集と提示を行なうこと、(2)知識を簡潔で勘所を押さえた一定の単位に圧縮すること、(3)こうして揃えた単位をリスト化し整理することとである。恐らくこの手法による妖怪研究のもっともよい例は、鳥山石燕《せきえん》(一七一二—八八年)の著作であろう。鳥山は、日本および中国の民間伝承や文学、そして恐らくは彼自身の豊かな想像力に基づいて、二百種を超える妖怪を描いた人物である。[16]

柳田の分類法は、研究者としての関心を反映し、石燕の芸術的・創造的アプローチと、円了の科学的・迷信排除的アプローチの中間に位置するものとなっている。もっとも、妖怪の収集と整理に情熱を注いだという点では同じである。柳田は、現存する文字資料や口承資料から自分なりの収集を行ない、妖怪の例を提供するだけでなく、更に収集を進める必要性をも強調している。その収集の成果がもっとも体系的にまとめられているのが、一九三八年から三九年の数カ月間にわたり雑誌『民間伝承』上に発表された「妖怪名彙」である。[17] このテクストは八〇種の妖怪の目録で、郷土誌や民間伝承の資料集(『遠野物語』を含む)から選び集めた資料をもとに、項目毎に妖怪の説明を短く施したものである。記されている怪異は、しばしば生き物というより単なる現象に過ぎない。たとえばヌリカベは次のように記されている。

筑前遠賀郡の海岸でいふ。夜路をあるいて居ると急に行く先が壁になり、どこへも行けぬことがある。それを塗り壁といつて怖れられて居る。棒を以て下を拂ふと消えるが、上の方を敲《たた》いてもどうもならぬといふ。

（四巻四三一頁）

狸や狐や見越し入道のような、より有名な妖怪には独立の項目が与えられていない。ただ、各地域特有の妖怪現象を説明する際、似たものとして言及されるに過ぎない。柳田はたとえば、「ニフダウバウズ」と呼ばれる妖怪は見越し入道のことであると注記した上で、この妖怪を特定の地域の伝説によって説明するのである（四三三頁）。

この目録には見出しや区分は設けられていないが、よく読むと、連想にもとづくゆるやかな構成の存在が明らかになる。たとえば、夜に突然行く手を阻むものとか、見越し入道に似たものといった具合である。序文においても、柳田はこのゆるやかな構成に言及しているわけではない。彼が強調するのは、すでに風景から消えゆきつつあり、記憶からも消えてしまうかもしれないこれらのものを分類する難しさである。「まだ分類の方法が立たぬのも、原因は主として語彙の不足に在ると思ふから、今少し諸君の記憶にあたつて見たい。或は時期が既に遅いかも知れぬが」（四二四頁）と柳田は書く。

この悲観的なことばにもかかわらず、柳田は妖怪分類法を二つ提案している。一つはその出現場所（行路・家屋・山中・水上）によるもので、行路がもっとも多いと指摘している。二つめの方法は「信仰度の濃淡」によるものである。

大體に今は確信するものが稀で、次第に昔話化する傾向を示して居る。[18] 化け物が有るとは信じないが話を聴けば氣味が惡いといふものがその中間に居る。常の日は否認して居て、時あつて不思議を見、やゝ考へ方が後戻りをするものがこれと境を接して居る。

（四二四頁）

ただ、このように思いめぐらしたあげく、柳田は自分自身の提案した分類法を本文には用いずにおわる。「妖怪名彙」は一つの参考資料として、他の研究者からの増補が望まれる、とするばかりである。

柳田の妖怪研究への貢献としてもっともよく知られているのも、分類に関わることである。それは別の短い文章「妖怪談義」（一九三六年）で述べられている、オバケと幽霊の明確な区別である。柳田は、近代的都市生活がもたらした両者の混同を歎きつつ、つい最近まではそうではなかったと言う。

誰にも氣のつく樣なかなり明瞭な差別が、オバケと幽靈との間には有つたのである。第一に前者は、出現する場處が大抵は定まつて居た。避けてそのあたりを通らぬことにすれば、一生出くはさずに濟ますことも出來たのである。これに反して幽靈の方は、足が無いといふ說もあるに拘はらず、てく〳〵と向ふから遣つて來た。彼に狙はれたら、百里も遠くへ逃げて居ても追掛けられる。そんな事は先づ化け物には絕對に無いと言つてよろしい。第二には化け物は相手を擇ばず、寧ろ平々凡々の多數に向つて、交渉を開かうとして居たかに見えるに反して、一方はたゞこれぞと思ふ者だけに思ひ知らせようとする。［中略］最後にもう一つ、これも肝要な區別は時刻であるが、幽靈は丑みつの鐘が陰にこもつて響く頃などに、そろ〳〵戸を敲いたり屛風を搔きのけたりするといふに反して、一方は他にも色々の折がある。器量のある化け物なら、白晝でも四邊を暗くして出て來るが、先づ都合のよささうなのは宵と曉の薄明りであつた。人に見られて怖がられる爲には、少なくとも夜更けて草木も眠るといふ暗闇の中へ、出かけて見た所が商賣にはならない。（二九二―二九三頁）

長々と引用したのは、これが柳田の妖怪関連の著述における重要な点として頻繁に引用されるからである。ただし、小松和彦が指摘するように、柳田の区別を実際に具体例に適用しようとしてもうまく行かず、改善や修正を余儀なくされる(19)。

柳田妖怪学の二つめの特徴は、要するに、収集と分類の重視であり、この豊かな文化資源の体系的記録への呼び掛けである。柳田による独自の百科事典方式の企ては、まだ構想の段階で未完成に終わってはいる。だが、私がここで主張したいのは、失われつつある妖怪にまつわる俗信の名残りを記録する要覧を作ることこそ、この生き物たちとその物語を語る人々の理解に取り組んだ、柳田の試みの核心であったということなのである。

零落論

一九一七年の論文「一目小僧」において柳田は、「古い信仰が新しい信仰に壓迫せられて敗退する節には、その神はみな零落して妖恠《えうくわい》となるものである。妖恠はいはゞ公認せられざる神である」と記している（五巻一二五頁）[20]。この、妖怪とは公認を失った神であるという概念が、柳田の取り組みの三つめの要点である。かつて真剣な信仰の対象であったものが退化あるいは零落し、その聖性を奪われて妖怪となるというこの柳田の立論を、ここでは「零落論」と呼びたい。

「盆過ぎメドチ談」（一九三二年）では、「我々の妖怪學の初歩の原理」として、三段階から成る思想の進化過程のあらましが述べられる。川童を例に挙げながら柳田が述べるところに拠れば、第一段階では妖怪は尊敬され遠ざけられている。川童が現れると知られている場所を人は避け、もし出逢えば怖れて逃げる。次の段階に進むと、川童のために一定の場所を避けるのは馬鹿げたことだと、人々は考えはじめる。不安を乗り越えようとするが、内心ではまだ気味悪がっているという段階である。柳田は、個人差があることを認めつつ、「社會としては半信半疑の時代であつた」と述べる。そしてついに第三段階に至り、社会が「今一歩を進めて」、疑って信じない者が多くなると、妖怪が服従させられ、二度と悪戯をしないと誓わせられる話が生まれる。こうなると、妖怪はすでに伝説と信仰の世界を完全に去り、昔話と娯楽の世界へ足を踏み入れている（四巻三五〇―三五一頁）。

柳田はこの過程について他の多くの論考で繰り返し説明を試みている。たとえば「狸とデモノロジー」（一九一八年）では、文明の進歩に従って三期の「デモノロジー」があると述べている。第一期では、「エジェント」（妖怪）は人に憑く能力を持っている。第二期には、人を誑《たぶら》かすことができる。第三期にいたると、人を驚かすことしかできない[21]。当時としては驚くに足らないが、柳田のこの発展理論は単系的な進化モデルに基づいている。この頃、日本でも海外でも社会進化論を中心とする進化理論が流行していた。妖怪とは近代が超克してしまった俗信体系に由来するという柳田の判断は、ちょうどフロイトが同年代（一九一九年）に発表した“Unheimlich”〔不気味なるもの〕に関する議論とよく似ている。フロイトによれば、それは「かの、昔から知っているもの、長く親しんでいるものが引き起こす懼《おそ》れである」(22)。柳田の文化進化論に特徴的なのは、複数の発展段階が同時に存在し、かつ進化の道筋に沿った進歩が地理――中央からの距離――によって決定されることに注目する点である。時間的差異が地域差に表れるというこの考え方は、当時急速に広がりつつあった、より広範囲に適用可能な「日本らしさ」を求める思想とうまく符合する。テッサ・モーリス＝スズキによれば、そこでは「地域差は土地ごとの歴史によるものではなく、ナショナル・ヒストリーという一本の線に沿う進化のそれぞれの段階として再定義された」(23)。

柳田は人間の「進歩」の過程を、妖怪がたどりつつある「退歩」に注目して記録する。人類が進化し、日常生活がどんどん近代的になってゆく以上、妖怪が真剣な信仰の対象から滑稽な笑い者に退化してゆくのは必然的な「運命」（四巻三四一頁）である。何よりも、これを柳田の思想を考える立場からみるなら、妖怪零落論は柳田における民俗学の展開全体を理解する鍵となるのではないだろうか。近代とは、時間の面からも空間の面からも、人々を真正な過去から、あるいは真正な場所から引き離す過程であった。妖怪へのあこがれは、この真正さへ立ち帰りたいというノスタルジックな衝動であった。それは、妖怪が滑稽な昔話の登場人物ではなく、畏れられる神、少なくとも本当の化け物であった時代へのあこがれであった。

妖怪の運命

柳田はちりぢりになった俗信や祭事の断片を日本列島各地から拾い集め、解釈することを通して、妖怪に対する上述の三つの研究手法を身につけた。彼がこの作業に身を投じたのは、まさに日本が急速に近代国家へと変容を遂げようとしていた時代である。柳田のこうした関心は、当時の知的環境と文化的想像世界の産物だったのである。事実、民間伝承研究が基本的に近代性の発展の中から生まれた学問であることを考えれば、同じような道筋をたどった国々に、極めてよく似た取り組みが見られるのも別段驚くにはあたらない。民俗研究の影響としてよく見られるのは、「伝統」対「近代」の二項対立であり、「伝統的」と見なされる事物が古体という地位に追いやられる状況である。古体は美化され、愛されるが、おそらくはわれわれと生きた関係を持たない。ある意味で、柳田の妖怪たちにこのような運命が降りかかることもあり得ただろう。実際、井上円了が攻撃した妖怪の「俗信」は、戦後にはくだらないとか、時代遅れだと見なされるようなこともあった。柳田の研究は、これら失われつつある俗信を、将来博物館に陳列し保存するための「救助の民族誌」〔注（10）参照〕の立場からの努力であった。

もっとも、ものごとが現実にたどった道筋は、そのような単純なものではなかった。妖怪は今でも相変らずいきいきと活動しているのである。たしかに、二十一世紀初頭の東京や大阪に生まれる日本の子どもが、祖父母から怪談や妖怪ばなしを聞くことはないかもしれない。しかしそうした子どもも、テレビや映画、コンピューターゲームやマンガ、あるいは道路標識や広告の中で、数多くの妖怪を目にするだろう。ポピュラー・カルチャーを通じて妖怪への関心が復活した原因はさまざまに考えられるが、とりわけ少なからぬ影響を及ぼしているのは、戦後の（そして今も続く）『ゲゲゲの鬼太郎』や『河童の三平』シリーズなど、水木しげる（一九二二年—）作品の人気である。結局のところ、妖怪のたどった「運命」は、僻地に残る消滅寸前の前近代的民間伝承の世界で繁栄するというものでは必ずしもなかった。それは、ポピュラー・カルチャーとサイバースペースという、ポストモダン的都会風景の中で増殖するというものだったのである。

では、三つの柱から成る柳田の妖怪理論はどのような運命をたどったのだろうか。近代のある時代背景から生まれたこのような理論は、妖怪が大量生産とポピュラー・カルチャーを通して商業的に栄えるポストモダン的世界で意味をなすのだろうか。広い視野で捉えるなら、柳田の取り組みは、ポピュラー・カルチャーの場において、妖怪の製作者と消費者の持つ典型的な心性 mentalité、日常の世界観 Weltanschauung、あるいは常識となっている、というのが私の立場である。つまり、かつては土着の化け物を社会上層のアカデミックな立場から理解しようとした柳田の取り組みが、いまやありふれた通俗的なものとなっているのである。それは必ずしも柳田の影響が直接及んだということではない。柳田の理論を二十世紀初頭の近代（モダニティ）の産物となした性格そのものが、二十一世紀のグローバル化したポストモダンの時代の大衆の考え方の要となっているのである。言い換えるなら、現代のグローバルなポピュラー・カルチャーを舞台とした妖怪に関する発言や理解を見ていると、柳田の妖怪研究法の不気味な残響が聞えてくるのである。

水木しげる

柳田の近代的発想が、どのようにして現代およびポストモダンの文脈に浸透していったかを考えることで、われわれは思想の流れ一般についてある見通しを得ることができる。この場合は、社会的上層部から庶民へ、アカデミズムから大衆への流れである。当然のことながら、このような動きの中には、思想を取り交わし普及させる助けとなる「メディア」がある。柳田が遠野の風景＝言語を都会の言葉に「翻訳」したのと同じように、水木しげるなどポピュラー・カルチャーの重要人物は、たとえ間接的であっても、柳田の複合的な理論を現代文化が受け入れられる形に翻訳しているのである。

実際、大衆向け妖怪作家を代表する水木しげるは、日本における通俗的妖怪理解の展開を考える上で最適な例である。水木が柳田の著作から強い影響を受けている点については多くの証拠が挙げられる。たとえば、砂かけ婆やぬりかべなど水木作品の有名なキャラクターのいくつかは「妖怪名彙」から直接採られている。(24) しかしより重要なのは、妖怪とどう向き合うかという点で、水木の態度も水木作品の消費者の態度も、上述した三つの柱からなる枠組みにぴったりあてはまることである。まず、妖怪の存在論的証明、すなわちそのようなものが存在しうるのか否かという問題について、水木はいつも巧妙にあいまいさを貫いている。たとえば妖怪を描くことについて、水木は次のように述べる。

形になろうとして絵かきとか彫物師《ほりものし》などの脳をそれとなくノックする（すなわちインスピレー

ションというやつ）。「妖怪とか神は人間の作ったものだ」という言葉をしばしば耳にするが、おかしなものでそう思っちゃうと、トタンに、妖怪とか神の方で脳をノックしなくなる。

妖怪とか神は、いるのだと思わないといけない。

ただ、発見しにくい形、すなわち感じにくい形をしているからなかなかつかまらないのだ。(25)

常にいたずら好きとしてふるまう水木は、どうやら、柳田が民俗学のために育んだ、科学と詩の間のあいまいさを自然に受け入れているようである。

収集し分類することについても、水木は同じように柳田の呼び掛けに応え、柳田の方法論を実践に移している。水木はいくつもの絵入りの妖怪カタログを著し、地理分布や類型などさまざまな観点から項目を整理し、紹介している。これらの著作は、柳田が採用した百科事典方式を踏襲したものである。水木は、ふざけた注釈とノスタルジックな回想と学術的研究がないまぜになった、何種類もの体系的分類法を編み出している。(26)

最後に第三の柱として、水木作品は、妖怪の退化という考え方も当然の前提としている。妖怪に命を吹き込みつつ、水木は妖怪たちに差し迫る滅亡の運命を嘆く。たとえば、鳥山石燕が描いた灯油をなめる妖怪、火間《ひま》虫《むし》入道について、水木は冗談めかしてこんな風に述べる。「これだけ電気も普及し、行灯を使わなくなると、妖怪は出たくても出られないであろう。だから、これらは絶滅危惧種《ぜつめつきぐしゅ》の妖怪といえる。［中略］妖怪も時代や情勢によって、出没する場所も変えなくてはならない。たいへんなことだ。〝妖怪保護団体〟なるものが出現しないだろうか――」(27)。ここで水木が面白おかしく述べているのは、人類文明の進歩と反比例して妖怪は退歩するという、柳田理論の観察結果そのものである。

柳田の表現に従えば、妖怪は、たとえ零落していたとしても、何らかの形で過去の聖なる世界と結びついており、失われた真正さとの強いノスタルジックな関係を示す。しかし、柳田の「過去」の観念はやや捉えどころがない。柳田は、神が妖怪へと零落する前に存在した根源の時・場のようなものがあるという考え方をほのめかしている。それは、記号と記号の指示する物とがまだ密接に対応しており、ものを喩えることなど必要ない、始源の純一な瞬間である。それは文字による記録が存在する前の時代であるゆえに、その唯一の記録は、風景そのものに刻み込まれ、遠野のようなまだ近代化されていない場所の口承に残っている、ということになる。水木の有名な自伝も、まるで柳田の文章を読むかのように、この根源の時・場から離れ、やがてそこに立ち戻る運動を語る。水木の場合、それは戦前の故郷鳥取県境港のことで、そこで彼は——いくつもの回想録に記しているように——のんのんばあという謎めいた老女からはじめて妖怪の話を聞いたのだった。境港は、妖怪がまだ純粋な、零落していない形で存在する場・時である。現在の日本で、境港が観光地となり、ほとんど聖地にまでなっているのは偶然ではない。(28)これはとくに境港が日本の他の地域より妖怪信仰が強い土地だということではない。ただ、水木の創作を通して、彼の故郷が真正さに満ちた郷愁を誘う場所、柳田の零落論が漠然と想定する神秘的で聖なる時・場となったということなのである。境港にある水木しげるロードの観光スポットの一つが妖怪神社なるものであり、そこには妖怪たちが——水木の描いた姿で——実際に神様として安置されていることも、とりたてて驚くには値しないだろう。

怪異の住むグローバル・メディアスケープ

ここまでの論点を確認しよう。柳田が妖怪に対してとった近代的態度、すなわち私が三つの柱からなる柳田の理論と呼ぶ考え方は、今では一般大衆の理論的見方として定着している。ここで「一般大衆」とするのは、研究者ではなく、妖怪が日常生活の目立たない一齣となっている人々を意味している。現在の日本で一般大衆が妖怪と接触するのは、マンガを読み、アニメや映画を見る時ぐらいではないだろうか。かつて昔話語りが日本人の生活に担った役割は、とうの昔にこうしたポピュラー・カルチャーに取って代わられた。私が推測するところ、このポストモダン的ポピュラー・カルチャーの枠組から考えれば、柳田の近代的な民俗学的解釈は、妖怪現象を捉え、表現するための支配的な認識様態となっている。

このことをさらに一歩踏み込んで考えるために、以下では英語による妖怪関連の著作について簡単に見てみたい。なぜなら、私の学生たちが教えてくれたように、妖怪は、メディア主導によりグローバルな領域に広がりつつある、怪異の住む文化的想像世界の一員となっているからである。国際的に流通しているメディア製品、たとえばスタジオジブリのアニメや、三池崇史監督の『妖怪大戦争』などの大ヒット映画は、広範な関心を呼び起こしている。妖怪を一覧にして解説する英語のウェブサイト（"The Obakemono Project" 等）もあれば、妖怪が登場するテレビゲームやオンライン・ロールプレイングゲームもある。ニーナ・マツモト（Nina Matsumoto）の『妖怪伝』（*Yokaiden*）シリーズや、スタン坂井（Stan Sakai）の『兎用心棒——妖怪』（*Usagi Yojimbo: Yokai*）のように、英語で書かれた英語読者のためのマンガもある。「オリジナル」の妖怪を描く公開アートショーも開かれているし、芸術家が作品を公開するオンライン・コミュニティ deviantART.com を覗いてみれば、世界中の新進芸術家が投稿した妖怪の画像を無数に目にすることができる。つまり、妖怪はグローバル経済の一部となっているのであり、奇妙な生き物たちが住む国家を超え文化を超えたメディアスケープの一員となっているのである。

それでは、このような広い文脈において、柳田の近代的取り組みはどうなっているのだろうか。実は、水木作品と同様、ここでも彼の三つの柱が製作者・消費者自身のものとして取り込まれているのである。近年の例として、英文で書かれた『外国人のための妖怪サバイバルガイド』(*Yokai Attack!: The Japanese Monster Survival Guide*, 2008年)を取り上げてみよう。[29] これはマット・アルト、依田寛子の共著で、かつて水木のアシスタントであった森野達弥がイラストを担当している。面白おかしさに徹することで妖怪のあいまいさを受け入れ、存在の真偽にはっきりと触れることなく、妖怪のさまざまな現れ方を解説している。この本は柳田の取り組みの第二点目にも忠実で、収集を行ない、(やはり面白おかしい)分類を試みている。たとえば「ものすごい物の怪」(“Ferocious Fiends”)、「グロいグルメ」(“Gruesome Gourmets”)、「憎たらしい隣人」(“Annoying Neighbors”)といった具合である。

もう一冊、近刊の英書を取り上げよう。ここでも柳田のはじめの二つの教えが踏襲されている。『妖怪大辞典――日本のモンスター総覧』(*The Great Yokai Encyclopaedia: The A-Z of Japanese Monsters*, 2010年)の著者リチャード・フリーマンは、妖怪の存在を受け入れもしなければ、否認もしない。「妖怪が果たして、人間の想像力に収まらない客観的実体を有したことがあるかどうかは問題ではない(私自身はそういうこともあったはずだと思っているが)[30]」。書名がはっきりと示しているように、この本は百科事典的収集を試みているが、フリーマンが「主要参考文献」に日本語文献を一つもあげていないことを考えると、かなり大胆な挑戦であったとも言えるであろう。本文の配列はアルファベット順であるが、巻末の語彙リストには序文があって、妖怪は変化《へんげ》・付喪神《つくもがみ》・化け物など「いくつものカテゴリーに分類できる」としている(31)。

海外の妖怪消費者のために書かれたこの二つの本は、いずれも「あいまいさの容認」や、収集と分類という柳田流の考え方をはっきり受け継いでいる。しかしながら、柳田の三つめの考え方、すなわち零落論の表われこそ、現代のグローバルな枠組から妖怪を読み解く際、もっとも興味深い点である。すでに述べたように、柳田にとって妖怪とは、公認を失った神であり、本来の聖なる時間と場所から次第に追いやられた神であった。『遠野物語』のような作品、あるいは「妖怪名彙」が表現するのは、こうした起源につながりたいというある種の欲望、すなわち真正な日本という消滅に瀕した異界への執着と崇拝であった。私が指摘したいのは、ポピュラー・カルチャーにも同様の事態が生じていて、妖怪そのものが執着と崇拝を引き受ける役割を担うようになっているということである。「日本の民間伝承の中の妖怪」は、世界中で進むポピュラー・カルチャーの生産を通して、零落させられた土着の神なのである。上に紹介した二冊の英書(およびインターネット上などで見られる類似の例)には、日本にこそあるとされる妖怪たちの真の起源へのあこがれが反映されている。柳田にとって遠野が、近代化する世界に残存する前近代の風景の表象であったのと同じように、想像上の日本が、奇怪で不思議なもの全ての象徴的な故郷となっているのである。たとえばフリーマンは、日本には「世界最大の食屍鬼《グール》、怪物《モンスター》、精霊および悪魔のコレクション」があると指摘し、柳田の『遠野物語』序文にも似た興奮に満ちた筆致で次のように続ける。「ただのガイジンが書き散らしたこの取るに足らない文章が、いくらかは妖怪を正しく紹介し、日本というすばらしい国の外に、その魅力を広めるのに役立つことを願っている」[32]。なお、驚くにはあたらないことだが、フリーマンの本の裏表紙に載せられた著者紹介には、著者が「いつか日本を訪れ、直接妖怪について研究したいと願っている」というあこがれが記されている。

近代化する日本において遠野が占めていたのと同じ地位を、およそ百年の時を経て、グローバル化する世界で日本が占めるようになった。妖怪は、たとえ零落した姿であっても、想像世界のより純粋で無垢な時間の存在を告げるのだ、と柳田は考えた。恐らく日本から遠く離れた国の人々にとって、ポピュラー・カルチャーの中の妖怪は、想像上の日本、すなわち妖怪たちが具現する不思議な興奮がいまだに感じられるあこがれの「異界」が存在することを語るものなのだろう。

むすびに

つまるところ、私が主張したいのはさほど複雑なことではない。柳田が妖怪伝承に対してとった外部の観察者としての視点が、ポピュラー・カルチャーのなかで妖怪を制作し消費する人々にとって、自分自身に内在する、当事者としての見方になっているということなのである。また、そうしたことが日本だけでなく日本の外でも起きているということなのである。このようなことを主張するのは、ただ前世紀初頭に書かれた柳田の著作が今日なお有効であると言いたいがためではない。そこに、思想や感情が時空を超えて伝播するという、より普遍的な問題が潜んでいるからである。ある意味、百年前の社会上層の理論的な視点が、今日の常識的な観念となったのである。

柳田に関して言えば、このような思想の浸透が起きたのは、水木しげる等、後続世代の研究者や芸術家が柳田の文章によく親しんでいたことも関係する。考えて見れば、水木は、柳田の学術的な民間伝承研究と、商業メディアによる洗練された色彩豊かな表象との間を取り持つ、媒介者と見なすことができる。柳田が紹介した当時、あまりよくわからない一地方の現象に過ぎなかったヌリカベやスナカケババを、水木は国民的キャラクターに転化した。同時に、近代という時代のあこがれを、戦後およびバブル経済後の欲望に引き継いだ。それは、ものごとがもっとシンプルで、妖怪がまだ国土をうろついていた時代への欲望である。

しかしこのような欲望の伝播は、柳田の著作や水木の創作、あるいは妖怪研究のみに限られたことではない。いかなる時にも、手が届きそうで届かないもの、いまにも消えそうなものへのあこがれは存在する。柳田の理論は、明治後期から昭和初期の日本という特定の知的環境の産物であると同時に、世界各国で「真正さを探究する」[33]学問として民間伝承学が発展した際の、より広範な近代的枠組の産物でもある。妖怪は、捕まえ難いがゆえに探索は無意味ではないかと思わせる時でも、伝統のなかに占めるゆるぎない地位により、この真正さの象徴となるという点で重要なのである。

以上、試論として、民間伝承にあらわれる妖怪に関する柳田の理論を、ポピュラー・カルチャーの中にさまざまに現れる妖怪にあてはめて考えてみた。そうすることで、柳田個人の近代的感性が、いかにして今日の妖怪の視覚表現や物語を生産し消費する人々の「感情構造」[34]を作り上げたかが分かったであろう。このようにして柳田のアプローチは——少なくともアカデミックな研究においては——民衆文化研究とポピュラー・カルチャー研究の間の溝を乗り越える一助となりうる。柳田の理論体系の三つの柱は、現代のグローバルな枠組の中で、人々が大衆的かつ商業的な製品と相互に影響しあうありさまを分析するのに有効である。柳田の著作は当時の習俗の資料として、研究者にとって永遠に価値を持ち続けるだろう。また一方で、柳田が特定の時代を背景に発展させた理論は、彼が予想だにしなかったであろう、ポピュラー・カルチャーの今日的形態を解釈する上で大きな価値を持ち得るのである。

以上を踏まえて考えた場合、アメリカの私の学生たちにとって、「妖怪」とは何を意味し得るだろうか。柳田は、当時断片的に残っていた妖怪信仰の中に遠い時＝場の痕跡を求めた。柳田の理論を、学生たちのポピュラー・カルチャーの知識にあてはめてみると、彼らの声の中に、ある種の起源へのあこがれを聞くことができる。妖怪が、あたかも遠い不思議な異界との結びつきを表象しているかのように。この結びつきは、もちろん何段階もの媒介を経ている。学生たちが英語の書物やアニメを通して出逢う妖怪たちは、グローバル展開する商業版である。そのもととなる「本物の」妖怪は、水木の絵をはじめとして日本のポピュラー・カルチャーに登場する（もちろんやはり商業化された）妖怪である。水木が描く人気の妖怪自体は、柳田（や鳥山石燕）の妖怪を参照したもので、更に遡れば、その妖怪たちはかつて自分たち自身が神様であった神秘の時＝場に結びついている。ここには記号のつらなり、写像《シミュラークル》の連続がある。その中で、学生たちが想像する「本物」の日本的事物はどんどん時空の中に遠のいてゆき、反対に欲望の対象としてはますます肥大化する。妖怪は日本文化の換喩であるのだろう。それゆえ、少なくとも私の学生の幾人かにとって、日本という時＝場自体もまた、次第に遠ざかり、理想化され、それゆえ欲望の対象となるのである――柳田にとって昼の星がきっとそうであったように。

（**訳：中井真木**）

原注

（1）本論文は拙著 *Pandemonium and Parade: Japanese Monsters and the Culture of Yōkai* (Berkeley: University of California Press, 2009) に発表した研究成果に多くを拠っているが、執筆にあたり新たな資料を取り入れ、前著とは別の視点からの立論を試みた。

（2）円了はまた、仏教および教育学の著名な研究者であり、東洋大学創立者でもある。円了の妖怪に関する著作は、東洋大学井上円了記念学術センター編『井上円了・妖怪学全集』全六巻、柏書房、一九九九―二〇〇一年にまとめられている。

（3）宮田登『妖怪の民俗学――日本の見えない空間』岩波書店、一九八五年、四六―四七頁、および一柳廣孝「〈妖怪〉という場――井上円了・「妖怪学」の位置」鈴木正・山領健二編『日本思想の可能性――いま…近代の遺産を読みなおす』七一―九〇頁、五月書房、一九九四年、八三―八四頁。

（4）柳田国男「妖怪談義」『定本柳田国男集』第四巻、筑摩書房、新装版、一九七〇年、二九一―二九二頁。

（5）H. D. Harootunian, *Things Seen and Unseen: Discourse and Ideology in Tokugawa Nativism* (Chicago: University of Chicago Press, 1988), 416.

（6）柳田国男『遠野物語』『定本柳田国男集』第四巻、筑摩書房、新装版、一九七〇年、六頁。なお、『遠野物語』の優れた英訳として Ronald A. Morse, *The Legends of Tono, 100th Anniversary Edition* (Lexington Books, 2008) がある。

（7）Marilyn Ivy, *Discourses of the Vanishing: Modernity, Phantasm, Japan* (Chicago: University of Chicago Press, 1995), 70-71.

（8）柳田の平面描写論について詳しくは、*Gerald Figal, Civilization and Monsters: Spirits of Modernity in Meiji Japan* (Durham: Duke University Press, 1999), 122-126 および岩本由輝『もう一つの遠野物語』刀水書房、一九八三年、一〇三―一一九頁を参照されたい。

（9）柄谷行人『日本近代文学の起源』講談社、一九八〇年、三四頁。

（10）消えゆく田舎を表象し保存したいというこの衝動は、ジェイムズ・クリフォードが「救助の民族誌」と名付けて、広く知られるようになったものに近い。そこでは「相手は崩れゆく時間と空間の中で失われるが、テクストの中で救助される。〔中略〕ここで前提とされているのは、相手としている社会はか弱く、外部者が代表を務めてあげる『必要がある』ということ（そしてその社会の生活の中で大切なのは過去であり、現在でも未来でもないということ）である。もろくはかない習慣の記録者兼解釈者は、真髄の保管人であり、全幅の信頼をおける、真正さの目撃者とされる。」James Clifford, "On Ethnographic Allegory," in *Writing Culture: The Poetics and Politics of Ethnography*, ed. James Clifford and George E. Marcus, 98-121 (Berkeley: University of California Press, 1986), 112-113.〔ジェイムズ・クリフォード「民族誌におけるアレゴリーについて」橋本和也訳、ジェイムズ・クリフォード、ジョージ・マーカス編『文化を書く』春日直樹他訳、紀伊国屋書店、一九九六年〕

（11）フィーガルは民俗学という学問が「もともとは妖怪学への露骨な対抗として形成された」とまで述べる（前掲書、二一五頁）。また、柳田が妖怪について著した最初の学術的論文である「幽冥談」（一九〇五年）には、円了への明確な批判が記されており、この点についてのフィーガルの議論（一一六―一一七頁）も参考となる。

（12）柳田初期の妖怪に関するもっともまとまった論考は、一九一四年発表の『山島民譚集』（『定本』第二七巻、四一―一七九頁）や、『一目小僧その他』（『定本』第五巻、一一一―二四〇頁）に収められている。その他の初期の論考としては、ともに一九一八年発表の「狸とデモノロジー」（『定本』第二二巻、四六七―四七三頁）や「幽霊思想の変遷」（『定本』第一五巻、五六二―五六八頁）がある。一九五六年に刊行された『妖怪談義』は、一九〇九年から一九三九年にかけて学術誌や新聞などさまざまな媒体に発表された三〇篇の論考を集めたものである（一部はペンネームで書かれている）。これは『定本』第四巻、二八七―四三八頁に収録されている。その自序（二八七―二九〇頁）において柳田は、妖怪は彼が最初に抱いた疑問であり、そして現在の「かうしたきらめくやうな新しい文化の中に於て」もなお、さまざまな形で生き続けていることを指摘している。

（13）小松和彦『妖怪学新考――妖怪からみる日本人の心』小学館、一九九四年、一五頁。

（14）「幻覚の実験」『定本』第四巻、三三〇―三三一頁。以下、『定本』からの引用は本文中に該当頁数をカッコで示す。

（15）Ivy, 94 参照。

（16）江戸時代の妖怪をめぐる言説と百科事典については、Foster, *Pandemonium and Parade*, 30-76、香川雅信『江戸の妖怪革命』河出書房新社、二〇〇五年、一一九―一八〇頁、中沢新一「妖怪画と博物学」小松和彦編『妖怪』河出書房新社、二〇〇〇年、七九―八六頁を参照されたい。鳥山石燕の絵については、稲田篤信・田中直日編『鳥山石燕画図百鬼夜行』国書刊行会、一九九二年を参照されたい。

（17）この一覧は『妖怪談義』に巻末の「論文」として収められている。

（18）ここで柳田が述べていることは、伝説と昔話（または民話）の区別を前提としている。簡単に言うと、伝説は通常、語り手と聞き手のどちらか（または双方）が信じているもので、時や場所について具体的な内容を伴うことが多い。それに対して昔話は、通常、娯楽のために語られる作り話で、お決まりの表現上の標識（たとえば「むかしむかし」）によって、日常の「本当の」言説から切り離されていることが多い。すなわち、ここでの柳田の主張は、伝説として語られていた物語から信仰の要素が失われ、娯楽のための昔話として語られるようになる、ということなのである。この点については、「妖怪談義」『定本』第四巻、三〇一―三〇三頁も参考となる。「妖怪名彙」において柳田が関心をもっているのは、まだ伝説の中に残っている妖怪である。

（19）改善案の例については小松『妖怪学新考』一六―一七頁を参照されたい。

（20）この論文で柳田は、民俗学において考古学的方法論を取ることを明言している。「兎に角人の作つた習慣俗信傳説であれば、人間的に意味がなければならぬ。今の人の目に無意味と見えるだけ、それだけ深いものが潜んでゐる」（一五三頁）。「一目小僧」は初め一九一七年八月に『東京日日新聞』に発表され、一九三四年に『一目小僧その他』と題された論文集に再録された（『定本』第五巻、一一一―三四〇頁）。なお、紛らわしいが、「一つ目小僧」と題する別のずっと短い論考が、「一目小僧」初出の数カ月前に発表され、より後年になって単行本に再録されている（『定本』第四巻、四一一―四一二頁）。

（21）『定本』第二二巻、四六七―四七三頁。〔柳田は現れるものとしてのエージェントを「エジェント」と表記している。〕

（22）“The Uncanny,” in Sigmund Freud, *Writings on Art and Literature* (Stanford: Stanford University Press, 1997), 195.〔藤野寛訳「不気味なもの」『フロイト全集』第一七巻、岩波書店、二〇〇六年〕

（23） Tessa Morris-Suzuki, *Re-Inventing Japan: Time, Space, Nation* (Armonk: M. E. Sharpe, 1998), 72.

（24） たとえば「妖怪名彙」における柳田の説明によれば、「スナカケババ」とは「奈良縣では處々でいふ。御社の淋しい森の蔭などを通ると砂をばら〳〵と振掛けて人を嚇す。姿を見た人は無いといふのに婆といつて居る」（四二八頁）。水木は、柳田の学術論文という比較的薄暗くあまりよく知られていない場所から彼女をひっぱり出し、ポピュラー・カルチャーの明々とした光のもとに突き出して、この「姿を見た人は無い」妖怪を目に見えるものに（そして有名に）したのである。同じく「ゲゲゲの鬼太郎」シリーズによく登場する妖怪であるぬりかべもまた、柳田の用語集から自由に着想を得ている。柳田はヌリカベを、夜に遭遇する「急に行く先が壁になり、どこへも行けぬ」というやっかいな現象として説明している（「妖怪名彙」四三一頁）。これに対し、水木のマンガやアニメでは、ぬりかべは目と足のついた大きな長方形のかたまりとして描かれる。柳田がただ「壁になる」と述べているものを、水木は壁のなりを造りだしてしまう。そして目に見えなかった一地方の現象が、全国的に知られたキャラクターに変容したのである。

京極夏彦も、水木のまた別のキャラクターである児啼き爺が、同様に、柳田の記述した一地方の現象から国民的キャラクターに変容を遂げた過程を説明している。「通俗的「妖怪」概念の成立に関する一考察」小松和彦編『日本妖怪学大全』五四七—五八二頁、小学館、二〇〇三年、五四七—五五二頁。東雅夫『妖怪伝説奇聞』学習研究社、二〇〇五年、二四六—二五八頁も参照されたい。

（25） 水木しげる「目に見えないものを見る」『妖怪天国』ちくま文庫、一九九六年、六六頁。

（26） 水木の著した妖怪に関する百科事典的テクストは大量にある。たとえば、『図説日本妖怪大全』講談社＋α文庫、一九九四年、『妖怪画談』正・続、岩波新書、一九九二—一九九三年、『水木しげるの妖怪事典』東京堂出版、一九八一年、『水木しげるの続・妖怪事典』東京堂出版、一九八四年。

（27） 水木『図説日本妖怪大全』三九一頁。

（28） 水木の回想録の代表として、よく知られた『のんのんばあとオレ』ちくま文庫、一九九〇年をあげておく。ノスタルジックな観光地としての境港については、Michael Dylan Foster, "Haunted Travelogue: Hometowns, Ghost Towns, and Memories of War." *Mechademia 4: War/Time* (2009): 164-181 を参照されたい。

（29） Hiroko Yoda and Matt Alt, *Yokai Attack!: The Japanese Monster Survival Guide*（『外国人のための妖怪サバイバルガ

イズ』) (Tokyo: Kodansha International, 2008).

(30) Richard Freeman, *The Great Yokai Encyclopaedia: The A-Z of Japanese Monsters* (North Devon: CFZ Press, 2010), 37.

(31) Freeman, 5-6.

(32) Freeman, 37.

(33) Regina Bendix, *In Search of Authenticity: The Formation of Folklore Studies* (Madison: University of Wisconsin Press, 1997).

(34) Raymond Williams, *Marxism and Literature* (Oxford: Oxford University Press, 1977).

『遠野物語』の表と裏——柳田国男と井上ひさし

クリストファー・ロビンス

柳田国男の『遠野物語』(一九一〇年)の出版により、遠野地方が日本の文化的想像世界の地図に載って以来、遠野の名前は、前近代の民間伝承や習慣の痕跡をとどめた地方文化と結びつけられてきた。柳田が遠野町を初めて訪れた一九〇九年、そこは一つの共同体として実体をもったものではなく、ただ広大な遠野盆地内の小村を統合した明治時代の地方行政上の単位に過ぎなかった。遠野は岩手県の他地域に比べてとりたてて孤立した地でもなかった。およそ江戸時代初期より、遠野の経済は農業、馬産、他地域との交易に大幅に依存していた。

岩手の他の地域共同体との活発な文化的・経済的交流が、遠野を口承文学の宝庫としたのは間違いない。そこには地元の伝説から幻想譚、怪談、猥談、滑稽譚までが含まれていた。地域に伝わるさまざまな物語の中でも、柳田の著作に収録された、奇妙で、迷信的で、一見道徳とは無関係な物語群こそ、遠野が孤立した文化的秘境の典型だとみなされる源となったのである。

柳田による一一九の多様な物語は、事実上、遠野の名を「正統な」民族文化の地として書き残すこととなった。それは均質化を推し進める近代ナショナリズムの力に汚されていない土地であり、東京の対極、反近代、あるいはマリリン・アイヴィーの言葉を借りるなら「近代性の不気味な他者」であること[1]が紛れもない本質として描き出される土地であった。アイヴィーはまた、柳田の物語集が、外で起きている近代化の影響からすっかり遮断され、時代に取り残された文化というイメージをいかに表現しているか、時とともに柳田が、日本文化の不変的要素を明らかにし得る過去への窓として、いかにこれらの民話を捉えるようになったかに注目している。

これらの物語の多くが持つ薄気味悪さ、残酷さゆえに、日本の評論家はいかに日本の奥地に「文明開化」が及んでいなかったかを指摘してきた。疑いもなく、柳田はこれらの物語を使って、いわば、強まる近代合理主義の影響力にも負けず完全な形で残存している俗信の地層の証拠とし、この残存物が永続的な日本らしさと結び付いていることを示そうとしたのである[2]。

本論では、東北生まれの現代の作家井上ひさし（一九三四―二〇一〇年）が、小説や戯曲、随筆を通して、柳田の『遠野物語』の持つステレオタイプや憶測のいくつかに対し、いかに異議を唱えたかを考察する。また、近代日本国家の周縁に押しやられ、時代に取り残された民族文化の象徴として立ち現れる遠野が、柳田のテクストとどう関係したのかということを考えるために、井上がこの古典となった柳田のテクストをいかに用いたかも論じてゆきたい。

民族の受容・抹消・回顧

『遠野物語』と続編の『遠野物語拾遺』（一九三五年）は、遠野と日本の大勢との間の文化的差異を誇張して描く傾向がある。そこでは、日本がまさに文明開化を合い言葉としていた時代にあって、一見、非合理的で荒唐無稽な迷信に由来する風変わりな風習や俗信のあったことが強調されている。

近代国家イデオロギーの構築に際して、民族文化が発見され、解明され、流用されたことについては、すでに、ゲルナーやホブズボーム、ハッチンソン、ネアン等、多くのナショナリズム研究者が論じてきた。(3) アーネスト・ゲルナーはこの過程を国家イデオロギーの目標と結果がくい違ってしまうものとして捉え、次のように述べる。

ナショナリズムのイデオロギーには虚偽意識が蔓延している。ナショナリズムの神話は現実を逆転させせるのである。そこでは民族の文化を守ると主張されているが、実際にはハイ・カルチャーが捏造されている。民族の旧来の社会を保護すると主張されているが、実際には匿名性の高い大衆社会建設の一助となっている。〔中略〕ナショナリズムは連続性を唱え、擁護するが、そのすべては人類の歴史との決定的で言語を絶するほど深い断絶に依拠している。ナショナリズムは文化多様性を唱え、擁護するが、実際には政治集団内に均質性を強要するし、集団間にもより穏やかな均質性を強要する。ナショナリズムの自己イメージとその本当の性質とは逆の関係にあり、しかもその逆転関

係の皮肉な巧妙さといったら、他の成功した各種イデオロギーにもほとんど見られないほどである。(4)

遠野地方の場合、柳田の『遠野物語』の出版をきっかけとして人々の心に刻まれたものが、長期にわたって様々に及ぼしてきた影響と、共同体の現在の自己表象を切り離すことはできない。遠野市の公式ウェブサイトに載せられた遠野市民憲章には、その影響が、彼らの近代的アイデンティティの表現に及んでいることがはっきりと表われている。

遠野市民憲章

> わたくしたちは、悠久の時を越えて継承してきたうるわしい郷土と、伝統ある文化に誇りを持ち、このすばらしい宝玉（たから）を、さらに「永遠の日本（にほん）のふるさと遠野」として、創造・発展させるため、ここに、この憲章をさだめます。(5)

この文章は、想像上のひとかたまりの国家から自らを唯一無二の「日本のふるさと」として区別しようとする、遠野の理想をよく要約している。これによれば、遠野と周辺地域は国家文化の境界地帯を表象している。そこは国家の文化にとって不変の「他者性」の砦でありながら、同時にその同じ国家文化の特権的水源でもある。このように日本の国家の物語の系譜上の位置を特権化することにより、逆説的に、遠野は観念の上で国家に結びついている。遠野が自らを国の他の地域と一体であるとみなすことは、自然なことのようにも、また身勝手なことのようにも思われる。しかし『遠野物語』に収められた物語の多くに地元民の暴力的で非合理的なふるまいが描かれていることを思えば、平均的日本人が、遠野は自分たちの国の文化の源であるという考えを受け入れ、遠野の人々と同じ気持ちを抱くとは考え難い。そもそも彼らが遠野との連帯を思い描くことすらありそうもない。

地理的にも文化的にも共同体の周縁にあるという深く浸み込んだ意識が、『遠野物語』の物語の多くに反映されているように思われる。地域共同体の外周で起きた出来事を描く物語を読むと、地元民がこの平地に潜む未知の他者を心の底から畏れ怪しんでいたということがわかる。『遠野物語』の描写はまた、物語のもともとの語り手たちを、日本人読者の大勢から見れば素朴で未開な存在として際立たせる。多くの物語に描かれる、未知のものに対する子供っぽい恐怖は、この田舎の人々は抜きがたい迷信にまみれており、世界を近代的な科学的見地から見ることなどできないのではないか、という読者の疑念を確信へと変える。物語の多くは、遠野盆地の農業地帯の端で、隣接する薄暗い異界の奇怪な生き物や人間に似た存在に遭遇した話である。これらの不気味な物語は、しばしばあいまいに語るばかりで詳しい説明を欠いている。きわめて簡潔に語られた例として、第三一話をあげよう。

遠野郷の民家の子女にして、異人にさらはれて行く者年々多くあり。ことに女に多しとなり。(6)

「異人」という語は、文字通りには「異なった人」を意味するが、そのニュアンスには幅があり、『遠野物語』においては、いくつかの特定の文脈においてそれぞれ意味が限定される。上の引用では、「異人」は「山男」の同義語である。山男はおおまかに言うと西洋のブーギーマンのようなもので、残忍で人に似た形をしており、女や子供をさらって、二度と会うことも便りを聞くこともできない山奥に連れていってしまう。『遠野物語』の中で「異人」が登場する他の三例では、それぞれ天狗、外国人、山の神を意味する。(7) この語がさまざまなニュアンスを持つのは、その文字通りの意味が、人間に似ていて、かつ（もしくは）見知らぬ存在全てを包括するような、あいまいな範疇として機能し得るからである。

以下の引用もまた、きわめて田舎にありがちな偏狭な態度をにおわせている。そこでは、共同体内で身体的な差異が認められると、本能的にそれが民族文化上の違いに、あるいは人種上の違いに結びつけられてしまうのである。

土淵村の柏崎にては両親とも正しく日本人にして白子《しらこ》二人ある家あり。髪も肌も眼も西洋の通りなり。今は二十六、七くらゐなるべし。家にて農業を営む。語音も土地の人とは同じからず、声細くして鋭し。(8)

このアルビノ〔白子〕のきょうだいに対して「異人」の語は用いられていないが、その身体的特徴が「西洋の通り」である以上、彼らは観念上「異人」とみなされていることが分かる。声が変わっているだけでなく、話し方からも、彼らが地域共同体の周縁の外から来たよそ者であることが示される。違いを示す烙印が付されるのは、人間に似てはいるが、奇形という異形の徴を示している者、あるいはそれほど目立たないものの、地域共同体の生粋の構成員とは認め難いような差異を示している者である。

周縁にいる山男山女

遠野郷より海岸の田ノ浜、吉利吉里《きりきり》などへ越ゆるには、昔より笛吹峠《ふえふきたうげ》といふ山路あり。山口村より六角牛の方へ入り路のりも近かりしかど、近年この峠を越ゆる者、山中にて必ず山男山女に出逢ふより、誰も皆恐ろしがりてしだいに往来も稀になりしかば、つひに別の路を境木峠《さかひげたうげ》といふ方に開き、和山《わやま》を馬次場《うまつぎば》として今はこちらばかりを越ゆるやうになれり。二里以上の迂路なり(9)。

東北の文化として一般に蔑まれてきた歴史と潜在的に結びついていた遠野は、柳田によって更に時代遅れの地として書き記されることとなった。『遠野物語』に登場する数多の風変わりな生き物や人物の中でも山男こそは、その点を理解する鍵となろう。山男は遠野地方の境界や山路と結びついており、ほぼ間違いなく遠野の人々に対する一般的イメージと一体化している。実際には地元民の大半は山に住んでおらず、広大な遠野盆地において主に農業や畜産、商業に従事していたのだが。

『遠野物語』初版の序文において、この物語集を著した目的の一つを言明した柳田は、「平地人」という彼が想定する読者と、「山人」というこれらの物語の源であり題材でもある人々のあいだに暗黙の区別を行なう。

国内の山村にして遠野よりさらに物深き所には、また無数の山神山人の伝説あるべし。願はくはこ

れを語りて平地人を戦慄《せんりつ》せしめよ。この書のごときは陳勝《ちんしよう》呉広《ごくわう》のみ。(10)

遠野の地元の人々が使う「異人」の語と同じく、柳田が用いる「山人」という語は、「山に住む人」という文字通りかつ本来の意味を含むと同時に、山の中——共同体からよそ者や他者を分離する周縁地帯——に住むさまざまな人々に適用も可能な、より広範なカテゴリーをも意味している。一九一〇年に文芸誌『新潮』に掲載された山人に関する論考で、柳田はこの単語の意味を論じる。柳田はまず、「山人」という語は古くより用いられており、しばしば天狗や仙人などと結びつけられてきたと断定した上で、この語義は誤っているとして、自身の解釈を示す。「併し、之なども意味を誤って居るので、本当の日本語としては、我々社会以外の住民、即ち、吾々と異った生活をして居る民族と云ふことに違ひない。(11)」この観点に立てば、山人は近代日本社会の主たる構成員ではなく、観念の上では、古代以来の日本人の先祖と結びつく。あるいは日本文化の大勢と関連はするが、明確に区別しうる地方文化の構成員もしくは少数民とみなされる。

山人と山男の語義上の違いは無視しうるほど小さく、『遠野物語』において彼らはその語義の違いを乗り越えて特定の場所において結びつく。時には、表面上「普通」である山人のふるまいは、彼が遭遇する山男からさほどかけ離れていない。次の引用からは、山人と山男のアイデンティティが必ずしも厳密に区別して描かれていないことが明らかになるだろう。

山々の奥には山人住めり。栃内《とちない》村和野《わの》の佐々木嘉兵衛といふ人は今も七十余にて生存せり。この翁若かりし頃猟をして山奥に入りしに、はるかなる岩の上に美しき女一人ありて、長き黒髪を梳《くしけづ》りてゐたり。顔の色きはめて白し。不敵の男なれば直に銃《つつ》を差し向けて打ち放せしに弾に応じて倒れたり。そこに馳《か》け付けて見れば、身のたけ高き女にて、解きたる黒髪はまたそのたけよりも長かりき。後の験《しるし》にせばやと思ひてその髪をいささか切り取り、これを綰《わが》ねて懐に入れ、やがて家路に向かひしに、道の程にて耐へがたく睡眠を催しければ、しばらく物蔭に立ち寄りてまどろみたり。その間夢と現《うつつ》との境のやうなる時に、これも丈《たけ》の高き男一人近よりて懐中に手を差し入れ、かの綰ねたる黒髪を取り返し立ち去ると見ればたちまち睡りは覚めたり。山男なるべしといへり。(12)

読者は山人と山男のどちらがより危険で粗野なのか迷うかもしれない。*1 時には山男は地元民とあまりに似ているために、気付かれることなく地域の中を動き回ることもできる。次の引用に登場する「恐ろしき人」は、山人・山男双方と外国人の特徴を兼ね備えており、混血種の「他者性」を体現している。彼はさらった地元の女を孕ませることができる点では人間であるが、生れた子を残酷にも食べたり殺したりと、社会の掟を破ることもする。また同類と謀って邪悪な企みをなすようにも見受けられる。

上郷村の民家の娘、栗を拾ひに山に入りたるまま帰り来たらず。家の者は死したるならんと思ひ、女のしたる枕を形代《かたしろ》として葬式を執り行なひ、さて二、三年を過ぎたり。しかるにその村の者猟をして五葉山《ごえふざん》の腰のあたりに入りしに、大なる岩の蔽ひかかりて岩窟のやうになれる所にて、はからずこの女に逢ひたり。互ひにうち驚き、いかにしてかかる山にはゐるかと問へば、女の曰《いは》く、山に入りて恐ろしき人にさらはれ、こんな所に来たるなり。逃げて帰らんと思へど、いささかの隙もなしとのことなり。その人はいかなる人かと問ふに、自分には並の人間と見ゆれど、ただ丈《たけ》きはめて高く、眼の色少し凄しと思はる。子供も幾人か生みたれど、われに似ざればわが子にはあらずといひて食ふにや殺すにや、皆いづれへか持ち去りてしまふなりといふ。まことにわれわれと同じ人間かと押し返して問へば、衣類なども世の常なれど、ただ眼の色少しちがへり。一市間《ひといちあひ》に一度か二度、同じやうなる人四、五人集まり来て、何事か話をなし、やがて何方《いづかた》へか出て行くなり。食物など外より持ち来たるを見れば町へも出ることならん。かく言ふうちにも今にそこへ帰つて来るかも知れずといふゆゑ、猟師も恐ろしくなりて帰りたりといへり。二十年ばかりも以前のことかと思はる。[13]

日本の読者の大勢は、山人が経験した見知らぬ「他者」への恐怖を自分自身のものとして感じるであろうし、山人の奇妙な行動や風習から彼らを現代の日本の生活とはかなり異質な価値観や感じ方を宿した人々とみなし、自分たち自身と区別することであろう。柳田は『遠野物語』序文で、自らを「平地人」の一員とすることで、一般的な読者に対し、都会的かつ近代的な教育を受けた個人として、物語で語られる光景とは距離を置き、著者と視点を同じくするよう促す。この意味で、「平地人」は帝都東京の近代的住民の換喩として働いており、逆に「山人」という語には、近代に抵抗する未開の先住民文化というニュアンスがまとわりついているのである。

想像された奥地としての東北

山男や山女の物語は、東北地方にヤマト文明の出現よりも古い固有の風習が残っているという感覚を強く呼び覚ます。吉本隆明が指摘したように、山男や山女の物語は、荒野に潜む原始的な風習に宿る他者性への恐怖を呼び起こす。吉本は、代々語り継がれてきたこれらの物語がエゾなどの追放された土着民族を象徴していることを述べている[14]。これらの風変わりな山の民の物語は、遠野に固有のものでもなければ、東北に固有のものでもなかったが、『遠野物語』と『遠野物語拾遺』により遠野と結びつけられるようになった。これは、東北を異質で文明化されていない文化の最後の砦と見なす既存の考え方をうまく利用したものである。このような東北観は、ある面では広く共有された想像であったが、同時に長く遡る歴史的由来を持ち、またその由来は文学の中で補強され、考古史料および伝存する風習によってさまざまな側面から実証されてきた[15]。

明治維新（一八六八年）の後に国家意識が高まり、日本の国語が整備される中で、東北における言語の違いは、しばしば政府官僚や学者、教育者から、近代化を妨げる取り払い難い障害とみなされた。児童は、学校で方言を話しているのがみつかると「罰札」を首からさげさせられるという辱めを受けた[16]。昭和時代後期にあっても、東北の小学校の教師は、生徒に地元出身教師の方言を聞かせないため、音読する際にはあらかじめ録音したテープを使うように強く勧められていた。

東北の言語が日本の他地域のよく知られた方言と異なるのは、実際にはそれぞれに特徴を持つさまざまな方言――場合によっては互いに理解不能ですらある方言――がいっしょくたにされ、「ズーズー弁」とさげすまれる、ただ一種類の理解不能な言語として認識されているという点にある。これは東北弁の典型的な話者が発する単調ではっきりしない発音を擬声的に表わした名称である。注目すべきは、東北弁がその語尾の特徴を捉えた標準的なズーズー弁として文学作品に用いられていることで、この人工的に作られた話し方は、シェークスピアの劇作品の翻訳においては、身分の低い召使や道化に用いられている。(17) 東北弁を身分の低さと結びつけるステレオタイプは強固なもので、黒澤明の一九五四年の映画『七人の侍』にもみられる。そこでは侍が江戸＝東京弁に基づいた近代標準語を話すのに対し、百姓は標準化された東北弁を話しているのである。東北出身の方言話者に押される烙印は、彼らに対する偏見が他地域出身の方言話者に対するものよりはるかに深刻であることに由来している。東北を特に遅れた地域とみなす一般的な見方は、マスメディアによって強化され、近代ナショナリズムの広がりと、日本人のアイデンティティをその均質性にみる思想の広がりに比例して、大いに力を得た。

「ズーズー弁」が、公的に認められた標準日本語に対し、思い付き得るもっとも理解不能なものを表わす包括的な用語であるのと同様、山男は日本社会の規範の外に住む人々をもっともよく代表している。これを敷衍すれば、彼らは近代的日本人の対極を象徴しているのだとも言える。想像上の山男は自然状態で生活しており、自然の風景そのものの欠かすことのできない一部である。吉本隆明が指摘するように、はるか昔に消滅していながら想像の中ではいまだに生き続ける先住民たちの亡霊と、山男を結びつけることは自然なことなのである。

東北の最初の住人の物理的痕跡は、そこに住む人々や訪れる人々の目に見える形で残っていた。アイヌ語由来の地名や、アイヌの環状列石、アイヌの要塞遺跡などがそうである。マタギと呼ばれる、季節を限って山に入る猟師たちは、今日の東北に残るもっとも興味深い先住民文化の名残である。マタギこそは、どうやら山男（山形方言で山人《やまんど》）の原型であるらしい。彼らははるか昔から代々、熊やその他の獣を狩ってきた。女性が狩に加わることはタブーとして禁じられており、男性猟師たちは、狩に入る前には山の神に捧げ物をする。[18] マタギは狩に関する独特の語彙を持つが、その言葉は北海道のアイヌ語を含む日本列島の古代語と明確なつながりを持っている。[19]

『新釈遠野物語』

井上ひさしは、おそらく風刺作家としてよく知られているが、戯曲・小説・短篇・随筆を通して、東北のアイデンティティの問題に関する長大な文学上の対話にも取り組んでいた。最初の長編戯曲『日本人のへそ』は、一九六九年に東京のエコー屋根裏劇場において初演されたものだが、ここからは、井上が早くから遠野に強い関心を持ち、大江健三郎が「果ての果て」と呼んだ場[20]――周縁の最果て――の象徴としてみていたことがうかがえる。この戯曲の劇中劇では、吃音に悩む七人の平均的市民が、ヘレン天津という名の若い女性とともに彼女の半生記を演じる。このヘレン天津が遠野で生まれ育ったという設定なのである。ヘレンは本作の主人公で、劇中劇において自身の役を演じ、その他の登場人物は彼女の物語の各種脇役をつとめる。戯画化されたストリッパーであるヘレンが外国風の名前を名乗っていること自体は特別なことではないが、それでもなお、西洋式に姓が名（芸名）のあとにおかれていることは、彼女の異国的な特徴を強調している。また、物語の舞台である東京に対し、遠野がヒエラルキー上の正反対の地位にあることを示唆する。

この吃音症患者による素人芝居は、東京大学の言語病理学教授による、言語障害の治療法の一環として上演される。第一幕でこの言語病理学者「教授」は、ヘレンが遠野を離れ東京へと向う場面を再現するなかで、自身も車掌を演じ、遠野から終点上野駅までの間の一一の駅を全て並べたてる。日本の真の中心としては、明治時代に皇居に面して建てられた東京駅こそがふさわしいかもしれない。だが、東北から東京へ初めて出てくる労働者の多くにとって、一般的な終着駅は上野駅であり、上野駅こそが東京の厳しい現実をつきつけるのである[21]。駅名を一つひとつ唱えあげることで、車掌は彼が「岩手チベット」と呼ぶかの地からの旅の距離を強調する。つまり、遠野は日本の中でももっとも未開で孤絶した県の一つにある、普通ではとてもたどり着けない最果ての秘境として描かれている。

遠野出身の女性ストリッパーであるヘレン天津は、東北出身者が社会で差別されるありさまを体現する。彼女は強いなまりで話し、仕事を得る機会も限られている。遠野でのヘレンの父親を演じる会社員は、東京人についてこう言う。「東京の人っこは　人っこ悪《わり》いだ／男も女も標準語しゃべぐって／ネクタイ締めてストッキングはいで／田舎者にゃ口もきかねぇだぞ[22]」。ほかの登場人物と違い、ヘレンは吃音には悩んでいない。彼女の「言葉の病気」はその公然と罵倒されるズーズー弁なのであり（ただし井上は他の著作で遠野には独自の方言があることを明らかにしている）、都会の社会の大勢に順応しようともがくなかで、偏見と搾取に苦しむ[*2]。ほかの登場人物たちも、彼女と同じように困難に直面し、辛いトラウマや屈辱を経験している。たとえば、ヘレンの父親を演じる会社員は、東京大学の卒業生なのだが、政府の汚職事件に巻き込まれた過去を持つ。自殺に失敗した彼はどもるようになり、もとの仕事に復帰できない。別の吃音患者は、単に「右翼」と呼ばれているのだが、アメリカと連合国への降伏後になされた天皇の人間宣言以来、どもるようになった。全ての役が自分にとって深刻な屈辱を経験し、どうやらそれがきっかけで、彼らを消極的にさせる言語障害が引き起こされている。彼らの心と身体をむしばむトラウマは、いずれも激動の近代日本社会に適応しようとして生じたものなのである。ヘレンも類似の屈辱と社会的不適応に苦しんでいる。しかし彼女の場合、それは単に遠野という東北の未開性の全き象徴の地に生まれたためであった。

井上ひさしは山形県南部に生まれ、一九五〇年代初頭に遠野地方と縁を持つようになった。一九五三年、井上は上智大学に入学し、ドイツ文学科で勉強を始める。強いなまりで話す東北出身の若者は、東京の人々に田舎者と蔑まれ、堪え難い劣等感に苦しんだ。数カ月間、東京の四谷に暮らすうちに、疎外感はますます深まる。ついには手当たり次第にものを数えたり、落ちている新聞紙を踏まないといったタブーや特定の煉瓦石を必ず踏むといった決まりなどを自分自身に課したりと、ある種の強迫観念的行動に悩むようになる。後に井上は、この東京の生活と東京の言語への強い違和感が、ひどい吃音をも引き起こしたと語っている。[23] 当時、井上の母親は釜石市で焼き鳥の屋台をしていた。釜石は遠野の約三〇キロ東に位置する鉄鋼と漁業で栄える町だった。

一九五三年の初夏、井上は休学して釜石の母親のもとへ戻り、自身の言語障害と一種のノイローゼからの回復をはかることになった。井上は町北部の海岸沿いに建つ結核療養所の仕事を見付け、集金のため内陸の遠野を訪れるようになる。そこで井上が会った人々は、柳田の有名な本に書かれた話はもとはすべて地元の英雄佐々木喜善が語ったものなのに、その貢献がきちんと認められたことは一度もないと深く嘆いた。

もとの話を柳田国男に提供した佐々木喜善という人がかわいそうになりましてね。佐々木喜善は「また先生に取られる！」と言ったらしいですね。柳田国男のつてで何とか小説家になりたいんで、縁が切れない。だから会うとついおべっかを使って、こういう話がありました、と言って出してしまう。遠野あたりで僕が自己負担分の請求に歩いていたときに、佐々木喜善というのは名家の息子ですから、時々その話が出るんです。東京の先生に全部吸い取られて、その先生は有名になったけれど、ここの喜善さんはだめになっちゃった、とね。[24]

初めて『遠野物語』を読んだ時に井上が強く感じたのは、柳田が遠野の周辺地域に多く伝わる土臭いユーモアをふくむ物語を採っていないということ、柳田の語調や文体が語り手の用いる地元の言葉の自然なリズムをまったくとらえていないということだった。

これ全然遠野でもなんでもないじゃないか、という気がしたんです。遠野というのは、本当にお化けが出そうなところなのに、あまりに文章が簡潔すぎて、物語というより、年代記というか年表みたいな感じを受けたんですね。あれは遠野地方のスカスカな年表だという感じです。だからいつか柳田国男の「遠野物語」をからかってやろうと思っていました。[25]

ちょうどこの時代を描いた半自伝的教養小説『花石物語』（一九七八年）において、井上は歴史的に特定できるある時代（一九五三年）の遠野地方を、地元の文化や、奇抜な性格を持つ人々とともに描きだしている。部分的に方言を用いて書かれたこの小説は、井上の東北文化賛歌であり、主人公夏夫を井上の分身とした、一種のノスタルジックな帰郷のものがたりとなっている。井上本人と同様、夏夫は東京に暮らす間に吃音とアイデンティティ・クライシスに悩むようになる。花石（釜石）を訪れるのは初めてであるにもかかわらず、その言葉と文化は馴染み深く感じられ、彼に大きな安堵感をもたらす。彼は徐々に快復へ向う。

本作には多種多様な人物が登場し、それぞれ独特の癖やささいな欠点を通して、地元文化らしきものを表象すると同時に、普遍的な人間の性質をも表現している。特に興味深いのは「鶏先生」と呼ばれる登場人物である。鶏先生の名は、秩父宮雍仁《やすひと》親王（一九〇二―五三年）の花石訪問にまつわる事件に由来する。製鉄所の職工住宅を目にし、何のための小屋か訝しんだ秩父宮の問いに対して、鶏先生は咄嗟に「おそれながら鶏でございます」と罪のない嘘をついて上司を窮地から救ったのである。[26]

畏れ多い天皇の名代とのいきさつは、鶏先生にとって人生を変える出来事であった。彼は、夏夫の母の焼鳥屋に飲みにきては、うんざりするほどその話を繰り返す。鶏先生は特に文才があるようにも見えないのだが、なにを思ったか『花石通史』を書きついでおり、地域の艶笑民話を集めた『栗野物語』の執筆も目論む。鶏先生の社会的地位の低さ、正式な教育を欠くところ、皇族をやたらに崇め、猥談に夢中になるといった特徴は、柳田国男を逆さまにしたパロディである。『栗野物語』には、柳田の『遠野物語』の向こうを張ろうとする鶏先生の思いがある。鶏先生は強いなまりで自分の艶話集を説明する。「これァ学問ス。艶笑民話ば手掛りに、山の民の、なん言《つー》うか、意識《えすぎ》の下の意識《えすぎ》ば解明《けーめー》する訳だベス。これァ柳田国男も手ば付け無《ね》がった大仕事《おーすごど》であ」[27]。彼が事実上言っているのは、柳田の『遠野物語』の表面下を覗いてみれば、そこには『栗野物語』が隠れているということである。

小説の後半で、夏夫は鶏先生の民話採集計画が「伝聞《またぎき》」に基づくことを知るが、鶏先生は夏夫に言い返す。「なーに、柳田国男先生だって伝聞《またぎき》よ」。柳田の名前が出ると鶏先生はとたんに鼻息が荒くなり、『遠野物語』の著者と対比される自分の著作のねらいを説明する。

「佐々木喜善《きぜん》言《つー》う、遠野衆《し》からの伝聞《またぎき》であの名著ば世さ問うたのス。それにス、夏夫《なちお》君。民話の書物さは、伝聞《またぎき》の話が一番だべ。伝聞《またぎき》で書ぐど、真実《ほんと》の様な嘘コの様な、嘘コだべがなと思うと真実《ほんと》の様な、わげのわがらねえ玄妙至極《すごく》な雰囲気が出っこったよ。狙い所はそごだでば[28]」

ところが、鶏先生が馬喰の話を読みあげるのをたまたま立ち聞きした夏夫が、どこから仕入れたのかと問うと、鶏先生はただのでっちあげだと答える。鶏先生の釈明では、栗野（遠野の東に実在する鉱山町の栗橋村〔栗林と橋野の合併自治体〕をモデルとする架空の地）に来る道すがら、地元の人々に面白い艶笑譚を知らないか訊いてまわったのだと言う。だが、誰も首をひねるばかりで、鶏先生の目論んだ民話集の話は一篇も集まらなかった。しかしながら、「堅い話ばかり載っている『遠野物語』」に対抗して猥談集を著すという計画を捨て切れず、彼は自分で一から創作してしまおうと決めたのである。鶏先生のとる手法は、柳田の『遠野物語』序文における、自分のものがたりは正確で真実を捉えているとする言明への、あからさまな風刺である。柳田の序文から引用しよう。

> この話はすべて遠野の人佐々木鏡石君より聞きたり。昨明治四十二年の二月頃より始めて夜分をりをり訪ね来たり、この話をせられしを筆記せしなり。鏡石君は話上手にはあらざれども誠実なる人なり。自分もまた一字一句をも加減せず感じたるままを書きたり。思ふに遠野郷にはこの類の物語なほ数百件あるならん。われわれはより多くを聞かんことを切望す。国内の山村にして遠野よりさらに物深き所には、また無数の山神山人の伝説あるべし。願はくはこれを語りて平地人を戦慄《せんりつ》せしめよ。(29)

柳田は、伝聞の話をあたかも「現在の事実」であるかのように伝える能力が自分には備わっていると自負しているように思える。一九七六年に発表された井上の短篇集『新釈遠野物語』は、あらまし遠野地方の民話に基づいた九つの物語を収めたものだが、この柳田の我田引水的主張に直接狙いを定めた、『遠野物語』序文のもじりからはじまっている。

> これから何回かにわたって語られるおはなしはすべて、遠野近くの人、犬伏《いぬぶせ》太吉老人から聞いたものである。昭和二十八年十月頃から、折々、犬伏老人の岩屋を訪ねて筆記したものである。犬伏老人は話し上手だが、ずいぶんいんちき臭いところがあり、ぼくもまた多少の誇大癖があるので、

一字一句あてにならぬことばかりあると思われる。考えるに遠野の近くには、この手の物語がなお数百件あることだろう。ぼくとしてはあんまりそれらを聞きたくはないのであるが、山神山人のこの手のはなしは、平地人の腹の皮をすこしはよじらせる働きをするだろう。[30]

すでに多くの研究者が、柳田の序文にみられる主張について論じ、「一字一句をも加減せず感じたるままを書きたり」と佐々木の話をそのまま書き取ったかに装う文言が、けっして誠実とは言えないことを指摘してきた。[31] 井上の序文には主に二つの風刺的な対比が含まれている。一つは、彼の「現地の」情報提供者である犬伏太吉と、柳田の情報提供者佐々木喜善の語りの腕前。もう一つは、一人称の語り手が、柳田の主張をもじってみせる際に示す、真実をいい加減にあしらう態度である。柳田の序文は、柳田が佐々木よりも語り手として上手いことを示唆するだけでなく、柳田の書き写し方は極めて正確で、「一字一句をも加減せず感じたるままを書」いたほどだと主張している。すなわち柳田は、物語を再話する佐々木への主観的反応をそのままに反映させる形で、聞いたこと全てを記録したと主張するのである。柳田はまた、佐々木が誠実に最善を尽くしてこれらの物語のエッセンスを伝えたと読者に請けあう一方、物語が備えるべき文学的文体と語り口については自分に任せてもらいたいとも主張している。

柳田はこの上もない文学的真実を誇る。それに対し井上の序文は、井上自身の分身であり柳田を反転した喜劇的ペルソナでもある一人称の語り手を登場させ、話の情報源である犬伏老人は上手な語り手ではあるが信用できない、と言って柳田を茶化す。この一人称の語り手は、『花石物語』の鶏先生と同様、犬伏老人も語り手自身も飾らぬ真実を語っているなどと思ってはいけない、とはっきり伝える。先に『遠野物語』における柳田の文体があまりに「簡潔すぎ」で「遠野地方のスカスカな年表」のようだと批判したのと同じく、井上は巧みな語りには誇張や脚色が必要不可欠だと指摘する。言い換えるなら、話を語るということは創作活動なのだというわけである。井上による序文のもじりはまた、言語を媒介として、語り手の意図や信頼性とは無関係に客観的真実が伝えられる、という発想への懐疑をも反映している。井上は、叙事的風刺小説『吉里吉里人』(一九八一年)では、全篇を通じて標準日本語と方言の両方で書くことにより、文学における言語のあいまいさという問題を浮き彫りにしている(32)。

『新釈遠野物語』の最初の物語で、遠野の東に位置する結核療養所で働く、一人称の語り手を担う若い大学生は、地元の語り部犬伏太吉に出会う。犬伏老人は手始めに遠野周辺の山奥で山人《さんじん》に出会った時の恐ろしい話を語る。彼は夜の吹雪の山中で道に迷い、一軒の家にたどりつく。その家の女は夫が帰ってくるまで家にあげてくれない。物語が進むと、彼女の夫は地元の粗野な猟師であることが判明する。見かけはちょうど宮沢賢治(一八九六—一九三三年)の「なめとこ山の熊」に登場するマタギの小十郎のようだが、ただし人間性を欠いている。

女の視線を辿って行くとひとりの男へ行き着いた。男は庭を横切ろうとしていた。熊皮の袖なしに笠をかぶっている。腰に無反《むぞり》の山刀をぶちこみ、右手に黒光りする猟銃を下げている。そう背丈は大きくはないが、肩幅が広く、がっちりした軀つきである。
『なんだ、こいつは?』
男は猟銃の筒口をわたしの鼻の先に向けた。

『道に迷ったんだそうです』

女が答えた。

『泊めてくださいと頼まれたんですけど、あなたが帰るまでは返事が出来ないと申し上げておきました』

雪の上に両膝をつき、わたしは頭を下げた。

『どうぞ、一晩だけ泊めて下さい。明日は早く発ちます。決してお邪魔にはなりませんから。失礼ですが、お礼もさしあげるつもりです』

男はわたしをしばらく眺め廻していた。いやな眼だったねえ。蛇のようなとはああいうのを言うのだろうが、半分死んだような冷たい眼だった。(33)


女は犬伏に向かって、何年も前に、浅草の見世物小屋で蛇や鶏を食べる芸をしていた男にさらわれたことを語る。男が彼女を連れて山に帰ってきた後、彼女を助けようとした者は皆、男に殺された。殺した後は、その肝を切り取って、町で病人の薬として売るのだという。この話は、一方では宮沢の熊猟師の陰鬱なパロディとなっているが、同時に柳田の山男の無慈悲な野蛮性をも想起させる。男が以前に東京の見世物小屋でしていた仕事は、彼が日本社会のなかで、普通の人間扱いされない排斥される立場にあることを示唆する。

周縁に追いやられた存在としての山男の姿は、井上が宮沢賢治の生涯と作品を描いた戯曲『イーハトーボの劇列車』の中で更に強調されている。東京と東北を結ぶ列車内を主な舞台とするこの芝居では、宮沢の「山男の四月」に登場する山男が列車に乗り、人買いにだまされ、どさ回りのサーカスで働く羽目になる。商売が傾いてくると、サーカスの団長を兼ねる人買いは、山男を北海道の炭坑へ強制労働者として売り飛ばそうとする。このような展開は、経済的に搾取される山男が、太平洋戦争中に奴隷労働や性的奴隷状態を強制された他の植民地の人々と結びつくことを、暗黙のうちに表現している。山男は東北出身の仲間——その中には宮沢の創作した熊猟師淵沢小十郎の弟もいる——の手を借りてなんとか逃げおおせる。標準日本語を身につけ、いまや日本人の大勢につらなる声を獲得した山男は、自分の置かれた状況を告発する。「〔この世は〕修羅の世界です。その人〔賢治〕は、修羅の世界からどうやって脱け出そうか、とそればかり考えていたんですな。そしてたどりついたのは『ほかの人のために徹底的に自分の命をささげる』という考えです[34]」。こうして、亡霊の世界に属した、野蛮を絵に描いたような山男は、人間らしくなり、文明の仲間入りをするのである。

『新釈遠野物語』の中の「水面の影」と題する別の物語では、これもまた「山男」と称される隠者のようなひげ勝ちの人物が登場する。この話で犬伏は、犯した罪のために懲役に服す代わりに強制的に働かされていた鉄鉱山から逃亡する。監督の一人に追いかけられる犬伏を、山男はかくまってくれる。

> 開き戸を引くと、小屋の中には人がひとりいた。顔中、ひげだらけ、頭髪も伸びるにまかせた山男だった。山男は囲炉裏に向って手をかざしていた。囲炉裏には熾《おき》が真赤におきており、その上の自在鉤には大きな鉄瓶《てつびん》がかけてあった。
> 『追われております。どうかかくまってやってください』

わたしは山男の前に手をついて言った。

『お願いします』

山男はじろりとわたしを眺めて、

『だれに追われているのかね』

と訊いた。

『中橋鉱山の監督に、です。そいつは鬼の沢松というあだ名の乱暴者で、捕まったらわたしはおそらく半殺しの目にあいます……』

『……鬼の沢松か』

山男は顎のひげをゆっくりと撫でてそれからその顎のひげを強く下へ引いた。つまり、顎を振って頷いてくれたわけである。(35)

山男が犬伏の逃亡を助け、最終的に邪悪な鉱山監督を殺害する直前、読者は山男が実際には金田という名の男であることを知る。彼こそは、主に朝鮮半島からやってきた奴隷労働者たちが残酷で非人間的な環境で強制的に働かされていたこの鉱山から、それまでに唯一逃げおおせた男として知られる人物だったのである。ここで井上は、金田も遠野近郊出身の語り手も、大日本帝国の植民地の臣民であるとすることで、遠野の歴史と地域経済を、国家の歴史と国家を超えた国際的な歴史のうねりに結びつける。象徴的なのは、二人が彼らの抑圧者に復讐を果たすことで、自己のありかたを取り戻すことである。それは、社会の大勢からは長いあいだ周縁化されていた、それぞれの自己であった。

このようにして井上は、東北文化は後れているという先入観の多くが、山男にまつわる空想を核としていたことを明らかにする。犬伏の夢に出てくる恐しい男、宮沢の無害で粗野な山の猟師たち、そして逃亡した奴隷労働者の金田。井上は、空想の物語と歴史的裏付けを持つ土地の物語を混ぜあわせる際、語り手——東北の人々——と語られる物語のあいだに区別を設ける傾向がある。井上の作品は、柳田による『遠野物語』の創作の本質や、これを取り巻く状況を正しく理解する機会をわれわれに与えてくれる。また『遠野物語』の成功により、遠野や東北地方全体に暮らす人々に対し、長期的にどのような影響が及んだかを考えさせてくれる。井上の目的は柳田の業績を貶めることではない。ほとんど忘れられてしまった遠野の英雄佐々木喜善の貢献を讃えるとともに、いかなる文学的表象においても、その背後に必ずや埋もれてしまう地方文化の豊かな多様性が存在することを浮き彫りにすることなのである。

（訳：中井真木）

原注

（1）Marilyn Ivy, *Discourses of the Vanishing: Modernity, Phantasm, Japan* (Chicago: University of Chicago Press, 1995), 86. アイヴィーは、『遠野物語』の衝撃が広く及んだのは、一九三五年に増補版として再刊されてからであったという重要な指摘を行なっている。また、初版の価値を文学作品としてではなく、民間伝承史料として最初に認識したのは中国人の文学者・日本文学翻訳者周作人（一八八五—一九六七年）、すなわち著名な近代作家魯迅（周樹人、一八八一—一九三六年）の弟であったことも指摘している。アイヴィーによれば、『遠野物語』初版を民話の宝庫として称賛したのは一九三三年の周作人が初めてであり、『遠野物語』が「民俗学のはじまりのテクストとして浮上した」のは一九三五年に第二版が出版されてからであった。九三—九五頁参照。（周作人についてのアイヴィーの指摘は、角川文庫版『遠野物語』に付された大藤時彦の「解説」を典拠としており、これは松枝茂夫による周作人の翻訳に基づいているが、近年の研究により、周作人の『遠野物語』評は実際には一九三一年に書かれたことが指摘されている。王蘭「周作人と『遠野物語』」『比較文学』五三号、二〇一〇年ほか参照。〕

（2）Ibid, 85.

（3）Ernest Gellner, *Nations and Nationalism* (Ithaca, New York: Cornell University Press, 1983)〔アーネスト・ゲルナー『民族とナショナリズム』加藤節監訳、岩波書店、二〇〇〇年〕; Eric J. Hobsbawm, *Nations and Nationalism since 1780* (Cambridge: Cambridge University Press, 1990)〔E・J・ホブズボーム『ナショナリズムの歴史と現在』浜林正夫・嶋田耕也・庄司信訳、大月書店、二〇〇一年〕; John Hutchinson, *The Dynamics of Cultural Nationalism* (London: Allen and Unwin, 1987); Tom Nairn, *The Break-up of Britain: Crisis and Neo-Nationalism* (London: New Left Books, 1977).

（4）Ernest Gellner, *Nations and Nationalism*, 124-125.

（5）遠野市告示第一三一号、二〇〇六年九月六日、岩手県遠野市公式ウェブサイト、http://www.city.tono.iwate.jp/index.cfm/35,13279,167,1,html 最終アクセス二〇一一年二月二十八日。

（6）柳田国男『遠野物語』角川書店（角川文庫）、一九五五年初版、二九頁。〔原論文では『遠野物語』の参照元にロナルド・A・モースの英訳（*The Legends of Tōno*, trans. Ronald A. Morse, Tokyo: The Japan Foundation, 1975）と角川文庫版（一九六六年版）が用いられている。翻訳に際してはすべて角川文庫版（改版三三版、一九八七年）から引用することとした。なお、本話のモース訳では「異人」はローマ字で *ijin* と訳されている。〕

（7）第二九話では天狗を「異人」と呼んでいる。第八四話では「異人」は「西洋人」を意味し、第一〇七話では「異人」は山の神である。『遠野物語』および『遠野物語拾遺』における「異人」の用法の詳細な分析については、石井正己監修『遠野物語辞典』岩田書院、二〇〇三年、一七七―一七八頁参照。

（8）『遠野物語』四九頁。

（9）同前、一九頁。

（10）同前、五頁。

（11）石井正己「天狗と山人――山人の研究史」遠野物語研究所編『山人の発見とその世界観』（『遠野物語』ゼ

ミナール'98 in 遠野 講義記録）遠野物語研究所、一九九九年、一三六頁より再引用。小熊英二『単一民族神話の起源――〈日本人〉の自画像の系譜』新曜社、一九九五年、二〇六―二一一頁も参照されたい。

（12）『遠野物語』一八頁。

（13）同前、一九―二〇頁。

（14）「エゾ」という語は、一般的には「エミシ」と同義で、古代に本州北部と北海道に居住していた先住民を指し、『遠野物語』の中では、遠野地方に住んでいた古代の先住民を指している。第一一二話「蝦夷の跡」（同六一頁）を見られたい。吉本隆明『共同幻想論』改訂新版、角川書店（角川ソフィア文庫）、一九九九年（初版一九六八年）、五一―五三頁。

（15）このような東北における異質性の自覚を裏付けるよい例として、平泉（現岩手県）を本拠とした奥州藤原氏の埋葬習慣をあげることができる。藤原氏四代はミイラの形で中尊寺金色堂に葬られている。このような風習は平安時代の日本において極めて異例であった。奥州藤原氏の祖である平安時代後期の武将藤原清衡（一〇五六―一一二八年）は、自分自身を「東夷の遠酋」とみなしていた。藤原氏のミイラの人類学的分析によれば、藤原氏はもともと京都近辺の出自であったようであるが、蝦夷への帰属には軍事的・経済的つながりが、血縁と同程度に重視されていたようである。すなわち、すでに古代より東北の文化は畿内の文化とは別のものとしてはっきりと認識されていたのであるが、それは広範な政治・経済・文化の交流のもとに生まれたすぐれて混淆の産物であったのである。Mark J. Hudson, *Ruins of Identity: Ethnogenesis in the Japanese Islands* (Honolulu: University of Hawai'i Press, 1999), 197-205.

（16）イ・ヨンスク『「国語」という思想――近代日本の言語認識』岩波書店、一九九六年、一二〇頁。

（17）Christopher Robins, "Revisiting Year One of Japanese National Language: Inoue Hisashi's Literary Challenge," *Japanese Language and Literature*, Journal of the Association of Teachers of Japanese, Vol. 40, No. 1, April 2006, 57, note 24.

（18）田口洋美『越後三面山人記――マタギの自然観に習う』農山漁村文化協会、一九九二年、二一―六〇頁。

（19）澤田洋太郎『沖縄とアイヌ――日本の民族問題』新泉社、一九九六年、一五一頁。

（20）大江健三郎「小説の周縁」、大江ほか編『中心と周縁』（『叢書文化の現在』第四巻）岩波書店、一九八一年、二一一頁。

（21）東京駅が全国鉄道網との関連において国家の中心として機能したことについては、以下を参照。Hashimoto Mitsuru, "*Chihō*: Yanagita Kunio's 'Japan'" in *Mirror of Modernity: Invented Traditions of Modern Japan*, edited by Stephen Vlastos (Berkeley: University of California Press, 1998), 141.〔辰野金吾による赤煉瓦の東京中央停車場が竣工し、東京駅と名づけられたのは大正三年。〕

（22）井上ひさし「日本人のへそ」『井上ひさし全芝居 その一』新潮社、一九八四年、九四頁。

（23）桐原良光『井上ひさし伝』白水社、二〇〇一年、一四九頁。

（24）聞き手今井清人ほか「作家インタビュー 井上ひさし氏に聞く 物語の方法」『現点――現代日本文学研究』八号、「現点」の会、一九八八年十月、一八頁。

（25）同前。

（26）井上ひさし『花石物語』文藝春秋（文春文庫）、一九八三年（初出『別冊文藝春秋』一四五―一五〇号、一九七八―七九年、単行本としては一九八〇年初版）、五五頁。

（27）同前、一四四頁。

（28）同前、一八九―一九〇頁。

（29）『遠野物語』五頁。

（30）井上ひさし『新釈遠野物語』筑摩書房、一九七六年、六頁。なお、筆者クリストファー・ロビンスによる英訳が二〇一二年に Merwin Asia 社から出版される予定である。

（31）Marilyn Ivy, *Discourses of the Vanishing*, 80-87. 井口時男『柳田国男と近代文学』講談社、一九九六年、五七―六二頁。Gerald Figal, *Civilization and Monsters: Spirits of Modernity in Meiji Japan* (Durham: Duke University Press, 1999), 105-112.

（32）井上ひさし『吉里吉里人』新潮社、一九八一年。

（33）井上ひさし『新釈遠野物語』二〇―二一頁。

（34）井上ひさし『イーハトーボの劇列車』新潮社、一九八〇年、一二六頁。

（35）井上ひさし『新釈遠野物語』一七一―一七二頁。

訳注

＊1　筆者はこの例で、冒頭の二文を同一の人々を説明したものと解釈し、佐々木嘉兵衛を山人とみなしている。

＊2　この記述はやや不正確である。実際には劇中劇の冒頭で「教授」は「東北の、岩手県の山奥に生れた少女が如何にしてストリッパーになり、吃りになったか、それを、その本人に演じてもらいましょう」と宣言している（九一頁）。

写実主義文学として『遠野物語』を読む

メレック・オータバシ

此書は現在の事實なり。單に此のみを以てするも立派なる存在理由ありと信ず。(1)

――柳田国男

つねに単一の主体（agent）に関わるものであるにもかかわらず、文学は言表行為を集団的に集成したもの（agencement）である。(2)

――ジル・ドゥルーズ（一九二五―九五年）

柳田国男による、いまは有名になった一九一〇年の著作『遠野物語』の序文では、この作品が「事實」の表象であることは自明とされている。『遠野物語』が関わりを持つ事実の最たるものは、言うまでもなく、遠野の町そのものである。柳田が物語を聞き取った佐々木喜善（鏡石、一八八六―一九三三年）は遠野の出で、東京で大学に通いながら小説家を目指していた。この若者から幾度にもわたり話を聞き、その物語に感銘を受けた柳田は、一九〇九年八月に遠野を訪れ、自らの目でその地を確かめた。短い物語や土地の伝承、民謡を集めて自ら刊行した『遠野物語』はこれらの交友や旅行の産物であり、また佐々木の「原話」を大胆に書き換えたものであった。[3] 本論で検討したいのは、『遠野物語』が「翻訳」であることについてである。翻訳とは、常に見かけよりはるかに透明さを欠いたテクストである。柳田が『遠野物語』によって提示する文学上の「事實」は、実際には物語の中で示される「外國の」世界観に読者を招き入れるため、慎重に作りあげられた美的構成物である。それと同時に『遠野物語』を通して明らかになるのは、作家としての柳田が、近代的な著者という概念に一般的に結び付けられる「個別の」主体を排したこと、その代わり「集合的な」人間集団を対象として、その人間集団のため、表情豊かに語ることのできる語りの声を用いるべく、苦心していたことである。

『遠野物語』がいくつかの段階を経て完成したものであることは、今では研究者の常識となっている。[4] 佐々木が語るのに用いた遠野弁[5]とは相当に異なり、当時創作に広く用いられつつあった言文一致の口語体ともまた異なる、簡素な文語体で書かれた『遠野物語』には、土地の伝説や、人物伝、歴史の雑学的知識、風景描写、また遠野の文化地理学的観察などが幅広く収められている。一一九の短い物語は、多くが断片的であるが、番号が振られ、部分的に注や絵図が付される。物語の前には、上にも引用した序文が置かれ、柳田は自身の遠野旅行の様子や、これらの物語に記録する価値があると考える理由を簡単に説明している。当時、柳田の文学仲間のあいだでは「写実主義」と呼ばれる、伝記や自伝を中心とする散文作品が流行しはじめていた。その文脈に置いてみると、『遠野物語』に一貫した語りや一貫して登場する人物が不在であることは、明らかに当時の慣習と異なるものであった。柳田自身が序文で述べるように、この本は「現代の流行に非」ざるもの[6]だったのである。

『遠野物語』の文学的価値は多くが認めるところではあるが、その独特の形態と内容に鑑みれば、文学作品としてよりも、民俗学の誕生を告げるテクストとして長く読まれてきたのも驚くにあたらない。民間伝承研究の先駆的事例として注目されるあまり、『遠野物語』がはじめに登場した際の文学史上の文脈や、そのテクストとしての性格は等閑に付されてきた。

本論では、同時代の文学様式の展開に対して批判的な立場をとる柳田が、どのように『遠野物語』を書く（書き換える）ことで、自然主義を標榜する文学仲間が唱える物語の写実性《ナラティヴ・リアリズム》という概念に挑戦したかを検討する。古典としての地位を固めている他の二十世紀初頭の日本文学作品と同様、独特の様式、内容、そして語りの態度を示す『遠野物語』のテクストの特異性は、書くに値する「事實」とそれを伝えるのにふさわしい方法が意識的に求められたことを反映している。柳田と明治時代後半の文学界との深い関わりを踏まえつつ『遠野物語』を読むことにより、本論では『遠野物語』が民話集であると同時に、これを大胆に近代文学の語法に翻訳する試みでもあったことを明らかにしたい。

『遠野物語』と民俗学の「誕生」

とはいえ、『遠野物語』を精読するには、まずこれが、民俗学の礎を築いたテクストとして確固たる地位を占めている点に触れる必要がある。このような通説的理解は、柳田の文学活動を初期から知る作家正宗白鳥（一八七九―一九六二年）の弁によく集約されている。一九五五年に記した回想のなかで、白鳥は、柳田の民俗学者としての第一歩が「かういふ物語の蒐集からはじめられたのであらう」と述べている。[7] このように読まれるがゆえに、一般に『遠野物語』は、『後狩詞記《のちのかりことばのき》』（一九〇九年）および『石神問答』（一九一〇年）といった、柳田がほぼ同時期に関わっていた、民俗学的方向性をもつ他の共著とひとまとめにされている。『後狩詞記』は宮崎県椎葉村に伝わる狩の故実についての本で、古文書等の文献や土地の伝承などの口承史料を用いており、柳田と椎葉村村長中瀬淳《すなお》（一八六四―一九五〇年）が共同して行なった観察と分析と呼ぶのが最もふさわしい。『石神問答』は柳田と数名の人物（『遠野物語』の原話提供者佐々木喜善も含む）のあいだで交わされた書簡集で、路傍におかれてきた石神像の語源や宗教的意味を議論したものである。このような文脈からすれば、たしかに『遠野物語』は、日本の民衆風俗に関心を抱きはじめ、その研究に多くの人々を巻き込んでゆこうとした柳田の動きのなかに、位置づけることができる。

　しかし、一九一〇年に『遠野物語』が出版された時、三十五歳の柳田は内閣法制局参事官等を兼務する官僚で、民俗学者としての名声も確立していなければ、民俗学という用語さえ存在していなかった。『遠野物語』を民俗学のテクストとして読むことが確立したのは、一九三五年に柳田の還暦を祝って増補版が出版されてからである。『遠野物語』増補版は初版の『遠野物語』をそのまま収録した上で、『遠野物語拾遺』と題した二九九話を追補している。これも同じく佐々木の助けを得てまとめられたが、今度は口語で書かれていた。マリリン・アイヴィーが簡潔に指摘するように、『遠野物語』は「二つの別個の出版として捉えるべきであり、民俗学が誕生したのはその間の時期であった」[8]。増補版の刊行とほぼ同時期には、いくつかの画期的なテクストの発表がなされ、それらをまとめて民俗学の公的な歴史の開始を告げるものと広く見なされている。柳田によって次々に民俗学の自己定義が繰り出されたことと、『遠野物語』そのものが装い新たに改訂増補されたことで、この新しい学問分野の模範としての『遠野物語』の重要性は高められた。序文で柳田は、この書が「現在の事實」を表すと主張した。これにより『遠野物語』は、事実に基づく先駆的な民間伝承研究と見なされ、著者は目に見えない翻訳者、すなわち客観的な観察者・記録者として機能すると見なされるようになったのである。

民俗学のテクストとしての『遠野物語』の地位は、広く知られた民俗学創設の物語によって支えられただけでなく、若き柳田の文学に対する熱狂的愛好とそれに続く文学の放棄という、これと平行する物語（これは柳田自身が積極的に語った話である）によっても補強されてきた。この物語は、当時まだ松岡姓であった若年の国男が、一八九〇年代に、後に自然主義作家となる田山花袋（一八七一―一九三〇年）と友情を交わすところから始まる。後に花袋が語ったところによれば、当時の国男は情熱的な理想主義者で、丸善の洋書売り場の常連で、「例の巧《うま》い談話をして人々を喜ばせ[9]」る見目麗しい青年であった。どんな伝記にも典型的な文学青年であったと書かれているように、国男は伝統的な短歌と新体詩の両方の分野で活躍する詩人であり[10]、西洋文学を耽読し、勢い盛んな文学同好会龍土会の中心メンバーであり[11]、一九〇七年から〇八年にかけて活動したイプセン会の創立者の一人であった。柳田は文学界で目覚しい活躍をみせており、小説の種をふんだんに提供する存在でもあった[12]。

しかし、一九一〇年の時点では、もはや青年の域を脱した柳田は文学に辟易していたようである。十代の頃の文学への関心は、一八九七年に東京帝国大学法科大学に入学し、農政を専門とすることを決意したころから、別の方向へ向かうようになる。すでに官僚として一定の立場を得ていた一九〇九年には、雑誌への寄稿等で文学に割ける時間はほとんどないことを認めている[13]。余暇の不足も一因ではあったが、小林一郎によれば、「実験したものを直ぐ書く」だけの文学仲間の狭い視野にも、柳田は違和感を抱いていた。文学界の動向に不健全な自意識の過剰を感じた柳田は、「『文学』を捨てて『民俗学』に行く」ことになったと、小林は述べている。[14]

文学との訣別に関連しては、同時代人によるさまざまな証言をもとに、柳田が、文学は果たして現実の出来事と関わる誠実で有意義な方法であるか、疑いを強めていたことが指摘されている。正宗白鳥は、龍土会の会合で興奮した柳田が突然立ち上がって次のように発言したことを回想している。「諸君、田山君が僕の話した樺太の事を小説に書いてゐるが、あれは間違ひだらけです。[15] それから僕は日常、自由に生活する權利を持つてゐるのに、僕の生活に立入つて、何かと書立てられるのは甚だ不愉快です[16]」。この白鳥の回想が手がかりになったと推測されるが、小田富英や岡村遼司は、さらに花袋の小説『妻』（一九〇九年）の記述に、柳田が文学の世界に不満を抱いていた証拠をみようとしている。主人公中村と語り合う若い大学生の西は、小田および岡村によれば柳田自身をモデルとするが、作家など正当な職業ではないと指弾する。

詩を作るばかりが人間の務めではないいさ。〔中略〕實際の人々はそんなことを眼中に置いて居はしない。文學の存在などを知つてゐるものは普通の民の萬分の一、それよりも少い。〔中略〕けれど僕は文學が目的ではない、僕の詩はデイレツタンチズムだつた。もう僕は覺めた。戀歌を作つたツて何になる！　その暇があるなら農政學を一頁でも讀む方が好い。[17]

ここで西＝柳田は、文学はふつうの人が手に取るものでもなければ役に立つものでもないと述べて、詩あるいは文学全体の価値を否定するかに見える。代わりに農政学という、（農業を営む）民衆と明確なつながりを持つ実学が持ち出されることは、翌年に現実の柳田が『遠野物語』を執筆した動機が、文学とはほとんど無関係であったことを示唆するかに見える。

『遠野物語』を著者個人の志向や生涯の目標という文脈で読むことによって、このテクストをその文学的側面に着目して読むという、等しく有効なもう一つの読みが遮断されがちだったことは明らかである。もっとも、『遠野物語』が、『後狩詞記』や『石神問答』とは異なり、柳田の作家としての才能と常に関連付けられてきたことも見逃してはならない。作品の題材を提供したのはたしかに佐々木だったが、テクストとしての『遠野物語』が柳田のものであることは疑いない。柳田の専門分野はその長い人生の中で変遷をたどった。だが、柳田の文才と詩人としての力量は一般に高く評価されてきた。その流れから自然に、『遠野物語』は、少壮民俗学者の業績としてだけでなく、作家柳田国男の軌跡をたどる指標としても評価されてきた。柳田の作家としての評価は一九七〇年代ににわかに高まり、恐らくはこの勢いを借りることで、三島由紀夫（一九二五—七〇年）や吉本隆明（一九二四—二〇一二年）などの作家・評論家は、『遠野物語』をやや遅まきながら日本文学の古典に加えることができた。[18] しかしながら、柳田を文学作家・翻訳家として理解する本当の意味、特に『遠野物語』の著者柳田をそのように理解することの意味は、（残念ながら）ほとんど議論の対象となってこなかった。

『遠野物語』をそのように読むためには、一九一〇年の柳田が、同時代の日本文学の議論にまだ深く関与していたということを考慮に入れなければならない。一九〇七年から〇九年にかけて、すなわち『遠野物語』刊行の直前の時期、柳田は雑誌『文章世界』（一九〇六―二〇年）にいくつか短いエッセイを寄せている。この雑誌は柳田の友人田山花袋が主宰する、当時の文学界では重要な意見交換の場であった。[19]これらの文章は、初期の柳田の文学に対する忠誠をある程度公的に記録したものと言え、『遠野物語』を文学作品として読む鍵を提供してくれる。柳田は、自分自身を文学を愛好する本の虫とも、文壇の局外者で、より広い社会的視野を持つ人間であるとも位置づけ、自分がものを書くのは「職業としてゞはない」と強調している。ある文章では、仲間たちに対してしびれを切らしたかのように、最近の作家には「〔役人の趣味に〕うまくはまるやうな書物がない」と不満を述べる。[20]しかしながら、一方でこのように距離を置こうとしつつ、柳田は文学の文体や内容といったことがらについて個人的な思い入れをにじませた論を展開し、その批評にも改善の方策や進むべき方向への示唆がちりばめられている。これらの文章を見ると、文体や内容について次第に明治後期文壇の主流とは相容れぬようになったにもかかわらず、柳田が基本的には近代文学の発展を支持していたことがよくわかる。

　これらのエッセイは、熱烈な「文学青年」と成熟した民俗学者を結ぶ糸であるだけではない。そこでは、柳田が後に『遠野物語』で実践することになる文学概念の模索も行なわれていた。具体的に言えば、明治時代後期の「物語の写実性」をめぐる論争において柳田の立場が次第に主流から外れていった様相、すなわちジェラルド・フィーガルがいみじくも「自然主義派の著作活動の転覆」と表現した様相[21]が明らかになるのである。柳田は、彼自身にもその文学仲間にも重要で、互いに関連する二つの問題を論じている。すなわち、（1）効果的で写実的な近代的文学の文体の開発の問題と、（2）作家は作品の題材をいかにして選択すべきか、という問題である。これらのエッセイで柳田は、文学のテクストと「事實」

とがどのような関係を取り結ぶのかを自ら理解し、明確にしようともがいている。

直接の知己に配られた『遠野物語』初版は、この議論の延長線上に具体例として提示されたものである。それは、もっぱら民族誌的観点から真実性に迫っただけでなく、写実主義的な語りをめぐる当時の動向をふまえて、文学の見地から真実性を追求したものでもあった。よく知られているように、『遠野物語』序文で、柳田は「自分も亦〔佐々木の話に〕一字一句をも加減せず感じたるまゝを書きたり」と述べている。[22] 真実なのだというこの主張は、ある意味で、ものごとをありのままに描くという自然主義の責務を一風変わった形で言い替えたものにも読める。本文によく表れているように、遠野の風景を「目前の出來事[23]」として読者に感じさせるにあたって、柳田は、言語上の工夫や語りの上での工夫に強く依存する。『遠野物語』は実在の場所によって表象されるテクスト外の現実を指向するだけではない。外部に参照すべき対象を持たない写実性、すなわちテクストそのものによって作りだされる写実性をも志向しているのである。

明治後期文壇において、広く承認されたばかりの日本近代文学の考え方と、選択し得る多様な物語創作の可能性との間に生じ始めていた齟齬を、柳田は、型にはまらない立場から驚くほどはっきりと露わにしてみせた。柳田が相手にしていたのは、文学表現における真実をめぐって芽生えつつあった「期待の範囲[24]」だった。そう認識することで、『遠野物語』は「現在の事實」を表すとする柳田の主張は、文学的美学の別のあり方を主張したものであったと読み直すことができる。柳田のテクストに表れ出ている、文学の主流を転覆せんとする「感性[25]」が等閑に付されてきたことは、二十世紀の言語や語り、そして学問の進展の残念な結果である。『遠野物語』の写実性を発見するため、今日の読者は、柳田が立ち向かったのと同じように、文体やジャンルに関する慣習と闘わなければならない。以下では、手始めに文体に対する柳田の見解を検討した上で、内容に関する柳田の取り組みを見てゆきたい。そのために、『遠野物語』で用いられる戦略と、柳田の文学仲間が用いた戦略のいくつかを比較し、柳田が『文章世界』に寄せた文章で述べた立場とも比較してみることにする。

転覆せんとする文体

> 今の技巧論者は想に伴はざる文章を作り、心にもあらざる虚偽を紙上に聯《つら》ねて、以てこれ大文章なり、美文なりと言はうとして居るやうである。今更言はんでも解ったこと、文章は意達而已《いたつするのみ》で、自分の思ったことさへ書き得れば、それで満足である。拙《つた》なからうが、旨《うま》からうが、自分の思ったことを書き得たと信じ得られさへすれば、それで文章の能事は立派に終るのである。[26]
>
> ——田山花袋「露骨なる描写」（一九〇四年）

『遠野物語』が自然主義の作品と明確に異なる第一の特徴は、擬古文を用いる点である。柳田の友人であり、上の引用でその弊害を指摘する田山花袋は、「蒲団」（一九〇七年）に代表されるように、この頃から自分の作品に、より効率的でより装飾的ではないとされる口語体を用いていた。今日では、少なくとも英語に関するかぎり、文体がその人の思想をはかる指標とされることはほとんどない。少なくとも内容以上に問題となることはないだろう。しかし明治時代の日本では、近代的口語による文学的文体の確立は、近代的「国文学」の確立と同義であった。文体をめぐる議論が、言語による近代的自己意識定立のための作家たちによる格闘を意味したという文脈からすれば、口承の物語を柳田が口語体以外で捉える選択をしたことは、単にあまのじゃくであったり懐古趣味に浸ったりしただけでない、意識的な戦略であったと見なくてはならない。『遠野物語』の行文は、一見、花袋が厳しく断罪する伝統的な「技巧論者」を想起させるかもしれない。だが皮肉なことに、ここで柳田が一貫して採用する文語体は、実際には美文を目ざしたものというより、真実を優先させようとした試みなのである。

文学テクストに文語を用いること自体はとりたてて変わったことではなかった。二葉亭四迷（一八六四―一九〇九年）の先駆的な実験作『浮雲』（一八八七年）は、新しい口語体で同時代の物語を描いていたが、明治中期の読者にとって読みやすいものではなかった。対照的に、森鷗外（一八六二―一九二二年）の成功作「舞姫」（一八九〇年）は、近代的な題材に対してより古典的な文体を用いている。鷗外をふくめ、国木田独歩（一八七一―一九〇八年）ら革新的作家たちは、次第に日常語を多用するようになってゆくが、一九一〇年時点においても、口語体は文学の様式としてまだ完全には確立していなかった。一九一四年に書かれた文章で徳田秋声（一八七一―一九四三年）は、「［一九〇六年に島崎藤村の］『破戒』が世に出た頃においても言文一致は社會的に確立しない」と述べている。[27]ただし一九一〇年頃になると、文語は主に古風な印象や歴史的雰囲気を加えるために用いられるようになりつつあった。[28]花袋などの自然主義派は、上の引用にも見えるように、広汎な文章知識を持つ作者（および読者）を利する伝統的な文体や迂遠な表現より、言文一致の簡素な言語のほうが彼らの「思つたこと」に近いとはっきり感じていた。『遠野物語』であのような擬古文の文体を用いた柳田の特異な点は、あの文体を採用したことそれ自体ではない。物語の写実性を作りだすには口語体がふさわしいと考えられていた風潮があったなかで、あのような文体を採りつつもテクストの真実性を主張し、「現在の事實」について書くのだと表明した点にあるのである。『遠野物語』刊行直前に執筆された『文章世界』のエッセイにおいて、柳田は、ほかの同人とともに、文章中に「事實」を表現する上で文体が果たす役割についてあれこれ考察している。「写生と論文」（一九〇七年）では、それまで文章は自己を表現する「目的を達することが出來なかつた氣味のあつたのを」自然主義の好む写生文が「破つた」のであり、その結果として「見たまゝ、聞いたまゝを、飾らず僞らずに」書くことが可能になったと認めている[29]。ここで柳田が言文一致にもとづく写生文を支持し、その写実性の可能性に触れたことは、口語体への花袋の情熱と響きあっているかに見える。しかし、新しい口語体こそ現実を表現し得るという考え方は、柳田にとって絶対ではなかった。柳田は、従来の文体であっても、読者に馴染みのあるものだけに、近代的で写実的な語りを生み出すのにふさわしい表現力を持つと信じていた。翌年になると、自然主義派は「聯想」などを「一切御免蒙つて」「新たなる語《ことば》」を用いようとするため、彼ら自身にも読者にも不必要にものごとを難しくしているのだ、と柳田は評するようになる[30]。その後も柳田は自らの見解を修正し続け、写生文を含む口語体は、その支持者が主張するほど率直とは限らないと示唆するに至る。

柳田は明らかに率直さに重きをおいてはいたが、「西洋風[31]」の刈り込まれた口語体がそれまでの慣行を凌駕しつつあるのを見て、口語体への確信は衰えた。柳田は、ドゥルーズが言うところの「言語における文学の作用」の可能性をはっきりと認識していた。それは「ある種の外国語、ただし別の言語でもなければ、取り戻された方言でもなく、言語が他者になること」という意味での文学の作用である[32]。柳田は、勢いを増す文学運動を支えた彼の仲間たちとは異なり、文学の言語はなお、実際の外国に頼らずとも「支配的システムから逃れる魔女の飛行経路」[33]になり得ると考えていた。一九〇九年、すでに自分の立場が広く共有されていないことを認識していた柳田は、人々に親しまれた文語体である候文こそが、思考や経験を忠実に表現するのに適しているのではないかと発言した。「時代後れ」であるように見えて、候文は実際には他の多くの文体よりも「簡潔で、品格があつて、且つ自由なもの」である。また「私はあの文體で、何かしつかりした本を書いて見たいと思つて居る位である」というのである[34]。翌年に発表された『遠野物語』は、この着想にしたがい、柳田なりに「他者になる」言語を実践してみせたのではないか、と思わずにはいられない。

柳田は、古風と感じさせる文体を近代的意識から使用した。そうすることで、ありきたりな二項対立を乗り越え、馴染み深くもあり、異質にも感じられるテクストを作りあげている。事実、『遠野物語』における文語の使用は、当時の文学に関わる議論と密接に関連している。それは言文一致体によらずに写実性を生み出そうとした、綿密に考え抜かれた試みなのである。柳田はモーリス・メーテルリンクの戯曲『侵入者』を「深刻に痛切に現實的」と称賛し、『遠野物語』第二二話を自らこれになぞらえた[35]。この第二二話を、柳田の堅い手応えを持つ文語技法のすぐれた例として取り上げてみよう。柳田の文体は作家としての一つの型を成している。それは重苦しくはなく、滑らかで引き締まっており、代名詞や主語を示す表現を省略し、語末表現によって動詞の相《アスペクト》を明確にするところに特徴がある。

二二　佐々木氏の曾祖母年よりて死去せし時、棺に取納め親族の者集り來て其夜は一同座敷にて寢たり。死者の娘にて亂心の爲離縁せられたる婦人も亦其中に在りき。喪の間は火の氣《ケ》を絶やすことを忌《イ》むが所の風なれば、祖母と母との二人のみは、大なる圍爐裡《キロリ》の兩側《リヤウガハ》に座《スハ》り、母人は旁《カタハラ》に炭籠を置き、折々炭を繼ぎてありしに、ふと裏口の方より足音して來る者あるを見れば、亡《ナ》くなりし老女なり。平生腰かゞみて衣物《キモノ》の裾《スソ》の引ずるを、三角に取上げて前に縫附けてありしが、まざ〳〵とその通りにて、縞目《シマメ》にも見覺《ミオボ》えあり。あなやと思ふ間も無く、二人の女の座れる爐の脇を通り行くとて、裾にて炭取にさはりしに、丸き炭取なればくる〳〵とまはりたり。母人は氣丈《キジヤウ》の人なれば振り返りあとを見送りたれば、親類の人々の打臥したる座敷の方へ近より行くと思ふ程に、かの狂女のけたゝましき聲にて、おばあさんが來たと叫びたり。其餘の人々は此聲に睡を覺し只打驚くばかりなりしと云へり。[36]

この話は『遠野物語』の中では長いほうの部類に入る。だが、あくまで簡潔である。それは、前近代の文体が必ずしも過剰な修辞や迂遠な表現と同義ではないことを実証している。花袋は『遠野物語』の擬古典的な文体を「印象的、藝術的」なものであるとして否定したが[37]、第二二話に限らず、柳田の散文に美文調のところはひとつもない。柳田が作品全体を一貫して用いる文語体は、ジャーナリズムや学術の分野で広く好まれた文体でもあった。[38] 明確さと効率がもっとも重視されるこれらの分野において、文語体は様式として確立しており、事実にまっすぐ即しているような調子を語りに対して与える。佐々木の方言がどのように聞こえたかはテクストからまったく読み取れない一方、花袋ら自然主義の作家たちのそっけない直截を想起させる、引き締まった文体である。

しかしながら、柳田が文体によってこのような効果を生みだしたのは特異なことであった。柳田は、自然主義派の仲間たちとは異なり、内面の独白を行なったり、物語の導入部で登場人物の個人的背景や経験を長々と説明したりすることはない。そのような西洋の小説から取り入れた手法を用いて登場人物の行動の動機を示したり、読者の感情移入を促したりしない[39]。その代わり柳田は、第二二話に見られるように、想や行為が続く限り一文を続けることができるという、文語に本来備わる力を利用して、読者の感情を呼び覚まそうとする。動詞や助詞によって結ばれる節は、電報を打つかのように、短く勢いのある情報を連ねて、臨場感や期待感を醸成する。たとえば死人が炭取を回転させる場面は、いくつもの節を連ねた長めの文で語られる。そこでは、畳み掛けるような文体が、その場に居合わせた人間の固唾をのむような驚きを再現すると同時に、幽霊が現実世界へ侵入してきた唐突さと、出来事の否みがたさを際立たせる。ただし、ここに登場するのはどんな人なのか、何を考え何を感じているのかは、まったくわからずじまいである。

口語体を作り出した人々は、意識的に文語から離れるため、主語をより明示的に示す表現や代名詞を用いた。写実主義文学は、そのようにして実現した「直接性」を広く喧伝したが、柳田はこれらを用いることなしに、同じく「直接的」な調子を生むのに成功している。多くのヨーロッパ言語が持つ特徴である代名詞は、特定の人物を普遍的な語で指し示す方法であるが、自然主義作家たちはこの方法をそのまま模倣することで、「著者、語り手、主人公、読者、テクストそしてサブテクストの間の調和をひどく乱している差異の多くを乗り越え」ようとした[40]。対照的に、『遠野物語』の柳田は、これとはまったく異なる手法で読者を釣り込もうとしている。「彼の」や「彼女の」は一度も使わず、人物の名前すらしばしば省略される[41]。第二二話では、主語を示す表現は比較的多く用いられているが（かの狂女、老女など）、緊張の高まる場面には現れない。主語の明示を欠く二つの文のうち、はじめの文で幽霊の着物に気付くのはおそらく母親の方だが、続く二番目の文で「あなやと思ふ間も無」いのは、厳密に言えば母親に限らず誰であってもよい。

この技法は、「彼女」あるいは「母」を通すことで経験の主体を限定するのとは異なり、読者が一時的に母親の立場に身を置くことを可能にする。このような消失の技法、すなわち人物の一時的な昇華は、ほかの話にも観察される。特に、口語体で書くならば一人称の語りがもっともふさわしいと思われる話に顕著である。たとえば第八七話の冒頭は、主語を示す表現なしに「人の名は忘れたれど」で始まるが、これは“[I] have forgotten the person's name”あるいは“The person's name has been forgotten”と訳すことができる[42]。英訳をする身からすれば、これは腹立たしいほどあいまいな文だが、原文では、読者に直接語りかける全知の声のように、まったく中立的に響く。『遠野物語』には「行方不明」の主語が数多くある。だがその不在により、読者はさまざまな視点を試すことができるし、その一つひとつを通してその場に行ったような、遠野を「目前の出來事[43]」とするような感覚を得ることができるのである。

物語では登場人物が社会的、地理的にどこに位置づけられ、家族のなかでどういう立場にあり、相互にどう関係するかが明確にされる。そのため、柳田が主語を示す表現を用いる時にも、それらは一人の人物のみに依存する視点を示唆するわけではない。むしろ、物語に登場する人物たちが属する共同体の中で、暗黙のうちに了解されるさまざまな関係を通じて、視点が投影されるのである。たとえば第二二話の第三行目には、佐々木の母と祖母という二人の主要人物が登場するが、単に「母」と「祖母」とすることで、「佐々木氏」との血縁関係の近さが言外に示される。その一方で柳田のテクストは、佐々木の大叔母については、死者の血縁でありながら親族から疎外されていること、難しい立場にあることを、その呼び名によって明確に示している。「死者の娘」や「かの狂女」といった遠回しな表現では、彼女と佐々木氏が具体的にどう関係するかは推量するほかない。

こうして呼び込まれる集団的視点は、人物の関係を効率的に提示するだけでなく、読者を話の輪の中に取り込む作用を持つ。冒頭で言及される佐々木も、幽霊を目撃する彼の母も、読者の経験を支配することはない。彼らは読者が自らを重ね合わせる存在としては機能しない。そうではなく、読者が登場人物と同等の立場で物語の世界に入り込めるよう、人物の提示が行なわれる。登場人物たちが属する共同体の階層秩序から、読者が言語的に疎外されることは一切ない。たとえば、炉端に座る「氣丈の」女性を「佐々木夫人」とか「佐々木の母」とすれば、共同体の外に対して彼女の立場を説明することになる。それを、この話では単に「母人《ははびと》」と呼ぶ。これでこの女性との心理的一体化がおこるわけではないが、このようなくだけた呼び名が用いられることで、読者は親密さを覚え、一時的に共同体の中の一員として彼女と結びつき、彼女が誰か説明されなくてもよい立場に身を置くことになる。(44) 反対に、狂女に言及する際には距離を置くことで、読者が彼女の立場に身を置くことを防ぎ、彼女の存在が他の親族に与えている居心地の悪さを共有するよう促す。

主語を示す表現（あるいはそれが示されないこと）は読者と行為との距離をつねにうまく調整する。一方『遠野物語』における巧みな語尾表現は、読者の時間認識を微妙に操る。柳田は、「説明に用いられる語尾表現『である』」が「圧倒的多数の口語体小説が最終的に選んだ繋辞《コピュラ》」となっている時代環境(45)で、意図的に文語の動詞語尾を用いている。西洋文学から取り入れた文体上の革新を示す繋辞「である」は、ある種の写実性を実現するのには有効な選択であった。これは英語における“it is”の現在時制を模倣したもので、「主人公の感情を超越的な言語上の事実[46]」として表現することが可能である。人物の心理風景という主観的内容は、読者が消費するために提示された、議論の余地のない、外面化された真実となるのである。ただし、「である」が語りを冷静な直接性で満たすのは確かだが、歴史的な深みは欠く。『遠野物語』に収めた「真実の物語」が、過去と現在の連続を示すことを強調しようとした柳田は、「である」の平板さに満足できなかった。その代わり彼は、文語の動詞語尾に動作の相《アスペクト》を担わせることで、これらの物語の語ることは、現代の読者に直接関係するのだという感覚を作りだした。

『遠野物語』の序で、柳田は、ここに収録された物語は今昔物語など中世の説話集を読者に連想させるであろうが、そうした往昔の作品と『遠野物語』の物語は何ら類似性を持たないのだと断言する。「其當時に在りて既に今は昔の話なりし」今昔物語などとは異なり、『遠野物語』の話は「現在の事實」を写すのだ、と言うのである[47]。柳田が採る擬古文は、はじめは前近代を想起させるかもしれない。だが実際には、現在（あるいは少なくとも直近の）出来事を伝えているという彼の主張を補強するために用いられる文体である。吉本隆明が指摘するように、これらの物語は、今昔物語に典型的な「今ハ昔」や「トナム語リ伝ヘタルトカヤ」といった定型句によって、歴史的に遠い過去のこととして示されることはない[48]。同様に、柳田は中世の説話に典型的な「けり」という助動詞を用いない。「けり」は型として「伝承から得た過去の情報[49]」を示す役割を果たすとされるものである。

『遠野物語』は、中世説話の遠い過去に自らを委ねることなく、文学における先例の権威を引き出すことに成功している。「と云へり」という結語により、第二二話は、説話がしばしば占有する時間的に曖昧な空間に置かれると見えるが、柳田によって「し」「たり」「り」等の助動詞が柔軟かつ創造的に使用されることで、語られる出来事は「昔々」のことではなく、すべて最近の（ただしいつのことか特定されない）過去に起こったことであると示唆されることになる。その結果、話には現代的な、しかも時代を超越した味わいが加わる。この話の七つの文のうち、三つの文の締め括りに用いられる「たり」という語尾には、特にこの効果が著しい。この語尾には「部分的に重なる三つの用法」があり、「行為や過程の完了」や、「完了した状態の継続」を示し得るが、保留や「行為や状態の継続」をも意味し得る。[50] もちろん話の中の出来事はすでに「起こって」いるわけだが、「たり」「し」「り」の持つ動詞の相は、出来事が時間軸において正確にどの時点にあるかではなく、その瞬間の迅速な事態の展開の方へ注意を向かわせる。英訳を試みるとして、過去時制を用いては、これら動詞語尾の持つ即時性を正しく表現することは不可能である。たとえば佐々木の母が振り向いて近付く人物を認める場面は、"It *is* the old woman." と訳してもよいくらいである。時制《テンス》よりも相《アスペクト》を強調する動詞語尾が積み重ねられることで、口語体の持つ永遠の「現在性」に匹敵し、しかも質的には異なる、何者も介在しない直接性が獲得される。語られる出来事が信ずるに足るものであること、それがいまなお大きな意味を持つことが強調される。

『遠野物語』が明らかにするのは、口語体には写実的な語りが結びつくとする現在の通念が、観念的なものであって、絶対ではないということである。より正確に言えば、ただ一つの文体を以て「事實」を十全に捉えようとしても不十分だという主張が、これにより雄弁に支持されることになる。一九一〇年時点で、『遠野物語』の文語体の写実的効果を認めた読者がただ一人いる。それが柳田の「情報提供者」

である佐々木喜善その人であったことは、十分に注目に値するだろう。送られてきた『遠野物語』を読み、ただちに柳田へ宛てて書いた手紙のなかで、佐々木は「かつて私の口よりお話上げし事のある物語ともおぼえず」と前置きをした上で、それでも「再びと《ママ》私は村の人に就いてかの物語をきくのと、ちつとも変らざる興味と心行く境に導かるゝ思ひを味ひ申候」と述べる。何より重要なことは、このような印象を生みだしたのが柳田の文体の力であったことを、自分自身は口語体を用いたこの小説家志望の青年が認めていることである。「若し此れを言文一致となしたらば、かくまでの趣きも或はなかりしならんと思ひ申候。[51]」佐々木にとってみれば、文語体の有する歴史的先例こそ、自然さを保証する後ろ盾と写実性を話に付与していた、とも言えるだろう。話の信憑性が佐々木の声には由来していなかったのだからなおさらである。佐々木自身の声はほとんど消されてしまっていた。[52]

内容への再注目

物語の興味が田舎の人物の感情や行動にある場合も、当時の作家にはそれを間接的に語る傾向があった。たとえば田山花袋の『重右衛門の最後』（一九〇二年）は、田舎を題材としたことで柳田から一定の評価を受けた作品であるが、[53]長野県山間部のとある村で起きる出来事を語るのは、都会から来た語り手である。語り手は物語の主要登場人物であり目撃者であるが、そのために、重右衛門という復讐に燃えた悪魔のような男に対して村が下す残虐な処罰の描写では、語りは恐怖に染まることになる。さらにこの語り手は、出来事から見えてくる日本の田舎の考察を述べるのではなく、ロシア文学との共通性を話題にする。「〔重右衛門は〕本當に我々がツルゲネーフの作品に見る魯西亞の農夫そのまゝ」であった、と語り手は語りはじめる。そして、語り手にとって出来事が持つ意味は、次のような抽象的な哲学的感傷によって総括される。「自分は〔中略〕確かに自然の姿に接した」(54)のであると。同時代の作家たちの物語同様、花袋の作品には、田舎《カントリー》とはもう一つの別の国《カントリー》なのだという、明確な（そして当たり前だと受けとられている）感覚が含まれている。その別の国とは、郷愁を掻きたてる一方で、今日の生活とはほとんど関係を持たない場所である。そればかりか、田舎の人々は心理的に理解不能な〈他者性〉を持つゆえに、自分たち自身の物語の主人公たるにはどうやらふさわしくなかったらしい。

　田舎を題材にしようとするなら、決まった類型の語り手が仲介の役目を果たすような工夫が必要だと考える風潮に対し、小説家たちは文学と日常生活の間の断絶を深めていると、柳田は批判した。全国農事会嘱託幹事として、貧困にあえぐ農村を頻繁に訪れていた柳田は、都会と地方の生活の二分化の進行を鋭く感じとり、経済の格差がものの考え方においても格差を生む状況を克服する役割を、文学作品に期待していた。「〔政治と文学の〕兩者を接近せしめ」るため何とかしなければならない、と柳田は一九〇七年に述べた。そのためには、現代の作家を自己撞着から脱せしめんがため、「今の作家の先生方を軍隊のやうに地方々々に派遣して、田舎者を寫すもの、老人《としより》子供を寫すものと、かう専門にでもしたらば」どうか、と柳田は言う(55)。

　柳田はまた、飾らない記述を持つ江戸時代の地理書には、自然主義小説に負けず劣らず正確な「凡人の心持」の表現がみられるとし、地方を題材とするに際しての別の方法を提案する。この提案において柳田は、物語の写実性が意味するところを大胆に押し広げている。柳田は、『尾張誌』から、亡き子の供養にその名を刻んだ橋を建てた母親の物語を取り上げ、こういった話は「古も今も人情に變りのないといふこと」を感じさせる、と述べる。柳田によれば、これらの話は自然主義の作品と同じように、「少しの誇張も修飾もない在りのまゝの事實」を描き、「全く眞情の流露した文面」を持つという。(56) 地理書は、複数の短い話を連ね、軸となる中心人物を登場させない。そのようなテクストによって「眞情」を捉えうる可能性を高く評価していることから、人間心理の写実的描写は自然主義の独占物ではないという柳田の確信がうかがわれる。さらに、語りの写実主義とは主体的な個を持つ都会人の心理を掘り下げることだとする、当時広く受け入れられつつあった考え方に、彼が疑問を抱いていたことも見えてくる。

明治後期の文芸に見られる心理的写実主義は、登場人物の思考を細かにたどることに集中する傾向があった。対照的に、柳田のテクストは個人の精神の領域には踏み込まない。個人の意識は私的領域に属するという考え方に、正面切って反対しているとすら言うことができる。柳田は人々の意識に近づくため、内面独白のような窃視趣味的な技法に頼るのではなく、社会において、あるいは共同体において構築される意識を提示する。たとえば第九七話は、夢または幻覚、すなわちもっとも個人的な体験の形態を取るが、遠野の世界を覆う共同体と自己の融合をほぼ文字通りに表現している。

九七　飯豊《イヒデ》の菊池松之亟と云ふ人傷寒を病み、度々息を引きつめし時、自分は田圃に出でゝ菩提寺なるキセイ院へ急ぎ行かんとす。足に少し力を入れたるに、圖らず空中に飛上り、凡そ人の頭ほどの所を次第に前下《マヘサガ》りに行き、又少し力を入るれば昇ること始の如し。何とも言はれず快し。寺の門に近づくに人群集せり。何故ならんと訝りつゝ門を入れば、紅《クレナヰ》の芥子《ケシ》の花咲滿ち、見渡す限も知らず。いよ〳〵心持よし。この花の間に亡《ナ》くなりし父立てり。お前も來たのかと云ふ。これに何か返事をしながら猶行くに、以前失ひたる男の子居りて、トッチヤお前も來たかと云ふ。お前はこゝに居たのかと言ひつゝ近よらんとすれば、今來てはいけないと云ふ。此時門の邊にて騒しく我名を喚ぶ者ありて、うるさきこと限なけれど、據《よんどころ》なければ心も重くいや〳〵ながら引返したりと思へば正氣付きたり。親族の者寄り集ひ水など打ちそゝぎて喚生《ヨビイ》かしたるなり。[57]

第九七話は明らかに個人の体験を語っている。だがその語りは、潜在意識下の想像と個人を取り囲む共同体の客観的な「実在」世界の間を継ぎ目なく行き来し、両者の境界をぼかすことで、私的な自己というものが別個にあるとする考え方を解体に導いている。はじめの文で、われわれは、松之丞は近所に散歩に出たのだと思わされる。次の文では、彼は心地好い夢を見ているのだろうと推測する。松之丞が実際には臨死体験をしているのだと気付くのは、ようやく彼が死んだ父親に出会う段になってからである。個人の想念を共同体の体験に深く結び付けているのは、意識を失った松之丞が村の（モノとして）実在する場所に行き、心のなかで遠野の実際の風景を飛行するところである。土地で信じられているとおり、彼は村人が死後行くと思われている実在の寺、既に亡くなった親族が待つ寺の境内へ「飛んで行く」。まだ生きている彼の親族同様、死んだ父と息子は、松之丞を境内に留まらせまいとする。その瞬間の松之丞は、父と息子がいるところへ行きたいと願うのだから、彼らは単に松之丞の想像力から生まれた幻想だということにはならない。

想像と現実の融合、死者と生者の融合は、物語の末尾で頂点に達する。松之丞が親族の呼ぶ声を聞く時、彼らは夢の中で寺の門の外に立っていると思われるが、〔現実では〕松之丞の病床を囲んでいると推測される。松之丞やその他多くの登場人物にとって、現実の遠野と精神世界の遠野は互いの鏡像であり、いずれにおいても、全ての住民が同じ社会規範や文化的慣習に支配されている。睡眠状態と覚醒状態の境界的状況をめぐる他の物語と同様[58]、第九七話は、個人の経験が共同体の想像力の表現と見なされることを語るような、心理的写実主義というものがあることを主張している。松之丞の個人的なドラマからは、思考や信仰という内的心理過程と、共同体内で共有される外界の風景を結びつけることで、人々の「眞情」を探ろうとする柳田の試みが浮かび上がる。死の世界を想像する時ですら、松之丞はそれを彼が属した共同体が再現されるものとして思い描く。それは、彼が実際に暮らす近隣の土地に、親族の亡霊たちが住む世界である。

生者と死者がともに共同体を構成する世界、そして共同体の延長としてさまざまな超自然的存在が取り込まれる世界の「リアルさ」は、第二二話（上述[59]）やその他多くの物語に明らかである。村の女が河童の子を産む話（第五五および五六話）、道で出会ったのが人の子ではなく座敷童であった話（第一八話）、失踪した女性が山中で暮らし山人の妻となっていた話（第六および七話）などである。また、夫を捜すために一時的に（かつ無意識に）狐の体を借り、山中に分け入る女性の話（第一〇〇話）もある。これらの物語は感情を交えずに語られ、現象に解説を加えようとも、現象を読者から遠ざけようともしない。このことは、遠野の人々の精神的生活が形をとって現れ出たものを、額面通り――「在りのまゝ」に――受け取るべきであること、個人の心理の反映として解釈すべきでないことを、読者に対し強く示唆する。物語に登場する人物たち自身、そのような出来事を受け入れるのに困難を感じてはいない様子なのである。

柳田は『遠野物語』において、人々の心理が外に現れ出たさまを語る。それは、自然主義を奉じる彼の仲間たちが好んだ、内面として、観念として、かつ個人的なものとして現実を描き出そうとする姿勢や、そのような姿勢から導かれる合理的（かつロマン主義的な）自然観とは、はっきりと異なる。柳田が描くように、遠野の民にとっての現実とは、単に個々の人間が自分自身の経験や周囲について感じることではない。それは、物と心とが作る生態系であり、さまざまな自然の存在と自然を超えた存在とが、互いに影響しあいつつ関係を取り結んでいるところなのである。『遠野物語』のアニミスティックな自然の風景は、泉鏡花（一八七三―一九三九年）の「ゴシック」文学に描かれるものとも異なる。鏡花は超自然の世界の存在を擁護するが、それでもアイロニーを込めて描くし、しばしば人間世界と対立するものとして描く。[60]『遠野物語』では、人間は風景を自分の意のままに操ったりしない。自分達は風景の一部であり、その立場はいつでも変わり得るということを受け入れている。柳田の遠野は、取り立てて牧歌的な場所には思われないかもしれない。だが、互いとの絆や風景とのつながりを大切に思う人々を、アイロニー抜きで率直に描いた点で、印象的なのである。

東京の読者に向けて書く柳田は、都会の読者が知らない別の心理的風景へと彼らを誘い、読者にみずから経験させようとする。読者への手がかりとして、柳田は文語の多様な語尾や主語を示す表現を用い、読者に話中の人物と一体化してほしいと思う瞬間には、そっと物語の中に侵入し、テクストを操作する（第二二話および九七話）。『遠野物語』の語り手は実に柔軟な存在である。時には柳田（すなわち外部の観察者）の視点を取り、時には地元の伝承を夢中になって聞く聞き手の視点を取り、時には語り手自身の視点を取る。自分（および読者）と物語との近接度を、時には一つの話のなかですら絶えず変化させることで、柳田の語り手はしなやかさを獲得する。それは、一貫した超越的第三者の語り――彼の文学仲間の多くが懸命に求めた理想――を生みだすための統語法や小説的約束事のもとでは不可能なことであったろう。超越的第三者の語りを重んじる立場に抵抗した柳田は、はるかに柔軟な語り手を作り出す。それは「話中の人物であると同時に、物語を生成し、つながりを確立し、過去の痕跡を取り戻し、そして行為《パフォーマンス》に意味を見出す手段である」。[61]

われわれは物語の序文において語り手と出会う。彼は、自ら語る序文と物語の本文とを慎重に結びつけることで、読者を遠野の世界の奥へと誘う。序文にあらわれる柳田らしき語り手は、外部の人間のように見える。彼は土地についてよく知ろうと馬を借り、獅子踊の祭を見ては「猶旅愁を奈何ともする能はざりき」と不平がましく述べる。[62] しかし、序文にもそれに続く物語にも一貫した文語の「声」が用いられており、実際には彼はすでに風景のなかに自分を滑り込ませている。「自分」は第一話以降は消えるため、番号の付された本文の物語は、はじめ序文とは質的に異なるテクストに見えるかもしれない。しかし、序文に引き続いて同じ文語体が用いられるため、依然として語り手がそこにいることが感じられる。これにより、序文の「自分」は、時間と空間の双方の意味で見晴らしのきく地点を移動しつつ、あくまで自分自身の立場から語り続けることが可能となる。物語に登場する田舎の人々が自分たちの声で語らない以上、『遠野物語』の均質な文体は、この語り手こそが物語を支配していることをあらわすことになる。[63] 物語が非直線的に進行する一方、継続性を示す連用形が連続使用されることで、内部へ移動したこの語り手と読者の視点の近さが維持される。柳田が常時使用する助動詞「なり」は、はっきりと「各発話の主体を明らかにする」(64)。さまざまな話の中に描かれる場所や人々のあいだに、どのような意味論的関係、時間的関係、地理的関係があるか、読者が把握することは難しいかもしれない(65)。ただ、案内役としての語り手がつねにそこにいるということは、はっきりしているのである。

読者を遠野の世界により深く組み込むのは、序文から最初の数話をひそかに貫いている語りの軌道である。読者はすでに、序文に述べられた二つの経験を共有することを通じ、語り手と同じ位置に立たされている。つまり、彼とともに「への字に似た」早池峰の山を眺め、道の傍らに捨て置かれた、土地の祭の名残である藁人形に目を留めるのである(66)。次に語り手は、この土地に不案内な読者に一風変わった旅行体験をさせるべく、旅の時期をお盆、すなわち死者の魂が生者を訪れに戻ってくる期間に定める。はじめの三話は、読者の視点を土地の人々の視点にすばやく同化させてゆく。上で見たように、その視点は五感で捉えられるこの世に、強烈にアニミスティックな見方を持ち込む。第一話は、地元生まれではない読者のための導入とも言える内容で、文字どおり遠野の位置を示す。「此地へ行くには花巻《ハナマキ》の停車場にて滊車を下《オ》り、北上川《キタカミガハ》を渡り［後略］(67)」。更に進み、第二話ではより抽象的な地理情報が語られる。母神が、遠野の城下町を取り囲む山々を、自分の娘たちにそれぞれ一山ずつ与える話である(68)。第三話では一転して話が具体性を帯び、佐々木嘉兵衛という老人のある体験談を語りだす。嘉兵衛はこの山々に入って狩をする男である。直前の話との関係ははっきりしないものの、嘉兵衛が山奥で撃った不思議な女は、「各三の山に住し今も之を領したまふ」（第二話）という女神の娘たちと、はたして何らかのつながりを持つのだろうかと、読者は思わずにはいられない(69)。こうして次第に読者は、現実の地理的空間を横切りながら、そこに内包される精神的世界の風景を学び、土地の人々の視点をみずからのものとする位置に立つのである。

物語の構造や文体のレベルで読者とのつながりを慎重に築きあげている点で、『遠野物語』の語り手がとる主体の位置は、当時の写実主義文学において独特であり、近代的主観性をめぐる文学的議論を代表してもいる。明治後期から大正にかけて出版された物語の多くは、『遠野物語』も含め、「自己の感覚と社会全体の間の齟齬に対して強まる意識を〔著者が〕表現することを可能にする文学形式」[70]である。柳田のテクストはこの問題に取り組むにあたり、社会と対立する自己を創造するのではなく、近代文学の自己という概念を語りによって解体する。心理的・文化的に互いに連関する個人が作り上げる世界を提示するにあたり、語り手は、私的領域を剥奪され、集団が等しく共有する「現在の事實」がどう見えるかを示そうとする。したがって、柳田が『遠野物語』において提示する近代的主観のモデルは、序文にあらわれる一見孤独な、社会的上層に属する旅行者でもなければ、物語にあらわれる迷信深い遠野の村人でもない。それは、旅行者と村人を結びつけ、個人と共同体を結びつけるべく物語を編んでゆく語り部を、近代に生かした語り手なのである。

ジャンル、翻訳、アイデンティティ

マリリン・アイヴィーが指摘したように、『遠野物語』は「一九一〇年時点のいかなるジャンルの規則にも従っておらず」、そのため何か「奇怪なもの」であるかに見られた。[71]確かに柳田の仲間の意見はさまざまであった。田山花袋はこれを「粗野を氣取つた贅澤」と呼び、否定的であった。[72]島崎藤村は研究というより紀行文学として読んだ。藤村は『遠野物語』のロマンチックで詩的な側面を捉え、柳田を「民族心理の研究者」というより、観察の鋭い旅行者と見なすべきことを主張している。(73) 幻想小説家として一家をなす泉鏡花は、近代文壇の部外者とも言えたが、『遠野物語』のテクストが持つ超自然的、異界的性質に、当然のごとく魅了された。彼にしてみれば「傳説異聞怪談」が「［柳田］氏が筆にて活か」されたのであった。(74) これらに続く評価、特に一九三五年の改訂後の評価は、『遠野物語』を仮に民俗学の範疇に置くとしつつ、柳田は客観性と信頼性に関し近代が要求する水準を認識できていないとの警告を添える。

ジャンルをめぐるその後の議論の展開により、『遠野物語』のジャンルとしての坐りの悪さは倍加した。日本文学研究において、中古・中世の口承文芸というジャンルはすでに確立しているが（これは柳田自身に負うところが少なくない）(75)、民間伝承が近代文学の一部と見なされたことはいまだかつてない。それは主に、このジャンルにおいては著者の役割が学問上無視されてきたからである。この「著者の不在」は、文学の世界で著者の権威が一貫して力を持ってきたことと、明らかに相反する。「文学」の読者は依然として独創性を期待する。それはたとえ「実話」に基づく作品であっても同じである。一方、民話（および民族誌等の隣接ジャンル）の読者は、一般的にいって「一つも漏らすところのない伝達」、つまり何らかの（外的な）事実や真実の正確な再現が行なわれていることを期待する。(76) 片や創作《フィクション》が読み込まれ、片や事実《ファクト》が想定される。この両極のあいだで『遠野物語』はずっと揺れ動いてきた。

『遠野物語』を別のジャンル――文学的翻訳――として読めば、このテクストが一九一〇年に持っていた意味はずっと明瞭になる。翻訳は、他者を進んで取り込むと同時に、自己を探求しつつ再創造する。

柳田のテクストも例外ではない。佐々木が語った土地の物語を自らのものとするなかで、柳田は、近代文学の主潮をなした議論に外来の要素を持ち込む。共有される自我という、柳田が『遠野物語』において押し出した発想は、仲間の文学者たちが作りあげた、個としての日本人の自我に、取って代わろうとするものである。にもかかわらず、テクストそのものが醸しだす感性は、しばしば指摘されてきた、伝統的で後向きの共同体と進歩的な近代的自我との明確な対立を、際立たせるわけではない。[77]『遠野物語』が書かれたのは「民俗学（フォークロア／エスノロジー）」と「文学」の区分がはっきり具体化する以前であり、柳田は翻訳者の立場を取ることで、語りと語りの主観性が常套として結びつく関係を問い直したのである。黒子《くろご》としての翻訳者の立場に守られながら、柳田は自我と共同体が交差するありさまを深く探求し、そこから写実的な語りを作り上げていった。そうすることで、より社会に関与する文学を創ろうとした。多くの翻訳作品同様、『遠野物語』は「奇怪な」つぎはぎなどではなく、異質な要素が入り交じる主観性を表現したものであり、近代の日本人のアイデンティティの問題を記述するばかりか、再考する助けともなるものなのである。

　同じような作品を二度と書くことはなかったが、後続の柳田の著作には『遠野物語』との共通点がある。それは、よく指摘される柳田の共同体的―国民意識への関心に限定されるわけではない。柳田は『遠野物語』をヨーロッパ留学中の多くの友人や同僚へ献じた。[78]そのことによって柳田は、物語の語り手が語りかける聴衆を、炉辺（語り部が陣取る場のお決まりのイメージ）に集う人々から、国民として包摂されうる場、すなわち声の直接性ではなく印刷メディアによって結びつけられる場が取り込む人々へと拡張する。後の柳田の著作の多くも、この語りの立場を共有している。そこから語り手は権威を持って、かつ親しげに話を語る。彼の主要な役目は、読者のために外来の題材を集め、述べ伝えることである。柳田が『遠野物語』以降に創出した、教育的で、実践的で、人を愉しませもする公衆向けの顔は、最終的に民俗学固有の語り口を生みだす。柳田はこれを主観性をめぐる――つまりはアイデンティティをめぐる――言説へうまく転換してゆく。それは、人々の人気の高い、ただし既存の観念を覆そうとする言説であり、国民的規模で展開されることになるのである。

（訳：中井真木）

本論文は Melek Ortabasi, "Narrative Realism and the Modern Storyteller: Rereading Yanagita Kunio's *Tōno Monogatari*," *Monumenta Nipponica* 64/1 (2009): 127-65 に加筆したものである。

原注

（1）『遠野物語』初版、序文、五頁。
（2）Deleuze, *Essays*, p. 4.
（3）初版本は三五〇部のみ刷られ、主に親族や友人に配られた。
（4）現在遠野市立博物館が所蔵する『遠野物語』の三種類の稿本の詳細については、石井正己『遠野物語の誕生』、特にその九―一二五頁を参照。
（5）一九五三年に柳田は佐々木と初めて出会った頃を回想し、東京に出てきたばかりの佐々木の言葉は、理解はできたものの標準日本語ではなかったことを述べている。「いろいろ話すが、なんとしても、ナマリがひどくて言葉が通じない。だんだんわかるようになりましたが」。石井正己『遠野物語の誕生』三六頁より再引用。後の『遠野物語』への批判の多くは、柳田が佐々木の方言による言いまわしを削ったことに向けられた。
（6）『遠野物語』序文、四頁。

（7）正宗白鳥「柳田氏について」四一〇頁。
（8）Ivy, *Discourses of the Vanishing*, p. 95.
（9）田山花袋『東京の三十年』三四九頁。
（10）たとえば一八九七年に柳田は、国木田独歩・田山花袋・太田玉茗・宮崎湖処子・嵯峨の屋お室とともに新体詩の記念碑的詩集『抒情詩』を出版している。
（11）一九〇四年以降、この同好会は西洋料理店の龍土軒を会合場所としたところから、会の名称がとられた。メンバーは時期によって変化があったが、『抒情詩』の共著者たちのほとんどに加え、正宗白鳥・島崎藤村・岩野泡鳴・中沢臨川・蒲原有明といった作家・批評家・ジャーナリストたちが参加していた。この会の逸話については田山花袋『東京の三十年』三四八—三五一頁を参照。
（12）正宗白鳥によれば、小説家近松秋江が冗談めかして「自然主義は龍土會の煙草の灰皿から起つた」と述べたことがあった（「『東京の三十年』読後感」三三二頁）。数々の視察先から話を仕入れてくる柳田は話題の提供者として重宝されていたようで、「竜土会に行けば小説のネタがもらえるという噂話まで立つほど」であった（『柳田国男事典』六二一頁）。
（13）柳田国男「新旧両時代の文芸」六四四頁。本論は『無名通信』一九〇九年十月号初出。
（14）小林一郎「柳田国男と花袋」一一三頁。引用部分は『故郷七十年』の「無題の歌」の節によっている。
（15）柳田は日露戦争直後の一九〇六年に公務で北海道とサハリンを訪れている（この戦争でサハリンはロシアから日本に割譲された）。柳田が指している花袋の短篇は「アリユウシヤ」（一九〇六年）および「マウカ」（一九〇七年）のことである。
（16）正宗白鳥「自然主義盛衰史」三三二頁。
（17）田山花袋『妻』二九二—二九三頁。小田富英「柳田国男と文学」二四五頁、および岡村遼司『柳田国男の明治時代』一〇一頁を参照。
（18）石内徹の推測によれば、『遠野物語』が近代文学作品として受容されたのは、主に三島由紀夫と文芸評論家吉本隆明の影響によるものであった。三島は「小説とは何か」において柳田の著作を称賛し、吉本が『遠野物語』と『古事記』を題材に論じた『共同幻想論』は大きな反響を呼んだ。石内徹「『遠野物語』研究小史」

一九頁。
(19) 田山花袋が主宰する本誌は、オスカー・ベンルの言によれば「自然主義派にとって最も重要な論壇」であった(Benl, "Naturalism in Japanese Literature," p. 14)。注目すべきこととして、これらの文章は「乱読の癖」を除き、『定本柳田国男集』(筑摩書房、一九六二―七一年)においても、またちくま文庫版『柳田国男全集』(筑摩書房、一九八九―九一年)においても、一つとして収録しないという編集上の判断が採られている。この状況は、一から新しく編纂しなおされ、現在刊行中の『柳田国男全集』(筑摩書房、一九九七年―)においては正され、いずれも第二三巻に収録されている。
(20) 柳田国男「乱読の癖」四一頁、同「官吏の読む小説」二六―二七頁、同「言文の距離」一六七頁、同「官吏の読む小説」三〇頁。
(21) Figal, *Civilization and Monsters*, p. 123. フィーガルによるこれらのエッセイの考察(pp. 118-26)には多くの示唆を受けている。私なりの論を組み立てるにあたっては、マリリン・アイヴィーの論(*Discourses of the Vanishing*, pp. 74-78)にも着想を得た。また、『文章世界』に発表された文章をはじめに検討したのは岩本由輝である。岩本由輝『もう一つの遠野物語』参照。
(22)『遠野物語』序文、一頁。
(23) 序文ではこれらの話が「目前の出來事」であると主張されている。『遠野物語』序文、五頁。
(24) この概念の詳細についてはTodorov, "The Origin of Genres," p. 163を参照。
(25) 文学者亀井秀雄が文学における表現と受容のありようを指すのに用いた語を借りた。亀井秀雄『感性の変革』。
(26) 田山花袋「露骨なる描写」四三五頁。〔原論文の引用は〕インドラ・リービの翻訳に拠った。Levy, *Sirens of the Western Shore*, p. 110.
(27) 徳田秋声『明治小説文章変遷史』一三六頁。
(28) たとえば鷗外の「興津弥五右衛門の遺書」は、当時まだ一般に使われていた書簡用の文語である候文で書かれている。しかし、この作品は江戸時代の実在の人物である興津の書簡という体裁を採っているために、その古風な文体も前近代の話という内容と合致しているとも言えよう。

(29) 柳田国男「写生と論文」三〇—三一頁。「写生」という語は俳人・歌人の正岡子規（一八六七—一九〇二年）が一九〇〇年頃に絵画より借用した語で、写生や写真のリアリズムに匹敵する簡潔な文体を指す。この様式は自然主義の作家たちによって散文に用いられるようになり、言文一致運動で端緒が開かれた平易な書き言葉を求める運動の次なる段階を示すものとなった。

(30) 柳田国男「読者より見たる自然派小説」一四頁。

(31)「西洋風（Westernesque）」という語は、文学の様式をはじめとして、近代化する日本で見られた「日本の文脈において特筆に値するほどきわだって西洋的であると認められる」外国の影響をより正確に表現するためにリービが用いたものである。Levy, *Sirens*, p. 7.

(32) Deleuze, *Essays*, p. 5.

(33) Deleuze, *Essays*, p. 5.

(34) 柳田国男「言文の距離」一六七、一六九頁。

(35) 柳田国男「読者より見たる自然派小説」一一頁および『遠野物語』二二頁の頭注。前者は一九〇八年の発表である。なお、第二二話は三島由紀夫が特に取り上げて称賛している。三島由紀夫「小説とは何か」参照。本論は後に同名の単行本『小説とは何か』に収録されている。

(36)『遠野物語』二一—二二頁。

(37) 石内徹編『柳田国男『遠野物語』作品論集成』八七頁収載の「インキ壺」。

(38) 皮肉にも柳田はこの数年前に写生文を学術論文に適用することについて論じているが、そこからは逆に論文に文語を用いることがいまだに規範であったことが明らかである。「從來、論文の文體は、文語體でないと、論文らしくないとか、力か《ママ》弱くなるとかいはれてゐるが、それは因襲に囚はれた陋見である。」柳田国男「写生と論文」三一頁。

(39) デニス・ウォッシュバーンの指摘によれば、「自己中心的な語りの形式」に批判的であった鷗外は、自然主義の作家たちの手法が原始的であると見なしていた。感情的に「読者の期待」に訴えることにひたすら依存する自然主義派は、著者兼主人公の私生活に関するゴシップ的な内容を入れ込みがちだというのである。Washburn, *Translating Mount Fuji*, p. 133.

(40) Levy, *Sirens of the Western Shore*, p. 171.

(41) 当然ながら、特定の名前が記される話は多い。名前を伏せたのは、文学的な理由だけではなく、関係者やその一族のプライバシーを守るためという理由もあったようである。石井は第五五話に関して、柳田が『遠野物語』を印刷にまわす直前になって個人名を削除したことを指摘している。草稿にあった個人名は、出版された本では○の連続に置き換えられている(これは検閲を示すのによく使われる方法である)。石井正己『遠野物語の誕生』二三六―二三九頁。『遠野物語』四四頁参照。

(42)『遠野物語』七一頁。

(43)『遠野物語』序文、五頁。

(44) 語り手により話の主人公と佐々木との関係が説明される例はほかにもある。第三五話では「佐々木氏の祖父の弟」の経験が語られ、第六九話は次のように始まる。「今の土淵村には大同《ダイドウ》と云ふ家二軒あり。山口の大同は當主を大洞《オホホラ》萬《マン》之《ノ》亟《ジヤウ》と云ふ。此人の養母名はおひで、八十を超えて今も達者なり。佐々木氏の祖母の姉なり。」ここでの話法は第二二話よりずっと明快ではあるが、やはり遠野の共同体との親近感を読者に与えたいという語り手の欲望が反映されている。『遠野物語』三〇、五四頁。

(45) Levy, *Sirens of the Western Shore*, p. 158.

(46) Levy, *Sirens of the Western Shore*, p. 162.

(47) この比較の直後に、事実を伝えているのだという柳田の主張が述べられている。『遠野物語』序文、五頁。

(48) 吉本隆明「『遠野物語』の意味」一一七頁。

(49) McCullough, *Bungo Manual*, p. 15. 例文としてマッカラーは『竹取物語』(平安時代初期)を取り上げているが、そこでは「けり」の語尾と「今は昔」の言辞が組になっている。

(50) McCullough, *Bungo Manual*, p. 13.

(51) 佐々木の書簡の全文は石井正己『遠野物語の誕生』二五七―二六〇頁に引用されている。

(52) 物語が遠野の人々の語ったままであるという信頼性の保持に文語の採用が役立ったという見解に、大半の読者は賛成していない。ロナルド・モースによる英訳への序文において、リチャード・ドーソンは、一般的な批判を繰り返すことでそっと柳田を難じている。「今日ではフォークロリストは口承の文体は文学の文体と大きく異なることを、そして、口承の文体は、ことばを忠実に再現したテクストに基づき、それ自体の美的観点から考察されねばならないことを認識している。」Richard M. Dorson, "Foreword," in Yanagita, *The Legends of Tōno*, p. xvii.

(53) 柳田は後に、この作品は自身の身辺の外に題材を求める上でよい手本だと評している。柳田国男「花袋君の作と生き方」四〇〇頁。

(54) 田山花袋『重右衛門の最後』三〇七、三八八頁。

(55) 柳田国男「官吏の読む小説」三〇頁。

(56) 柳田国男「事実の興味」一四六頁。

(57)『遠野物語』八三―八四頁。

(58) 第三話では、佐々木嘉兵衛という男が山奥で不思議な女を撃ち、彼女の髪の一部を記念に切り取る。家路の途中で嘉兵衛が寝てしまうと、夢に現われた背の高い、別世界から来たような男が、嘉兵衛の懐から髪を取り返す。目が覚めると女の髪はほんとうに無くなっている。『遠野物語』四頁。

(59)『遠野物語』一二頁。同じ老女は次の話(第二三話)でも再度戻ってくる。二度目には遺族の多くがこれを目撃しており、いずれの話においても故人の現世への「執着」を人々はまったく当然のことと捉えている。

(60) 反現実的ながら心理的な文学手法であるゴシック派は、柳田が用いた冷淡かつ非直線的な物語様式からはさまざまな点で異なっているように思われる。ゴシック派は、すでに超自然を信じなくなっている「近代的」人物/主体を人工的に超自然に触れさせることで写実性を転覆しようとする。読者に対しても、猟奇的な姿をした民間伝承からの逃亡者たち(吸血鬼や魔女等)に対して登場人物が抱く恐怖を共有することが想定されている。これらの逃亡者たちは、もともとの物語の文脈から追い立てられ、充分に人間性を剥奪されているために、管理可能な自然という啓蒙的科学的見地に対する脅威となる。しかしながら、ゴシック派には、たとえ過度に偶然の多い筋や劇的な設定等を用いる場合でも、写実主義の様式によく似た説明的な小説の文体を使う傾向がある。

(61) Fujii, *Complicit Fictions*, p. 245. ジェイムズ・フジイの考察は折口信夫の小説『死者の書』(一九四三年)に登場する女性の語り部の役割についてなされたものであるが、『遠野物語』の語り手についてもそのままよくあてはまる。フジイが指摘するように（p. 225）、折口の『死者の書』は、師の柳田の作品と同様、近代小説の「対抗物語《カウンター・ナラティヴ》」である。

(62)『遠野物語』序文、三頁。

(63) 地元で話される方言をそのまま書いた記述はほとんどない。また、語り手は〔佐々木を含む〕人物をまずその名前や出自を述べることで紹介するのであり（たとえば第一〇〇話は「船越の漁夫何某」と語りはじめ、次の第一〇一話でも「旅人豊間根村をすぎ」とあいまいに始まる）、それは第九七話の松之丞のように自身を「自分」と呼ぶ機会を与えられている数少ない場合であっても同じである。また、石井正己は、佐々木の親族にまつわる話においてですら、彼らは〔語り手の親族ではなく〕佐々木の親族として同定されており、佐々木が自分自身の物語の語り手となっていることは一度もない、とかなりはっきり言えることを指摘している。石井正己『遠野物語の誕生』一〇八頁参照。

(64) Cockerill, *Style and Narrative in Translations*, p. 156. コッカーリルは尾崎紅葉の『二人比丘尼色懺悔』（一八八九年）について論じるなかで、作品の大半を通じて「制限された『なり』の使用によって語り手の存在は隠されている」（p. 157）ことを指摘している。

(65)『遠野物語』の草稿類を丹念に読み解いた石井によれば、草稿本において柳田は複数の話の間の参照関係や、佐々木とその他の遠野の住民とのより詳細な関係を書き込んでいたが、最終的な清書本ではこれらは意図的に削除された。石井正己『遠野物語の誕生』一〇九―一一一頁。

(66)『遠野物語』序文、三―四頁。

(67)『遠野物語』一頁。

(68)『遠野物語』三頁。

(69)『遠野物語』三頁。

(70) Dodd, *Writing Home*, p. 82.

(71) Ivy, *Discourses of the Vanishing*, pp. 92, 97.

(72) 石内徹編『柳田国男『遠野物語』作品論集成』八七頁収載「インキ壺」。〔原論文の引用は〕マリリン・アイヴィーの翻訳に拠った。Ivy, *Discourses of the Vanishing*, p. 92.

（73）石内徹編『柳田国男『遠野物語』作品論集成』八三頁収載「遠野物語」。

（74）石内徹編『柳田国男『遠野物語』作品論集成』九一頁収載「遠野の奇聞」。

（75）後に柳田は民話の分類に力を注ぎ、そのためにしばしば中世のテクストを利用したが、このことが結局は「膨大な量の非カノン的ジャンル、特に説話や御伽草子など民衆文学の文学カノンへの吸収・同化」に寄与することとなった。Shirane, "Issues in Canon Formation," p. 17.〔シラネ「総説 創造された古典」三九頁〕

（76）Ivy, *Discourses of the Vanishing*, p. 97.

（77）ハリー・ハルトゥーニアンは、柳田や同時代の他の思想家を批評するなかで、共同体という考え方が、一九三〇年代以降に軍国主義的党派によって用いられ、悲惨な結果に至る概念であったことを指摘している。「彼らは〔トーマス・マンの言う〕『神話との自己同一化のような強い模倣意識』を利用することはできなかったかもしれない。というのもそれは〔中略〕国家が独占しようとしていたからであるが、それでも民俗学は共同社会的集団への欲望、つまり民衆の過去を意識的に繰り返したいという願望を生産することには成功した。」Harootunian, *Overcome by Modernity*, p. 297.

（78）『遠野物語』の献辞にある「此書を外國に在る人々に呈す」という文言は多くの論議を呼んだ。一九三五年の増補版のための序文で柳田はこれについて次のように説明している。「其頃友人の西洋に行つて居る者、又是から出かけようとして居る者が妙に多かつたので、其人たちに送らうと思つて、あの様な扉の文字を掲げた。」しかしまた、一九一〇年の初版三五〇部のうち「外國人の所藏に屬したものも、少なくとも七八部はある」とも述べ、他の解釈の可能性も否定していない。「再版覚書」『遠野物語』増補版、一頁。

参考文献

Benl, Oscar. "Naturalism in Japanese Literature." *Monumenta Nipponica* 9, no. 1/2 (1953): 1-33.

Cockerill, Hiroko. *Style and Narrative in Translations: The Contribution of Futabatei Shimei*. Manchester, UK: St. Jerome Pub., 2006.

Deleuze, Gilles. *Essays Critical and Clinical*, trans. Daniel W. Smith and Michael A. Greco. Minneapolis: University of

Minnesota Press, 1997.〔ジル・ドゥルーズ『批評と臨床』守中高明・谷昌親・鈴木雅大訳、河出書房新社、二〇〇二年〕
Dodd, Stephen. *Writing Home: Representations of the Native Place in Modern Japanese Literature*. Cambridge: Harvard University Asia Center, 2004.
Figal, Gerald. *Civilization and Monsters: Spirits of Modernity in Meiji Japan*. Durham: Duke University Press, 1999.
Fujii, James. *Complicit Fictions: The Subject in the Modern Japanese Prose Narrative*. Berkeley: University of California Press, 1993.
Harootunian, Harry. *Overcome by Modernity: History, Culture, and Community in Interwar Japan*. Princeton, N. J.: Princeton University Press, 2000.〔ハリー・ハルトゥーニアン『近代による超克――戦間期日本の歴史・文化・共同体』梅森直之訳、岩波書店、二〇〇七年〕
石井正己『遠野物語の誕生』ちくま学芸文庫、筑摩書房、二〇〇五年
石内徹編『柳田国男『遠野物語』作品論集成』第一巻、大空社、一九九六年
石内徹「『遠野物語』研究小史」同編『柳田国男『遠野物語』作品論集成』第一巻、大空社、一九九六年、三―三七頁
Ivy, Marilyn. *Discourses of the Vanishing: Modernity, Phantasm, Japan*. Chicago: Chicago University Press, 1995.
岩本由輝『もう一つの遠野物語』刀水書房、一九八三年
Kamei Hideo. *Transformations of Sensibility: The Phenomenology of Meiji Literature*, trans. Michael Bourdaghs. Ann Arbor, Mich.: Center for Japanese Studies, University of Michigan, 2002.〔亀井秀雄『感性の変革』講談社、一九八三年〕
小林一郎「柳田国男と花袋」『国文学　解釈と鑑賞』第五六巻一二号、一九九一年十二月、一一一―一一三頁
Levy, Indra. *Sirens of the Western Shore: The Westernesque Femme Fatale, Translation, and Vernacular Style in Modern Japanese Literature*. New York: Columbia University Press, 2006.
野村純一ほか編『柳田国男事典』勉誠出版、一九九八年
正宗白鳥「自然主義盛衰史」『正宗白鳥全集』第一二巻、新潮社、一九六六年、二七七―三八一頁
正宗白鳥「『東京の三十年』読後感」田山花袋『東京の三十年』創元選書、創元社、一九四七年、三三一―三三三

八頁
正宗白鳥「柳田氏について」『正宗白鳥全集』第一二巻、新潮社、一九六六年、四一〇—四一一頁
McCullough, Helen Craig. *Bungo Manual: Selected Reference Materials for Students of Classical Japanese.* Berkeley, CA: Helen Craig McCullough, 1980.
三島由紀夫「小説とは何か（第九回）」『波』第四巻第一号、新潮社、一九七〇年、二—五頁
三島由紀夫『小説とは何か』新潮社、一九七二年
小田富英「『柳田国男と文学』——幻視的詩性と〈夢〉」後藤総一郎編『柳田国男研究資料集成』第一九巻、日本図書センター、一九八七年、二二六—二五二頁
岡村遼司『柳田国男の明治時代——文学と民俗学と』明石書店、一九九八年
Shirane, Haruo. "Introduction: Issues in Canon Formation." In *Inventing the Classics: Modernity, National Identity, and Japanese Literature*, ed. Haruo Shirane and Tomi Suzuki, pp. 1-27. Stanford, CA: Stanford University Press, 2000.〔ハルオ・シラネ「総説 創造された古典——カノン形成のパラダイムと批評的展望」衣笠正晃訳、ハルオ・シラネ、鈴木登美編『創造された古典——カノン形成・国民国家・日本文学』新曜社、一九九九年、一三—四五頁〕
Tayama Katai. *Literary Life in Tokyō, 1885-1915: Tayama Katai's Memoirs ('Thirty Years in Tokyō')*, trans. Kenneth G. Henshall. Leiden: Brill, 1987.〔田山花袋『東京の三十年』博文館、一九一七年〕
Tayama Katai. *The Quilt and Other Stories by Tayama Katai*, trans. Kenneth G. Henshall. Tokyo: University of Tokyo Press, 1981.〔田山花袋『重右衛門の最後』『定本花袋全集』第十四巻、臨川書店、一九九四年、三〇五—三八八頁〕
田山花袋「露骨なる描写」『田山花袋集』（『現代文学大系』第一〇巻）筑摩書房、一九六六年、四三五—四三八頁
田山花袋『妻』『田山花袋全集』第一巻、文泉堂書店、一九七四年、二二一—五一七頁
Todorov, Tzvetan. "The Origin of Genres," trans. Richard M. Berrong. *New Literary History* 8, vol. 1 (1976), pp. 159-70.〔ツヴェタン・トドロフ「諸ジャンルの起源」『言説の諸ジャンル』小林文生訳、法政大学出版局、二〇〇二年、五〇—七二頁〕
徳田秋声『明治小説文章変遷史』『早稲田文学社文学普及会講話叢書』第一編、文学普及会、一九一四年

Washburn, Dennis. *Translating Mount Fuji: Modern Japanese Fiction and the Ethics of Identity*. New York: Columbia University Press, 2007.
柳田国男「読者より見たる自然派小説」『文章世界』第三巻第五号、博文館、一九〇八年四月、一〇—一四頁
柳田国男「言文の距離」『文章世界』第四巻第一四号、博文館、一九〇九年十一月、一六七—一七二頁
柳田国男「事実の興味」『文章世界』第三巻第一四号、博文館、一九〇八年十一月、一四六—一四七頁
柳田国男「官吏の読む小説」『文章世界』第二巻第一一号、博文館、一九〇七年十月、二六—三〇頁
柳田国男「花袋君の作と生き方」『さゝやかなる昔』『定本柳田国男集』第二三巻、新装版、筑摩書房、一九七一年、三九八—四〇二頁
Yanagita Kunio. *The Legends of Tōno*, trans. Ronald A. Morse. 100th anniversary ed. Lanham, KY: Lexington, 2008.
柳田国男「乱読の癖」『文章世界』第二巻第六号、博文館、一九〇七年五月、四一—四五頁
柳田国男「写生と論文」『文章世界』第二巻第三号、博文館、一九〇七年三月、三〇—三二頁
柳田国男「新旧両時代の文芸」『柳田国男全集』第二三巻、筑摩書房、二〇〇六年、六四四—六四六頁
柳田国男『遠野物語』自刊、一九一〇年
柳田国男『遠野物語』増補版、郷土研究社、一九三五年
吉本隆明『共同幻想論』河出書房新社、一九六八年
吉本隆明「『遠野物語』の意味」『国文学　解釈と教材の研究』第三六巻第三号、一九九一年三月、一一六—一三八頁

第Ⅲ部　柳田国男の遺産

郷土研究と柳田民俗学における桃太郎像

デイヴィッド・A・ヘンリー

桃太郎は日本で最も有名な物語で、昔から家庭で父母に語り継がれてきたばかりか、著名な作家たちによる再話も行なわれてきた。巌谷《いわや》小波《さざなみ》、尾崎紅葉、芥川龍之介、太宰治など、名前を挙げればきりがない。江戸時代の曲亭馬琴から、戦後の滑川道夫や野村純一まで、この物語を研究した学者も多い。柳田国男の桃太郎に関する研究は、この物語が日本のアイデンティティの中核をなすものであることを明らかにするのに寄与した。それは、柳田が自身の研究の名称を「郷土研究」から「民俗学」へ変えようとしていた一九三〇年代初頭のことである。柳田が桃太郎を、国家と結びついた「昔話」として意味づけようとしていたのと同じ頃、四国の橋本仙太郎（一八九〇―一九四〇年）といった、あまり名を知られていない郷土研究者たちは、桃太郎を身近な土地と結びついた「伝説」として位置づけようとしていた。桃太郎が国家および地域のレベルでどのように意味づけられたかを検証することは、民俗学の発展に内在していた緊張関係を明らかにするばかりでなく、柳田の研究の価値が今なお色あせないという驚くべき事実を、われわれに思いおこさせてくれる。
柳田の一九三三年の著作『桃太郎の誕生』は次のような回想から始まる。

今からちやうど十年前の、春の或日の明るい午前に、私はフィレンツェの画廊を行き廻つて、あの有名なボティチェリの、海の姫神の絵の前に立つて居た。さうして何れの時か我が日の本の故国に於ても、『桃太郎の誕生』が新たなる一つの問題として回顧せられるであらうことを考へて、独り快い夏昼の夢を見たのであった。(1)

イタリアの古典絵画と日本の民話とをこのように対照してみせるのは、一見すると奇妙なことに思われる。しかしこの柳田の言葉は、二つの作品がそれぞれ出生というテーマを中核としていることを指摘している。誕生というのは世界のどこでも、芸術の基本的な主題の一つである。ただし、ヴィーナスの誕生が、ボッティチェリの著名な絵画に描かれた単一の出来事のみを指しているのに対し、柳田の用例では、桃太郎の誕生という言葉はただちに三つの別個の連想を呼び起こす。一つ目は、桃の中から男の子が誕生したという、桃太郎の話の中の重要な出来事について。二つ目は、この重要な出来事にちなんで名付けられた、柳田の作品のタイトルについて。そして三つ目が最も重要なのだが、柳田はこの言葉を、新しい学問分野の誕生に意識的に重ねあわせている――柳田自身が当時主導していた、民俗学の学問的統合にである。
一九三三年になると、日本人は自分たちの民話を再発見できる時期にいたっていた。この分野の父たることを自負する柳田は、その瞬間のことを、一〇年前ヨーロッパで国際連盟の日本代表団の一員として働いていた時期にすでに夢想していた、と回想する。ボッティチェリを見た当時、柳田が実際に日本の民話を思い出したかどうかは、おそらく問題ではない。イタリア美術の粋と桃太郎とを同列に持ち出すことで、柳田は昔話の価値と、それを新たな目で見る必要を主張しているのである。

昔話全般、そして特に桃太郎は、なぜ柳田の民俗学形成の中枢をなすことになったのだろうか。理由の一つは、柳田が地方文化のあらゆる側面に関心を持ちながら、とりわけ口承を、日本の民衆に内在する世界観を知るための手がかりとして有力であると見ていたためである。柳田が研究した口承は、怪談、神話、伝説、説話、昔話と多岐にわたる。柳田は、一九二〇年代には怪談に、そして一九三〇年代からは昔話に、特に惹かれていた。ロナルド・モースが民俗学についての記述の中でいみじくも指摘しているように、「柳田の全仕事に一つの統一的なテーマがあるとすれば、それは日本に固有の国民性を説明できるような伝統的要素の探求であった(2)」。昔話は、方言や建築や農作業や山村の研究よりも、より効果的にこの国民性を浮かびあがらせてくれた。桃太郎は全国的に有名だったため、柳田にとって特に好都合だった。もっともこの桃太郎の人気が、主に一八九〇年代以降の、児童向け活字媒体の大ブームの産物であったことに留意しておくことも重要である。桃太郎は国定教科書をはじめ、児童文学にも広く採用された。有名な巌谷小波の再話は、博文館から一八九四—九六年にかけて出版され大成功した『日本昔噺』シリーズの先頭を切るものだった。

郷土研究から民俗学へ

一九三〇年代初頭に、柳田はそれまで自身の研究全般を指すのに用いていた「郷土研究」の語を「民俗学」へと改めた。この変更は柳田が昔話への関心を高めつつあったためというより、むしろ民俗研究の人気の高まりや、この多方面からの関心が「郷土研究」の語の定義を書き換えつつあったことと関係している。「郷土」の語は長らく教育と結びつけられてきた。この語が出版物に登場した初期の例の一つは、一八九一年の「小学校教則大綱」で、「郷土」の語は二カ所に登場している。(3)「郷土」の語が、研究分野の名称として初めて用いられたのは、教育者で政治家の新渡戸稲造(一八六二―一九三三年)が自身の研究会を「郷土会」と名付けたときで、この会は一九一〇―一八年の期間に活動を行なった。(4)農業経済学の教育を受けた新渡戸は、一八九八年に『農業本論』を出版しており、その中で農村部を検証する「地方学《じかた》」というカテゴリーを設けていたが、これが後の「郷土研究」という用語になったと、後年の新渡戸は認めている。柳田は新渡戸のグループの中では卓越した存在で、一九一三年三月に、民俗研究者仲間の高木敏雄(一八七六―一九二二年)とともに雑誌『郷土研究』の創刊号を出してからは、より独自性の高い方向へと舵を切ってゆくことになる。(5)後年「民俗学」という分野を形成した際と同様、柳田はこの時も、独自の意味を担う「郷土研究」を立ち上げた。『郷土研究』の創刊号の中で、柳田は史学において支配的な方法論を批判している。それは、史学はある地域の事実を確認するだけで、そこから一歩踏み込んで地域の暮らしぶりを明らかにするような、より広い解釈の枠組を築こうとしないという点についてであった。

柳田は東京に拠点を置いていたから、地方で調査を行なう必要があれば、自身でその土地を旅行するか、その旅行を誰かに任せるか、あるいは地元の学校で働いている教師を情報提供者《インフォーマント》として利用するかの方法を取ることになる。それゆえ、柳田はあらゆる地方の教育者と絶えず密接に連携していたが、その関係はしばしば緊張を孕んでいた。たとえば伊藤純郎の指摘によると、柳田は地方の習慣を調査する際の情報提供者として学校の教師を利用したいという願望を持っていたが、多くの場合、教師はその地方の外から派遣されているので、地域について表面的な知識しか持ち合わせておらず、それゆえ研究の際には何度か、むしろその地方の若者たちに協力してもらわなくてはならなかった、という(6)。一九二〇年代前半のほとんどの期間を通じて柳田は、地域の外から赴任してきた教師は、児童をよりよく理解するためには自分の教えている地域社会に根を下ろさねばならないと主張している(7)。また柳田は、国定教科書は児童の住む地域社会については比較的わずかな言及しかしていないという理由で、教師たちに、地域について調査し補助教材を編集するよう強く勧めている。一九三〇年代前半以降、こうした研究は「郷土読本」という形で出版されてゆくようになる。皮肉なことに、この郷土読本の出版が軌道に乗りはじめた一九二九―三一年という時期に、柳田は地域研究と地域教育の運動をさかんに攻撃しはじめたのである。

柳田と地方の教育者たちとの、時に確執をはらんだ関係と、柳田の研究の方向転換とがよく現れているのは、柳田が山形県郷土研究会で行なった「郷土研究と郷土教育」と題する講演である。一九三二年十一月五日、山形市の会場に集まった六百人を超す聴衆の前で――そのほとんどは教育者たちだった

――、柳田は二時間半にわたって、地域研究の利点と欠点を詳しく述べた。事実、柳田は聴衆をかなり直接的な言葉で批判したのである。

> 我々の郷土研究の、他の多くの人のもつ解釈と異なるところは、少なくとも二つの可なり大切な点に存する。其一つは、我々は郷土を研究の対象として居たのでは無かつた。是に反して多くの諸君は郷土を研究すると言つて居られる。〔中略〕私たちはさういふ意味で郷土研究といふ語を使用したのではなかつた。郷土を研究しようとしたので無く、郷土で或ものを研究しようとして居たのであつた。その「或もの」とは何であるかと言へば、日本人の生活、殊にこの民族の一団としての過去の経歴であつた。それを各自の郷土に於て、もしくは郷土人の意識感覚を透して、新たに学び識らうとするのが我々どもの計画であつた。(8)

つねに言葉を選ぶ柳田は、はじめに「我々の郷土研究」という言葉を持ち出すことで、自分を学者の世界と結びつける一方で、その世界には明らかに、柳田の聴衆たちは含まれていない、ということを匂わせている。こうしてこの分野における自身の権威を強調した後、柳田は聴衆たちが二つの点で誤っているとして叱責を始める。その一つは特定の地域についてしか研究をしていないこと、もう一つはその研究の結果をほとんどそのまま教室に持ち込もうとすることである。集まった教師たちはこの日の午前中は自身の地域研究の成果を議論していた。それが午後になると柳田が講演の中でそれを批判するのを聞く羽目になるのだから、いかばかり衝撃的を受けたことか。「郷土を研究しようとしたので無く、郷土で或ものを研究しようとして居たのであった」と述べることで、柳田は地域研究というものが手段にすぎず、それ自体は目的でないことを断言している。地域に関する研究を全国から集めて比較することで、確かにより広い視野が得られ、日本文化全体についてのより深い理解がもたらされる。しかしそれは同時に、全国的なネットワークと結びつかずに、単一の地域のみを検討する地域研究の価値を否定するものである。それは事実上、ローカル・アイデンティティはナショナル・アイデンティティを通してのみ意味を持つのだということを断定したものである。本稿で後に検討するが、同じ力学は柳田が昔話全般、特に桃太郎の解釈に用いた枠組にも働いている。

一九三二年のこの段階では、柳田はまだ自身の民俗研究を「郷土研究」と呼んでいる。しかしこの山形での講演の中でも、この用語は「感じは仲々好いが、学術的の語としては些か不完全[9]」だと言っており、用語の変更の予兆が見て取れる。一九三二年一月の『信濃教育』に載った「食物と心臓」という記事では、柳田は「一国民俗学」という名称を掲げて、「もう今日となつては大胆僭越と評せられる懸念無しに、此名の新学問が将来日本の士に繁り栄えんことを、祈念し又希望し得られるやうである」と書いている[10]。

柳田が次にこの話題に直接言及するのは四年後のことで、用語の変更が行なわれた後になってから、回想の形で語っている。それは「郷土研究と民俗学」という題の、一九三六年四月二十日に行なわれた講義[11]の中でのことである。その中で、柳田はこの名称の変更を、ボウフラが蚊になるような、あるいは赤ん坊が三歳の幼児になるようなものだと言っている。柳田の文章を読んでいると、彼が詩人として出発したことを絶えず思い出さずにいられない。柳田は明らかに言葉を楽しんでいる。それに柳田の表現は、おそらく彼が意図した以上のことを言い当てている。というのは、柳田はこの名称変更を肯定的に見ているのだが――自分の子供を見守るのが喜びであるのと同じように――多くの郷土研究者はこの変更を蚊の羽音のように煩わしいものと思ったことだろう。いずれにせよ、柳田は言葉巧みにこの名称変更を自然なものに見せようとしたのだろう。どちらも、何かが別の何かから、自然な過程として成長する例だからである。もちろん、柳田はこの分野の発展に対応しようとしたのだと言った方がより正確だろう。「郷土研究」という用語は広く一般の支持を得ていた。一方でこの用語はより専門的な研究者の間では、「民俗学」という用語の前に支持を失いつつあった。「民俗学」という用語は日本では明治時代からすでに使われていて、専門家の間ではすでに充分な地位を確立していた。それでは、なぜ名称の変更がこの時期まで行なわれなかったのだろうか。柳田はこの疑問に直接答えてくれてはいないが、その理由をこう仄めかしている。「郷土研究」という用語は「余りに普通」[12]になってしまった、と。地方の教育者らのこの分野への参入が増えつつあるのに加えて、民俗研究に対する一般の関心が、都市生活者の間でも高まっており、柳田にとっては一つの課題となっていた。柳田自身おそらくは半ばふざけて書いているように、柳田の研究は「旅行学」と呼ぶこともできただろうが、彼は明らかに旅行と研究とを明確に区別したいと考えていた。[13]柳田は民俗研究がアマチュアの関心に押しつぶされて、単なる「紀行文」の一種に成り下がってしまうのを、見過ごすつもりはなかったのである。

「郷土研究」から「民俗学」への変更は、新たな研究方法に対応するものだった。「郷土」の語だと、ある特定の地域を研究すること自体が目的であっても構わないような含みがあるが、「民俗」に変えることで、さまざまな地域を研究するのは、日本人の全体像の枠組を描くためだということになる。また

「研究」の語だと、個人がそれぞれのやり方で行なう調査というニュアンスをもつが、「学」は標準的な調査方法の確立された学問分野を意味する。それゆえ「民俗学」には日本人の習慣、生活様式、価値観として全国民に通じるものを想像させてくれるような研究対象が必要となった。この用語の変更を踏まえるなら、この時期に昔話の研究が、方言や建築や農作業といったほかのトピックに比べて著しく目立ってきたのも、単なる偶然ではないように思われる。昔話であれば、単一の地域や村を対象とした研究であっても、柳田のいわゆる「日本人といふ共通の気持[14]」（自分たちの集合的な感情）について理解が得られることになる。皮肉なことに、その理由の大半は、柳田が一九三〇年代にこの研究を始めるまでに、単一の標準化された物語が、教科書を通じて、そしてそれより役割は小さいものの児童文学を通じて、日本全国で知られるようになっていたという事情に関わっている。個々の地域の研究をもとに日本人全体についての一般化を行なうという動きは、一部は柳田らが一九三〇年代までに入手できていた研究の蓄積の結果である。つまり、柳田はこの一〇年の間に研究の焦点を移し、手元にあるデータを互いに比較したり、この分野に理論的な大枠を持ち込んで、それ以降の研究の方向を示そうとした、ということである。またこれは同時に、民俗研究がいかに国家を想像したかにも関わっている。統合された国家イメージにうまく当てはまる研究だけが、引用され、記憶され、奨励された。このような大枠のイメージに当てはまらない文化は、見過ごされたり、あるいは新しい枠組の中に無理にあてはめた再解釈が行なわれたりした。柳田の民俗学の理論と実践を方向付ける二つの著作が執筆された時期に、このプロセスの渦中にあったのが桃太郎である。

『桃太郎の誕生』（一九三三年）と『昔話採集手帖』（一九三六年）

一九三〇年一月から一九三二年七月にかけて、柳田が発表した一連の論考をまとめたものが、一九三三年に刊行された『桃太郎の誕生』である。(15) この作品によって昔話への関心が高まったのを受けて、柳田はこの分野の研究に携わる学生と研究者の双方のために「木曜の会」を始めた。また、日本各地の情報提供者から新たに膨大な情報が寄せられたため、柳田はいくつかの現地調査マニュアルを発行することになった。一九三六年の『昔話採集手帖』もその一つである。一九三六年から一九三九年まで、昔話は柳田の主な関心の対象となり、柳田は自ら国中を旅行して昔話を採集するとともに、日本中の採集者からの提供情報の分類を行なった。口碑・伝承のための系統的用語法が登場するのは、戦後の一九四八年に柳田が発表し定評を得た『日本昔話名彙』によってだが、一九三三年の『桃太郎の誕生』の時点で、すでに柳田の民俗学理論の基礎は築かれていたと見てよい。

『桃太郎の誕生』の画期的な点は、物語に対し新たに系統的で比較研究的な視座を持ち込んだことにある。柳田はヨーロッパの物語との関わりと、日本のさまざまな物語の相互関係の、どちらをも強調している。これ以前の柳田の論考は、しばしば物語を、それが採集された土地の地域性と結びつけていた。民俗学というよりは郷土研究にこそふさわしい方法である。『桃太郎の誕生』では、柳田は数十の日本の昔話を考察し、手はじめにそのうちのいくつかをヨーロッパの昔話と比較している。九つの章のうちの最初の一章で、柳田はまずシンデレラの物語と、日本で「糠福米福」「紅皿欠皿」などと呼ばれる物語を対照し、「鉢かつぎ姫」も同様にシンデレラとの類似が指摘されていると書いている。(16) ごく基本的なレベルから言えば、こうした比較が行なわれるようになったのは、柳田が西洋の民話の多くに馴染んでいた結果である。実質的な結果として意味をもつのは一種の「脱亜」、すなわち日本の文化的遺産の再解釈が行なわれ、支配的な西洋文化との類似性が見出されたことである。こうしたヨーロッパの物語との比較を通じて、柳田はこの新たに組織された学問に求められていた権威を獲得した。しかし柳田の場合、これらの物語がある土地の文化に固有のものであるとする見方や、これらの物語がアジアの他の地域に関係している可能性が軽視されていた。柳田は、物語が主題に沿って――時の流れの中でいくつかの要素が追加されたり失われたりして――発展し、日本の中で地理的に移動したという見方を示した。この点で、口承文化は基本的に不変だと考えている保守的な研究者たちに、柳田は先んじていた。だがこのことは同時に、土地の文化は国の文化という、より大きなものと結びつくことでのみ理解できる、ということを意味する。これ以降、ある物語を分析するということは、全国から、そしてさまざまな時代から採集された、ほかの類話《ヴァリアント》と比較することを意味するようになった。土地の文化は、国の文化というより大きな図柄を形作るパズルの一つのピースと見なされるようになった。これら個別のピースそのものを検証することも可能ではあるが、新たにもたらされた比較研究的視座によるなら、こうした読みではより大きなものを取り逃がしてしまう、ということになる。

日本の物語をヨーロッパの物語と比較するほかに、柳田は日本のいくつかの物語を、自身の言う「小さ子」というテーマによって関連づけている。小《ちい》さ子とは、神意によって誕生し、超自然的な力を受け継ぐ存在である。柳田は桃太郎、瓜子姫、かぐや姫、一寸法師の物語を比較して、いずれの物語にも、桃や瓜や竹など、何か尋常でないものから生まれ、そのようなものに結びついた子供が登場すると指摘する。柳田の見解では、これらのものが名指される最大の目的は、その中に収まるほどの小ささを、聞き手に視覚的に示すことであるという。「小さ子」のテーマは、確かに上に挙げたようないくつかの昔話のあいだの関連を示しているし、桃太郎の話においては明らかに中核をなす部分である。柳田は桃太郎によって日本の昔話全般を代表させ、この話に多大な注意を注いだ。この話を読解するに当たって、柳田は主題の似通った他の一連の物語との関連や、これらの話が時の流れの中でともに発展したことを強調する。しかし桃太郎の場合、柳田は象徴としての桃の意味合いについて、彼の前後の研究者のいずれとも大きく異なる立場を取る。曲亭馬琴の『玄同放言』(一八一八年)を検討して、柳田はこう書いている。

玄同放言などには和漢の多くの書を引いて、桃の中から桃太郎の生れる原理のやうなものを説明せんとし、それに推服した人も折々あつた様だが、仮にそんな想像が正しかつたとしても、実際は大したことで無かつた。不思議な赤ん坊は必ずしも常に、桃の中からばかり飛出して居たのでは無いからである。瓜子姫の昔話は少なくとも桃太郎と同時に併び行はれ、九州中国にも稀に伝はり、東日本は殆ど到処に保存せられて居た。(17)

柳田は過去の研究者らが——この場合は江戸時代の著名な小説家である曲亭馬琴が——この物語における桃の象徴的意味に注目し、その意味に関してさまざまな解釈を提示していることを踏まえている。しかし柳田は、桃が独特であるとは認めつつも、その意味をそれほど重く見ておらず、代わりに「小さ子」のテーマが中核をなしていると強調し、これを日本の宗教的信仰体系と関連づけている。この物語は民間信仰にどのように光を当てることになるのか。柳田はこのように続ける。

海から次第に遠ざかつて、山々の間に入つて住んだ日本人は、天から直接に高い嶺の上へ、それから更に麓に降りたまふ神々を迎へ祭る習はしになつて居た。だから又谷水の流れに沿うて、人界に近よらうとする精霊を信じたのであつた(18)。

つまり柳田の読解では、この物語は日本人が生活圏を移してきたことに伴って発展したことになる。柳田は、桃太郎が桃から生まれるのは、人と霊界との接触についての民間信仰を反映したものであるという。この物語への柳田のアプローチは刺激的であり独特のものである。ここでの彼の理解は実にまことしやかだが、むろんそれは仮説に留まるべきものであるし、後に続く研究者らが従っている見方でもない。

柳田の理解の中でさらに問題なのは、物語の結末と、時代による変化についての部分である。

桃太郎の昔話なども、日本に根を生じてからよほど年久しいと見えて、其樹は何代と無く生ひ代つて、もう本の株は枯れて居る。従うて神話時代の桃太郎原型は、蛇聟入譚の如くには我々の目に触れる処に残つて居ない(19)。

> 比較をする位ならば異なつて居る点も考へて見なければならぬ。たとへば遠征の目的の如きも、日本の昔話の方はやはり単純化して居る。西洋の「桃太郎」たちの大旅行は、必ずしも財宝を持つて還るといふ為ばかりで無かつた。寧ろそれを手段としてよき配偶者とよき家を得、更に佳き児を儲けて末永く栄えんとして居るのである。我々の側でも瓜子姫だけは、この幸福なる婚姻を以て結末として居るものがあるが、あちらでは男性の冒険者も、同じくその珍らしい宝物を持つて来て、終に王様の聟となつた話が多いのである。察するに近代の桃太郎は子供を主人公にしたといふよりも、寧ろ子供にのみ聴かせる話であつた為に、計画を以てこの重要なる妻覓《ま》きの一条を省いたのであつた。[20]

ここで柳田は、桃太郎の話の、想定される元々の――それゆえ本来の姿に近い――話形では、桃太郎は妻を娶っていただろうと考えている。それどころか、桃太郎の冒険の目的は女性の伴侶を探すためだとすら言わんばかりである。右に引用した一つ目の文章では、柳田は別の古い昔話である蛇聟入譚との比較によって、自身の主張を裏付けている。二つ目の引用では、柳田はヨーロッパの昔話との比較によって自説を展開している。柳田によると、教科書や児童書に載っているような比較的新しい形の昔話は、巌谷小波などの作家によって明治期以降に一般的になったもので、それ以前の――それゆえより本来の形に近い――話形を改悪しているという。これはこの話における「小さ子」のテーマを強調したことに伴う、ある意味で論理的な帰結だが、これを支える証拠はない。柳田自身の支援によって、全国から何百という話形が採集されたが、妻を娶る話が含まれているのは片手で数えられるほどだったし、これらの話形は後世の研究者によって、実際には桃太郎とほかの物語が混じりあったものだと判断されている。ならばなぜ柳田は、桃太郎は妻を探し求めるために出かけたのだと主張したのだろうか。その答えはあるいは、柳田の一九三六年の著書『昔話採集手帖』の配列に見出せるかもしれない。

柳田と、同時代に生きた関敬吾の共著『昔話採集手帖』は、一九三六年八月十日に私家版として出版され、日本全国の民話研究者に頒布された(21)。代表的な物語を百編収録しており、それぞれの例は本の右側のページに載せられ、向かい合う左側のページは空欄になっている。民話採集者は地域で聞いたなんらかの昔話を、掲載された例と比較し、その話と最も合致する例の左隣のページに書き付けるよう期待されていた。百番目の「果《はて》なし話」(22)という見出しの付いた話は熊本県で採集されたもので、この手帖に掲載されたほかの話に比べると、あまり広く知られていない。このことから推測するに、この手帖を使う研究者は、同じようにその地域のみで知られ、ほかの九九編と関わりを持たない昔話を見つけた場合は、この最後の話の隣に書き付ければよいのだろう。

これは八冊出版されたマニュアルのうちの一つにすぎないが、少なくとも四、五年前のこの分野の雑誌と比べても、調査手法が定型化に向かった流れをよく反映している。具体的には、語りの記録の中から研究者の存在が消されるようになるのだが、たとえば雑誌『旅と伝説』では、一九三〇年代はじめ頃からこの傾向が確認できる。一九三〇年代はじめまで、この雑誌の記事は旅行記の形式で書かれており、採集された昔話や訪れた土地の情報と並んで、著者本人の情報がふんだんに盛り込まれていた。それらは一般に、東京を発つ汽車の旅の記述から始まっていた。上野駅を何時何分に出て、何時間乗車して、どこで乗り換えた、といったことである。筆者がどう感じたか、現地の人との交流がいかなるものであったか、物価はどうであったかなどの情報が、大抵これらの記事に含まれている。ところが一九三〇年代半ばに明確な転換が起こり、この雑誌では物語（あるいは土地の習慣や文化）がより定型化された形で報告され、上に挙げたような情報はすべて割愛されるようになった。新しい報告では、筆者の名前と調査地点、日時が平板に記述され、その他のことはほとんど書かれない。スピヴァクの用語で言う、著者の「立ち位置」がこのように明確に失われたことは、物語の報告を定型化した代償であった。このスタイルの記事の初期のもののいくつかは柳田によって寄稿されたもので、後にはほかの研究者も、おそらくは柳田の影響ゆえに、これを模倣するようになった。つまり『昔話採集手帖』は、同時代の主要な雑誌のいくつかですでに起こっていた変化を、単に定型化した現地調査マニュアルであったということになる。

とはいえ、この現地調査マニュアルは、単に研究を報告する際の手法を超えて、より広範な作用を及ぼした。最も大きな影響は、正典化《カノン》された一連の物語がこれによりすぐさま誕生したことである。[23] しかし、この新たな正典に何が含まれていたか以上に重要なのは、何が除外されたかであろう。この本を使って地方で物語を収集する研究者は、空欄のページに、国中で知られた九九の標準的な昔話について書く資格を与えられている。しかしこの方式では把握されない物語は不利な立場に置かれる。もちろんそうした物語は、『昔話採集手帖』の最後の空白のページに書き付けてもいいし、自分のノートに続けてもいい。しかしその行為を通じてすでに、地域的にしか知られていない昔話は、柳田の民俗研究計画の（まさに文字通りの）周縁に押しやられてしまう。

柳田自身がこれより約二七年前に、後に『遠野物語』としてまとめられることになる物語を書き留めていた状況を対照してみると、事はより明らかになる。よく知られている通り、柳田はまず佐々木喜善から話を収集し、それから実際に遠野地方に赴いて、かなり自由に調査を行なった。(24)もしこの調査に『昔話採集手帖』を使っていたとすれば、『遠野物語』に含まれるどの物語も、収録を認められなかっただろう。それらはほぼすべて世間話なのだから。これらの話の注目すべき点は、多くの場合、それが本当にあったことだと主張していることであった。また、物語の語り手自身が、その出来事を体験したか、個人的に知っていると主張している。しかし、まさしくその種の話をこそ、柳田は一九三〇年代になると、民俗研究には向かないとして絶えず警告するようになる。一九三五年に『遠野物語』が再版され名声を博したことから、日本語と英語によるいずれの先行研究も、この年を柳田の研究の出発点と捉えている。しかし私は別の見方を提示したい。柳田が奇妙で風変わりな話の収集に警告を発していたのは、少なくとも一部は自身のかつての著作である『遠野物語』と、そこで示されている方法に対する警告だったのではないだろうか。言い換えると、『遠野物語』は一九三五年以降に人気を獲得したが、それはそこに柳田の研究姿勢が示されていたからではなかった。むしろ、学問分野としての民俗学の領域で急速に閉ざされつつあった、研究者の自由な発想が、そこに示されていたからなのである。

柳田が『桃太郎の誕生』においてこの分野に持ち込んだ比較の理論は、『昔話採集手帖』において実践された。土地の物語は、時を超え国全体で日本文化が共有する、より大きな物語のグループの一部をなすものとして読み解かれた。『昔話採集手帖』がこのような新たな読みを生み出した一つの要因は、その物語の配列にある。本来、これらの物語は個別に読むこともできる。しかし野村純一が鋭く指摘しているように、九九の物語を一緒に読んだ場合、その物語の連なりからは、祖型としての物語が見出される[25]。それは誕生から始まり、子供時代を経て、人生がもたらす課題に向き合うという形で続き、仲間である動物の協力を得て、結婚と子供の誕生という形での幸せな大団円を迎える。このような祖型としての物語が生成されるのは、『昔話採集手帖』が誕生にまつわる話を最初に置き、次に子供時代に関する話を置く、といった形式をとるためである。この配列が暗に示しているのは、これらの物語が単に娯楽のためのものではなく、人の一生についての深い思想を反映したものだということである。このことはもちろん、柳田が「民俗学」という研究を通じてこれらの物語の中に読み込もうとしていた意味とも矛盾しない。再び野村に従うと、桃太郎の話はそれ自体の中に、この祖型としての物語の重要な要素を含んでいることが分かる。誕生、子供時代の努力、仲間である動物の協力と、最終的な障害の克服である。しかし結婚と子供の誕生の要素がここには欠けている。

桃太郎の話のみを取り上げるなら、そのことは問題にはならない。この話について、私が読んだ批評の大部分は、誕生、青春、課題の克服を主要なテーマであるとしている。しかし柳田の祖型としての物語の文脈では、妻が登場しないことは欠落となってしまう。それに対する柳田の答えは、この話のもっと古く正統的な話形には間違いなく「妻もとめ」の挿話が含まれていたと主張することだった。おそらくこのことが誘因となって、柳田は『昔話採集手帖』にこの物語の例を載せる際、岩手県で採集されたやや変わった話形を選択したのだろう。この話形のあらすじは以下の通りである。男女が花見に出かけて弁当を食べていたときに、転がってきた桃を拾って家へ持って帰る。そこから桃太郎が生まれる。子供が大きくなると地獄の鬼から手紙が届く。桃太郎は出かけて行き、首尾よく姫を救い出す。地獄の鬼が火車（燃える乗り物）で追いかけるが、桃太郎が海に逃げたために鬼は追いつけない。桃太郎はその後、妻を連れて村に戻り、いつまでも幸せに暮らす。

この物語の決定版など存在しない、ということを確認しておくのは重要なことである。少なくとも一八九〇年にこの物語が教科書に採用され、標準化が進むまでは存在しなかった。それでも早くも江戸中期から、大部分の再話に、いくつかの要素が標準的に含まれるようになる。三匹の動物の従者などがそれに当たるが、柳田が採用した話形はこの要素を欠いている。妻が登場することや、桃太郎が黍団子をやると鬼が眠ってしまうなどの要素から、野村純一は、柳田が桃太郎の決定版として採用した話形には、酒呑童子などの話の要素が混入していると指摘する。それでも、ここには女性が登場することから、桃太郎は結婚を志向すると主張する柳田の読解にとっては理想的な話形であった。

郷土研究の桃太郎

柳田の民俗学の影響下にある桃太郎の話形を見れば、柳田の分析のいくつかの欠点が指摘できる。だがそれなら、桃太郎についてはほかにどのような読みが可能だろうか。柳田が桃太郎を代表的な「昔話」に据えようとしていたのと同じ頃、日本のいくつかの地方で、郷土研究者たちは桃太郎を「伝説」として広めようとしていた。加原奈穂子が指摘するように、民話では場所や時間や登場人物を特定することはせず、[26]単に「昔々」という決まり文句で始める。これらの物語の機能は、娯楽と、民衆の知恵の伝達である。メディアが身の周りにゆき渡っているわれわれの時代以前に、この娯楽の機能がどれほど重要だったかは、今では充分想像できないほどである。特に桃太郎は、子供たちや家系の継承の重要性を指摘し、少年たちには広い世界に乗り込んで身を立てることの重要性を教えている。これに対し「伝説」は、ほぼ常に土地に根づいたもので、特定の場所を登場人物たちに結びつけるものである。「昔話」にはわれわれの思い描きやすい一般的な登場人物や状況が出てくるのに対し、「伝説」は固有名詞や半ば歴史的な事件と結びついている。こうした半ば歴史的な情報は、住民がその周辺の土地の風景を読み解いたり、その土地の特色——人の手によるものも自然のものも——に情趣を添えたり説明したりするのに役立つ。皮肉なことに、「伝説」としての桃太郎は完全に近代の産物であり、地域の歴史との関連性は大抵の場合きわめて疑わしい。戦前には、観光産業と郷土研究により、桃太郎は岡山県、愛知県犬山、四国の鬼無《きなし》と結びつけられていた。

今日の日本で、桃太郎の話との結びつきがおそらく最もよく知られているのは岡山だろう。鉄道でこの街を訪れると、駅前の目立つ場所に据えられた桃太郎の大きなブロンズ像が出迎えてくれる。これは一九五〇年代に、当時の三木行治岡山県知事が、桃太郎を県のシンボルとして用いたキャンペーンを大成功させたのに、直接は由来している。だが元を辿ればこれは、難波金之助(一八九七—一九七三年)や志田義秀《ぎしゅう》(一八七六—一九四六年)といった県在住者が、それ以前に行なっていた調査に端を発している。(27)柳田が桃太郎を日本人全般に重ね合わせて見ようとしていたのとほぼ同じ頃、難波は桃太郎を岡山の地域史の中に根づかせようとしていた。一九三〇年五月、難波は『桃太郎の史実』を出版し、桃太郎の話は『古事記』に登場する伝説的人物、吉備津彦命を下敷きにしているという結論を示している。難波は地域の史跡に注目し、特に地域で「鬼《き》ノ城《じょう》」と呼ばれている、山の上の百済風の城跡を、鬼が島のモデルと推定している。続いて桃太郎と岡山の関連を論じたのは、地域在住の研究者で、岡山の第六高等学校で国語の教授をしていた志田義秀である。志田は一九四一年に「桃太郎概論」(『日本の伝説と童話』所収)を発表し、吉備団子と吉備津神社の関係に着目している。[28] 難波も志田も丹念に調べ、真剣に議論しているが、結局は桃太郎と岡山を結びつける状況証拠を挙げているにすぎない。

その頃、名古屋の北にある犬山地域でも、川治宗一(一八九四―一九七三年)と絵師の吉田初三郎(一八八四―一九五五年)が、特に学術的態度を装うこともなく、桃太郎を利用して観光客を集めるのに成功していた。吉田は鳥瞰図でよく知られた人気絵師で、川治が一九三〇年に建立した桃太郎神社の宣伝にも吉田の地図が役立った。名古屋から気軽に電車で日帰りでき、行楽客は近隣の犬山遊園地を訪ねたり、ドイツのライン川に景観が似ているとして「日本ライン」と謳われた木曽川で川下りをしたりして、締めくくりに桃太郎神社へ参拝するのである。この神社は一九三〇年代から戦後にかけて人気を博し、川治の息子の川治桃光が宮司を継いだ。この神社は現存するが、デパートの屋上遊園地のような雰囲気に包まれていて、かつての華やかな時代を偲ばせはするが、ゆっくりと過去の中へ消えてゆこうとしている。

おそらく桃太郎への郷土研究的アプローチの最も分かりやすい例は、四国の高松市の南にある鬼無地域におけるものだろう。ここでは地元出身の橋本仙太郎が、故郷の村と桃太郎の結びつきを探求した。橋本の若き日に、明治の元勲である大隈重信が同地を訪問して演説を行なっている。その中で大隈は、地域の人々はこの土地の名前を肝に銘じ、自身の心に鬼を住まわさないようにしてほしいと述べている。[29] これはローカル・アイデンティティなるものが実際にはナショナル・アイデンティティのレンズを通じて読み解かれたものであることを示すもう一つの例だが、この演説の影響によって、橋本は自分の故郷が桃太郎の話と関係しているのではないかと考えるようになる[30]。

橋本は教師をしながら在野の歴史家兼考古学者としても熱心に活動し、地名の起源を求めて古文書を調査し、時には遺跡を求めて発掘も行なっていた。それ以降、橋本は鬼についてのさまざまな地元の話を収集するようになる。橋本が最初に一連の論考を発表したのは一九三〇年、地域の新聞『四国民報』紙上でのことである。この連続記事の題名には「童話『桃太郎』の発祥地は讃岐の鬼無」とあった。続いて一九三二年、橋本は単行本『鬼無伝説桃太郎さん　鬼ケ島征伐』を上梓する。この本は非常な人気を博し、二二刷まで増刷された。橋本はその中で、この話に関連すると考えられる土地を二百カ所以上挙げている[31]。橋本は主人公よりも鬼の方に注目し、その実体は高松沖数キロメートルのところにある女《め》木島《ぎしま》・男《お》木島《ぎしま》という二つの小島に拠点を置いていた海賊ではないかと推測している。これらの島には人の掘った洞窟が多数残っており、室町時代に瀬戸内海にいた海賊たちがさかんに利用していた可能性がある。橋本のこの本が出版されると、女木島は鬼が島として知られるようになり、人気の観光スポットとなった。高松港から女木島へのフェリーが就航し、夏期には一日に数千人という観光客が島を訪れるようになった。島の浜辺での海水浴に加えて、夏の暑さの中でも涼しい洞窟探検を楽しむことができた。また橋本の故郷の鬼無では、古くからある熊野神社が「熊野権現桃太郎神社」へと名前を改めている。改称が正式に行なわれたのは一九八八年のことだが、この神社はすでに一九五五年頃までには一般に桃太郎と関連づけられていた[32]。現在でもこの神社では毎年四月第一日曜日に「鬼無桃太郎まつり」として、子供を主体としたさまざまな行事を行なっている。

むすびに

桃太郎は今日でも人気があるものの、宮崎駿らの生み出した少女ヒーローらに押されて、その存在感を失いつつある。宮崎が少女ヒーローを起用したのは、戦時中のプロパガンダによって汚された主人公を避けた結果だという。一方桃太郎は、歴史学者のジョン・ダワーらが指摘してきたとおり、戦時中にナショナリズムの高揚のために広範に利用されていた。英語圏の研究者は柳田の著作の政治的責任を何度も問うてきたし、柳田の、昔話全般、特に桃太郎についての研究との関連で、これを問うことは筋の通った話である。今日の視点から見れば、桃太郎を昔話として読む試みには確かに瑕疵があった。特にこの話に妻もとめを読み込むという柳田の主張は、おそらくはこの話がよりよく日本人全体を代表するようにとの意図からなされたものであろう。このように柳田の研究は、日本の統一的なアイデンティティを見出し定義する一助となることを意図したものであったが、このアイデンティティを帝国主義や戦争と直接結びつけたわけではない。おそらく皮肉なことと見るべきだろうが、一九三〇年代以降の郷土研究者らの仕事こそ、その活動がローカルなものだったにもかかわらず、より直接的にナショナリスティックであった。七〇年以上が過ぎた現在から振り返れば、桃太郎をはじめとする昔話の柳田による調査は、今日でも細心で本質を突いており、読者の思考を刺激するものであるように思われる。

（訳：伊藤由紀）

原注

（1）柳田国男『桃太郎の誕生』『柳田国男全集』第六巻、筑摩書房、一九九八年、二四一頁。

（2）Ronald Morse. *Yanagita Kunio and the Folklore Movement: The Search for Japan's National Character and Distinctiveness.* Garland Publishing, 1990. p. xvi.

（3）関戸明子・加藤政洋・大城直樹「はじめに」「郷土」研究会編『郷土——表象と実践』嵯峨野書院、二〇〇三年、iii頁。

（4）関戸ほか「はじめに」iv頁。

（5）伊藤純郎『増補　郷土教育運動の研究』思文閣出版、二〇〇八年、二四二頁。

（6）伊藤『増補　郷土教育運動の研究』二四〇頁。

（7）伊藤『増補　郷土教育運動の研究』二三五—二三九頁。これは柳田の研究に内在する中央対周縁の緊張の一つの例である。柳田は教師が地域のことに精通しているよう望んだが、それはその教師に教わる児童たちのためであると同時に、教師たちが柳田自身の研究の役に立つからでもあった。柳田はこれらの教師たちが自分の指導を受けずに独自に研究を行なうことは望まなかった。

（8）柳田国男「郷土研究と郷土教育」同『国史と民俗学』『柳田国男全集』第一四巻、筑摩書房、一九九八年、一四五頁。

（9）柳田「郷土研究と郷土教育」一四四頁。

（10）柳田国男「食物と心臓」同『食物と心臓』『柳田国男全集』第一〇巻、筑摩書房、一九九八年、三六七頁（初出は『信濃教育』第五四三号、信濃教育会、一九三二年一月）。

（11）柳田「郷土研究と民俗学」『柳田国男全集』第二九巻、筑摩書房、二〇〇二年、三八二—四〇五頁。この講演は佐賀市で行なわれ、『肥前史談』に四月から十月の五回に分けて掲載された。

（12）柳田「郷土研究と民俗学」三八三頁。

（13）柳田国男「旅行の上手下手」『柳田国男全集』第二九巻、一八三頁。初出は『婦人之友』一九三四年五月一日。

（14）柳田「郷土研究と民俗学」三八四頁。

（15）『桃太郎の誕生』の発表史はやや込み入っている。一九三三年の単行本は一九三〇年一月から一九三二年七月までの約二年間に個別に発表された一一編の論考をまとめたものである。そのうち七編は柳田と関係が深く学術的要素の強い雑誌『旅と伝説』に発表された。一編は岩波書店から出され、一編は『郷土研究』に載り、一編は権威ある論説誌『中央公論』に掲載された。最初と最後の章は一九三二年六月から七月にかけて同時に書かれたもので、本を両端から支える本立《ブックエンド》てのように、柳田の論旨をまとめ、明確なものにしている。それがなければ、これらの論文は、さまざまに異なる民話に対してきわめて多様な立場から考察を加えたように見えてしまっただろう。本稿の議論は主にこの最初と最後の章に注目する。

（16）柳田『桃太郎の誕生』二四三―二四四頁。

（17）柳田『桃太郎の誕生』二五六頁。

（18）柳田『桃太郎の誕生』二五七頁。

（19）柳田『桃太郎の誕生』二四八頁。

（20）柳田『桃太郎の誕生』二五八頁。

（21）同書の出版者となっている民間伝承の会とは、口承文芸の調査を目的に柳田が率いていたグループである。この会は裕福な支援者によって経済的な援助を受けていた。

（22）この話では、鼠たちが村を離れて海を渡ろうとする。別の土地に行けばもっと多くの食べ物にありつけるかもしれないと考えてのことである。だが旅の途中で、鼠たちはまさに同じことをしている別の鼠の群れに出くわす。自分たちの状況の見込みのなさを自覚した鼠たちは、海に身を投げて溺れ死ぬ。

（23）これ以前には、よく知られた物語を集めた「五大お伽話」（桃太郎、かちかち山、舌切り雀、花咲か爺さん、猿蟹合戦）というまとめ方がよく知られていた。この言い方はおおよそ江戸中期から使われていた。

（24）柳田と著名な情報提供者である岩手県遠野地方出身の若者、佐々木喜善との関係は、しばしば柳田研究のなかで検討されてきた。英語による詳細な研究の一例として、Gerald Figal. *Civilization and Monsters: Spirits of Modernity in Meiji Japan.* Duke University Press, 1999. pp. 106-112 が挙げられる。

（25）野村純一『新・桃太郎の誕生』吉川弘文館、二〇〇〇年、七五―九一頁。

（26）加原奈穂子「未来へ向けた伝統創り」おかやま桃太郎研究会編『桃太郎は今も元気だ』吉備人出版、二〇〇五年、一〇八―一〇九頁。
(27) 市川俊介『おかやまの桃太郎』岡山文庫二三三、日本文教出版、二〇〇五年、九〇―九六頁。
(28) 市川『おかやまの桃太郎』九二―九三頁。
(29) 齊藤純「桃太郎伝説」『国文学　解釈と鑑賞』第七〇巻第一〇号、二〇〇五年、一七四―一七七頁。
(30) 加原「未来へ向けた伝統創り」一二六―一二七頁。
(31) 加原「未来へ向けた伝統創り」一二七―一二八頁。
(32) 古川克行「桃太郎伝説地を訪ねて」『桃太郎は今も元気だ』一七三―一七四頁。

上代日本の幻想
――柳田国男『海南小記』における沖縄の同化

アラン・S・クリスティ

『海南小記』は一九二〇年の暮れから翌年にかけての柳田国男の沖縄旅行を描いたものである。浦添城址の石垣に立って彼方を見晴らしながら柳田は言う、「島の歴史の八百年が見える」[1]。柳田はまず眼下の港と山がまとう神話的歴史的意味を詳述し、続いて過去の栄光と現在の寂しさを対比して、こう自問する。「今見る物はただの林と、海と砂浜との他に何があるか」[2]。しかし二十世紀初頭のこのとき、柳田の立っていたこの場所は、沖縄最大の都市那覇のすぐ北に位置し、この島はむしろ人口過密を懸念されていたのだから、柳田の目には多くの建物や街路、日々の暮らしを営む人々の姿も入っていたはずである。浦添の現状を見過ごして（その彼方にある）神話的な過去を見ようとする柳田の旅行者としての視線は、この作品の全編を通じて指摘される。レヴィ＝ストロースが『悲しき熱帯』の中で示した、失われた過去を追求するうちに現在を認識できなくなるという事態への懸念[3]が、絶えず思い起こされる。本稿では、柳田『海南小記』における、体験と文章記述のせめぎ合いを検討したい。この作品は柳田が官職を辞し文筆に専念するようになった後の最初の本格的な著述であり、それゆえ柳田の業績の中で重要な位置を占めている。

『海南小記』の自序の中で柳田は、この作品は単なる「咏歎の記録」であり、厳密な学術研究ではないと書いている。また巻末の附記では、東京の新聞に載せる「観察記」のつもりで書いたものを「紀行風」に仕立て直そうとして、「印象も知識も前後し錯綜して、一度あの辺を旅した人でないと、はっきりとどの辺の話をしているのかがわからぬことになった」[4]と認めている。このように規定することで『海南小記』は個人的な経験に基づくものだと強調され、個人の感情を排して第三者的立場から抽象的に書くものと考えられている学術論文の理想からは、対極にあるものとされる。このテクストは柳田が沖縄旅行の中で見聞きし感じたこと（つまり、経験したこと）の記録であり反映であると、読者は告げられる。しかし柳田の浦添周辺の描き方からは、経験と文章記述の関係は不安定なものとなりうるということが分かる。柳田のテクストが記録しているのは、柳田がそのとき浦添城址で経験したことだろうか。それともその経験は、何か別のテクストによって生まれたものだろうか。

柳田の経験の源泉としてどのようなテクストを考えるにせよ、それとは別に、もう一つ考慮しておくべきテクストがある。ただしそれは、柳田が浦添城址に立っていた時点ではまだ書かれていない。柳田は自序の中で「わずかの世紀の間に作り上げた歴史的差別を標準とはすることなく、南日本の大小遠近の島々に、普遍している生活の理法を尋ねてみようとした」[5]と記しているが、これを言い換えると、柳田は歴史の偶然を超越した構造化原理、この島々の生活の構成要素を生み出した本源の姿を探ろうとしたことになる。この「理法」を基盤として、やがて「日本民俗学」と呼ばれる一連のテクストが生まれたのである。

近年の日本における一般的な柳田評価では、『海南小記』のこの目標は達成されたと考えられており、この二カ月間の南方の島々への旅行は、柳田とその作品に「決定的な影響を与え(6)」たと見られている。柳田の業績において『海南小記』は三重の意味で重要と見なされる。まずは柳田の生涯におけるその発表時期、次に民俗学において旅行の方法論の発展に果たした役割、そして沖縄を上代日本文化研究にとってきわめて重要な場とするその表象においてである。現在では、柳田を信奉する者も批判する者も一様に、柳田の旅行と、旅行者としての柳田のイメージをたいへん重視する傾向がある。そのイメージは、疑うまでもなく柳田がみずから定着を図ったものだが、それは現代の研究者によってもなお再生産されている。たとえば宮田登は、「柳田の紀行文が、やがて民俗学へと展開していくときの主要素となっていることは明らか(7)」だと力説している。旅行は史料を収集し、地域文化を体験し、文化圏を規定する主要な方法として、民俗学にとって鍵となる方法論的重要性を担ってきた。『海南小記』の方法論的重要性は、それが「沖縄の発見」として取り扱われるために、ますます増幅する。結果的に見れば、沖縄は柳田のその後の仕事の核に据えられるようになり、柳田の民俗学は「沖縄の民俗を基礎にして〔中略〕組み立てられ(8)」たと紹介されてきた。これらの評価は、柳田の経験とテクストの関係について、ある支配的な読みを示しているが、それらは民俗学を「経験科学」であるとするイデオロギー的理解に基づいている、ということに注意しておかねばならない。

「経験科学」としての民俗学は、「経験」を、その研究対象であると同時に主要な方法としても確立しようとしている。この民俗学の形成に大きく弾みをつけたのは、柳田の歴史批評である。一九一四年、柳田は日本の歴史学の慣行について、「平民の歴史」を無視しているとして批判した。それに代わるものとして柳田が提示した歴史は、貴人英傑を強調する態度を覆すばかりか、重大事件に注目しようとする態度をも覆すものだった。[9] 柳田の指摘によると、従来の「農民史」は、権力者の歴史の中に集団としての平民の歴史をも書き込もうとするもので、そこには百姓一揆や飢饉などの事件が描かれるが、こうした出来事は実際のところ、長期にわたって繰り返される単調な年月の中の、例外的な浮沈にすぎない。これに対して柳田が求めていたのは、平民の日常生活の歴史であり、彼らの生涯の大部分を占めていた、特に事件もなく繰り返される日々を検証した歴史であった。この繰り返される日々という領域は、文献史料から解明されるのではなく、平民の経験、その実社会での活動と想像力の発露とによって明らかにされねばならない。つまり、この経験の領域は、平民が生み育ててきた「文字によらない文化」の中に示されていると見なくてはならない。既成の歴史学では過去のそのような側面を取り扱うことができないのならば、これを検証できる新しい学問分野を形成しなくてはならない。

民俗学は、この「文字によらない文化」を研究対象として規定することによって、方法論の中核に研究者の経験そのものを据えた。認識論の観点からすれば、こうした資料は経験を通じてしか「読む」ことができない――聞いたり見たり、感じたり（触覚と感性の両方の意味であるが）によるほかない。実際的な観点に立てば、これらの経験は簡単に民俗学者の家に持ち寄られるようなものではない。[10] それゆえ、「平民」のいる現地への旅行は、この分野では必須のものとなる。こうして、柳田の「旅行者」としてのイメージは、民俗学を「経験科学」として提示するうえで重要な、かなめの役割を果たした。[11] 柳田は『海南小記』の自序において「一箇旅人」[12] としての自身の役割を強調しているばかりでなく、たとえば七十代半ばになっても「私は人生を旅人として送ったような人間[13]」だと主張している。柳田が膨大な量の旅行記を残していることは間違いないが、近年〔ちくま文庫から〕刊行された柳田の全集が全部で三二巻にのぼることからも分かるように、柳田は圧倒的な量の著述をも残しているのである。

旅行という行為に関する柳田本人の記述に触発されて、われわれも逆にこんなことを問いかけたくなる。柳田の「山人」および平民論からは、人々とのどのような形の接触が生じたのだろうか、と。旅行についての一九二七年の講演の中で、柳田は「旅行の第一義は〔中略〕本を読むのと同じ[14]」だと語っている。読書の効能を得るためには良い本を選択しなくてはならないのと同じように、旅行についても良い旅行を選択しなくてはならない、そして読書に方法があるように、旅行にも方法がある、と柳田は言う。佐藤健二は、柳田が良い旅行と良い読書を対比させたことは偶然ではないと見ている。佐藤によれば、それは「書物というカテゴリーが柳田の方法の中で〔中略〕拡げられ[15]」た結果だということになる。つまり柳田は膨大な読書から――特定のテクストからというわけではなく、読書という行為そのものから――民俗学の思想を発展させており、柳田の企てた試みとは、「世界を書物のように読む[16]」ことであった。その意味では、民俗学の根底にある経験は、旅行の経験というよりは、むしろ読書の経験なのかもしれない。

ある意味で、旅行を読書に見立てることは、民俗学に内在する、書く行為と書かれざるものとしての対象との葛藤を、別の形で現すことになる。あえて手続きを簡略に記すなら、民俗学の理想とするところは、口承だけで何代も受け継がれている民俗習慣に現れる人々の体験を、真正《オーセンティック》な形で表現することである。これらの習慣が書くことによる固定化を逃れてきたという事実そのものが、その真正さを示している。しかし民俗学者らは、書かれていないものの中に真正なものを見出すと、今度はそれを記録しはじめることになる。発話とはその信憑性を保証する「実際の」行為だが、発話を保存して失われないようにする書くという行為を経なければ、その信憑性は認識されないどころか、そもそも信憑性が生じない。

それゆえ柳田の旅行記が民俗学の発展に果たした役割を重く見る立場に、私はある程度同意できるが、その理由はかなり異なっている。民俗学の核心の部分にはテクストと経験の間の矛盾があり、旅行記とはその緊張関係を解きほぐしてゆくうえで効果的な戦略の一つなのである。旅行記の形式は、一方で経験が構築されていることを覆い隠し、その記録が旅行の成果であるように偽装する。その一方で、旅行は書かれなければ単なる一連のごたまぜの印象で終わってしまう。手を加えていない経験の記録として見れば、テクストは確かに旅行の成果である。しかし柳田の記述が経験の本質について前提としていること（ここで経験というのは、柳田本人の経験と、沖縄の人々の経験として柳田が観察したものの双方を指している）の検討を通じて、私は単に経験を書き記したものがテクストになるといった見方を否定し、テクストが経験を生じさせる場合もあることを示したい。

以下に具体的に示すように、『海南小記』は日本のための沖縄、日本民俗学という分野の勃興に寄与する沖縄という位置づけを行ない、さらには柳田を真正の旅行者とするイメージを生み出した。このような沖縄イメージを生んだのは、まさしくこの旅行記である。柳田はまず、旅行の経験にもとづいて、沖縄についての他のテクスト表象を否定した。次に柳田は、その旅行を利用しつつ実体験に裏打ちされた方法論を展開し、その方法論によって有史以前の過去への接近を実現した。その過去においては、沖縄が日本を表象する。さらに柳田は、旅行の概念を用い、近接と距離の修辞を操作することで、特別な意味を生成させている。

煙の中の過去を読む

柳田は、一九一四年の歴史学批判を『海南小記』の中でも繰り返している。というのも、柳田はこの南方の島々を、「昔」と（テクストとしての）歴史の区別が明確になる場として示しているからである。この区別は、声を通じて発話されたものと書かれたものの二分法を延長したものとして打ち出される。柳田は一貫して、一連の現象——具体的な事物から、シャーマンの発話や夢に至るまで——と、書くという、制約を生む行為とを対置したうえで、書かれない現象のほうが、過去に対して情緒的かつ創造的な接近を可能にすると主張する。「文字あるものは概して新しい」[17]と言い、「記録は要するに有識階級のものである」[18]とする柳田にとっては、沖縄で書かれたものは根本的に疑いの対象となる。柳田が探し求めているのは、書かれたものよりはるかに古い過去の痕跡であり、階級ではなく民族という、より広い枠組に基づく視点に立つものである。もっとも、柳田が琉球諸島の正史を否定するのは、単にわれわれを発話や体験の直接性へ回帰させようと意図してのことではない。正史の否定は、失われつつある口伝えとしての経験を「真実」と認識し言明することのできる、書くことをめぐる新しい領域の創出につながっている。この領域こそが「民俗学」なのである。

柳田が歴史と対置する過去は、完全に失われていて書くことによっては回収できない、というわけではなく、別の形で保存され読まれているものとされる。沖縄の宗教的慣習の中心をなす、香を焚くという行為を比喩に用いて、柳田は次のように言う。この島の「史蹟はすべて皆〔、〕香の煙をもって保存せられている。そうして史蹟でもない空っぽの昔が、その煙のように薄れて行くのである」[19]。この比喩に付き合ってみると、本に記録された過去を読むのと、香に封じ込められた過去を読むのとでは、求められる感覚器官も違えば（視覚と嗅覚）、感受性も違う（理性と直感）ことがわかる。それにこの二つは、かなり異なる保存の形態を示してもいる。歴史の生成には一人の書き手があれば良いが、史蹟を煙の中に保存するためには絶えず香を焚いていなくてはならず、世代を超えて宗教的儀礼が執り行なわれていなくてはならない。一瞥しただけでは、歴史的テクストのほうが、そこに記録された過去をより明確に伝えているように見える。しかし宗教的儀礼の継続的反復は、より真正な形で過去が伝えられることを保証してくれる。歴史的テクストの読者は、テクスト本来の意味の再現のためには、まずそれが書かれた文脈の再構築を試みなくてはならない。しかし祭祀を執り行なう者は、以前の世代と同じ儀礼を反復して行なうことで、本来の意義を文字通り書き換えている。

柳田は宗教的しきたりを自身で行なうわけではないので、土地の人々と同じように過去を読むことはできない。それでも柳田は全編にわたって、このような独特かつ直感的な方法で過去の読解を試みている。さらに柳田は、これらの読解の重要性を、書かれた歴史の可能性と明示的に対置させることで強調している。たとえば九州のある城址の「石垣の石の色には、歴史の書よりもさらに透徹した、懐古の味いを漂わせている」[20]と柳田は書く。また今帰仁《なきじん》城址の神石について、王国を失った王が錯乱のあまりこれに斬りつけたという伝承を記す際、石が砕けてからほとんど五百年後の今日でも、土地の人々がこの石を見にくることを当然と考え、人は「眼に見え手に触れる[21]」過去の遺物に引きつけられるのだと書いている。柳田の観察した遺物の多くは、浦添周辺の風景の描写の場合と同様、現在観察できる過去の遺物としてというより、そこに潜在する物語によって重視されている。柳田による遺物の読解は、分析的理性ではなく想像力を駆使するものとなる。その結果これらの遺物は、想像力の飛躍を促すという点において、書かれたテクストよりも優れたものとして提示される。柳田自身が指摘するように「我々の空想にも、何か具体的な飛石のようなものを必要とした[22]」のだから。

これらの遺物は過去についての、直感的で言葉によらない証言を柳田に提供してはいるが、柳田が上代に接近する際、最も一貫して用いたのは沖縄の人々の話し言葉であった。当然のこととして、柳田は話し言葉を書き言葉に先立つものとしている。話し言葉の書き言葉に対する先行の顕著な例外として、『海南小記』に柳田が書きとめているのは、昔は文字の読めない人々にも公文書を読み聞かせることがあったため、一部の文章語が会話の中に流入したという事例である。しかし柳田は、一般的な言語の発達過程が逆転したこの事例を、沖縄の話し言葉に対する中国語の影響を否定するために持ち出しており、この例外的事例は、沖縄の話し言葉において見出される上代の痕跡を日本語と共通のものとみなす、柳田の言語学的分析の原則を裏付けるものとなっている。柳田の言語学的分析の大部分を形成することになるこの原則は、沖縄の話し言葉は、「ずっと昔から大和と共通で[23]」、常に同じ語族に属していた、とするものなのである。

柳田が何らかの、表面的には地域的な現象と思われるものを分析するときには、ほぼ決まって、その地域での名称の分析が中心になる。そこで行なわれるこれらの名称の分析は、日本語と同じ起源を探るものとなる。つまり、外形の違いから始めて、同じ意味へと遡るのである。カタカナで表記される言葉は、はじめ見慣れないものに映る。ところが柳田は、その言葉を音または意味をもとに解釈し、しばしば上代日本語とのつながりを見出す。沖縄語における「ハジ」の語の用法の分析など[24]いくつかの事例では、沖縄語での用法が、日本語では失われてしまったその語本来の意味を保っているのだとして、現代において耳慣れない響きを持ちながら過去においては意味を同じくしたという立場を貫くことに成功している。だが、同根とされる上代日本の単語を沖縄の言葉によって取り戻すにせよ、上代のものであると同様に考えられる概念へ導かれるにせよ、柳田は、沖縄の話し言葉を、一貫して現代ではなく過去に関する言説を支持するために利用しているのである。

だが、当時の日本語と沖縄の話し言葉の隔たりが示唆しているとおり、話し言葉には年月とともに劇的に変化する傾向があるため、過去をたどるには話し言葉のほうが書き言葉より有利だとは言い切れない。しかし柳田はどういうわけか、沖縄の話し言葉は変化に対する耐久性が強かった、と主張している。「我々から見れば沖縄は言葉の庫である。書物もなかった上古以来、大略できた時代の符徴を附けて、入れておいた品がたいてい残っている。内地の方で損じたものが島では形を完《まっと》うしている[25]」。柳田が沖縄の話し言葉の耐久性の証拠だとするのは、それが上代から中古の日本の話し言葉に似ているという点である。しかし、これらの言葉が日本の本土の話し言葉からはもはや失われている以上、柳田は皮肉にも、テクストから発掘することのできる日本の話し言葉の痕跡を主な根拠として、沖縄の話し言葉の古さを確認していることになる。

とはいえ柳田は、慣習を考える上での役割を具体物に認めるのと同じように、言葉については、想像をまじえた使い方に、非常な重要性を見出している。この点で柳田は、特に夢と民話に対し、想像された歴史、すなわち民衆の記憶の一形態としての特権的地位を認めており、民話は「史実でないまでも昔の趣だけは伝えている[26]」としている。それは感情の発露なので、その内容が歴史的に正しいかどうかは問題ではない。それでも柳田は、琉球諸島一帯に見られる、海の彼方の仙境の島に関する言い伝えなどを取り上げ、これらの夢や物語の多くは「決してその全部が夢ではない[27]」と主張する。驚くまでもないことだが、柳田はノロ（能呂）、ユタ、グジなどと称する司祭、予言者、語り部が、社会や民族の記憶の保存に果たす役割を高く評価している。たとえば、ユタの機能は「古くからの夢語り[28]」を伝えることであったと柳田は規定し、その機能を地域の歴史や社会の記憶の一種へと発展させてゆく。これらの女性は「本尊と頼む神仏の力によって、ただの人の目には見えぬ者を見る」。そしてその力をもってすれば、ぼんやりした過去を「闇の園の燈火」のように照らすことができる[29]。しかし柳田は、若者がもはや彼女たちの言葉を信じなくなったために、これらの夢が「歴史として固定して行くらしい」ことを懸念している[30]。そうなれば、単にいくつかの物語が失われるだけではなく、過去についての直感的な知識も失われてしまう——香の比喩に、モノとしての香料の保存と香を焚く行為の両面があったように——ことを、柳田は明らかにする。ユタによって語られる夢の意味や内容は「民族の感情[31]」と表現される。

　これらの夢は、過去のことを調査するための史料となるばかりでなく、柳田本人のテクストのモデルともなって、柳田はしばしば夢を語るような形でテクストを書くことになる。柳田による浦添の風景の読解は、「昔の争いを思い出すばかり[32]」と、まるで白昼夢を見るようだ。九州南東の海岸に沿った小さな「忘れられた」島々の、絵はがきのような光景を前に、柳田は上古の国つくりの神話へと思いを馳せる。同様に、沖縄本島西部の干瀬の光景は、その風変わりさゆえに、見る人に上古の神話を信じさせるに十分である[33]。雨の降る日に沖縄本島北部の村でノロを訪ねた柳田は、どこか曖昧模糊とした文体で「もしこの日が夢ならばなおさらに美しいがとさえ思われた[34]」と書いている。この本の最後の三分の一は、柳田が訪れたさまざまな島に関係する民話の話題が主になる。柳田はこれらの章においては自分の存在をまれにしか感じさせないので、まるで柳田の旅が伝説の時代に行き着いたかのように読める。柳田はまるでユタの役割を引き受けて、自分の旅行についてではなく、島々の上古の物語を語りはじめているかのようである[35]。

既に述べたように、これらの夢や夢のような描写は柳田のテクストを批評するうえで重要なものであるが、それらが別のテクストから引かれていることにも留意しなくてはならない。柳田の『海南小記』を純粋に柳田自身の経験の記録として読もうとすると、柳田がほかに二〇あまりのテクストを頻繁に参照していることや、附記の中で、最初に二週間那覇に滞在したときは「人と逢い書物を見る日などが多くて、たくさんの旅行はできなかった[36]」と認めているのを見落とすことになる。テクストと経験の矛盾という根本的な問題は、多くの柳田評価の文章の中に顔を覗かせており、私はここでそのことを繰り返すつもりはない。私はむしろ、二者はより密接に結びついているとする立場を取りたい。浦添の風景を神話的なものとして読む柳田は、土地をテクストとして読むと同時に、神話を土地に結びつけてもいる。神話というテクストの読みが実世界に拡大されることで、実世界はテクストを、実際の出来事ではなく、ある土地に実際に根付いた感情を伝えるものとして認めることになる。柳田が理性的な、あるいは有識階級による歴史記述を批評するのは、このような歴史的でない非現実を、経験可能な実世界の中に位置づけようとするからである。また、理性によらない経験の意味を読み解く能力が自分に備わっていると考えているからでもある。その結果は、既に述べたように、テクストの完全な否定ではなく、批評であると同時に創造でもある「民俗学」という、書くことの新たな領域の創出であった。

上代との出会い

過去についての何らかの記憶や遺物を、「歴史」と呼ばれるテクストの世界に対比させる中で、柳田はその記憶を持つ別の〈主題＝主体《サブジェクト》〉について語っている。橘川俊忠が指摘するように、柳田の歴史学批評は、有識階級による歴史の記録を、平民による、彼ら自身が主体となる（主題になるとともに、その語り手ともなる）歴史と対置している。[37] そうであるならば、『海南小記』の場合、この主体とは誰なのだろう。この問いは重要である。というのも、もし民俗学が「経験科学」として過去に関する知識を生成できるならば、香の「煙のように薄れて行く」過去とは、民族誌学者によってどのように経験され（読まれ）ることになるのか、という疑問が生じることになるからである。理想的には、民族誌学者はその土地に関する社会の記憶をさまざまな形で維持している現地の人々と出会って過去を見出す、ということなのだろう。しかし現代の文脈では、民族誌学者の向き合う社会は、全般に政府による風俗改良に起因する記憶喪失にかかっており、現代の人々は、柳田の言葉を借りるなら「元を忘れるのが幸福に生きる手段」という「大きな誤解」を抱いている。[38] 社会全体に記憶喪失が広がる中、柳田はそれでもなお、わずかに取り残された記憶や過去の経験の痕跡を見出すことに成功している。それを見出したのが、子供や女性や孤立した地域の人々といった、標準的な歴史から除外されがちな集団においてであったのは、偶然ではない。

子供たちを過去と結びつけるのはやや皮肉な話で、柳田も「子供の趣味も変るから、ぜひ残すということはむつかし[39]」いと認めている。それでも柳田は、子供たちを来るべき未来と結びつけるのではなく、その遊びが伝統に連なっていることや、村の祭りでの子供たちの役割が、権力構造の反転の伝統的な象徴となっていることや、さまざまな国つくりの神話で子供が重要な役割を果たしていることなどを話題にしている。たとえば沖縄では「十二月八日のウニムチー（鬼餅）は今もまだ子供が楽しんでいる[40]」が、同じ遊びは日本のほかの地域ではほとんど消滅している。この事実は、この島々での習慣の耐久性を示すものとされる。柳田は、過去の慣習が消えつつある社会でも、子供たちのすることが、失われつつある過去を発見する鍵になると主張する。その根拠とされるのは「大人が信ぜぬようになれば、祭の式はおいおいに遊戯になってゆく[41]」ということである。いずれの場合においても、子供たちは無意識に過去を継承するものとして描かれており、その描き方は柳田が過去を夢のように描くのとまさに呼応する。子供たちは古い遊びや慣習を維持することの重要性を理解していないかもしれないが、世代を超えて伝承してゆくという主要な役割を担うことで、民族の過去の記憶を今に生かしていることになるのである。

子供たちと同様に女性たちも、過去を日々の営みの中に残していると柳田は言う。琉球諸島の宗教的儀礼は、ノロやユタを務めたり、あるいは亡くなった家族の骨を洗うことを引き受けたりして、なくてはならぬ役割を果たしてきた女性たちの存在に大きく依存している。そして柳田は、香に閉じ込められた過去という比喩にも明らかなように、宗教的儀礼を社会の記憶の再生産に不可欠なものとして描いているので、「昔はまだ老女の間に、はっきりと遺っている(42)」と主張する。既に述べたように、柳田はノロを新しい歴史の真の担い手と見ており、「これから後の百世に対する我々の好意と期待、また自分ですらも忘れて行く数々の愁いと悩みは、実は民族の感情に最も鋭敏な、やさしい女たちの力によらざれば、とても文字などでは伝えておかれない(43)」としている。ノロと同じくユタも、柳田のテクストの中ではきわめて歴史的な機能を果たしている。ユタは語り部として、「この世の始めとわが家の始め」について物語る役割を担っている。ノロとユタとは同じように「物知り」と呼ばれていて、神秘の力によって「今まで不明であった」物事を照らしだす(44)。また沖永良部島《おきのえらぶ》では女性たちが「今も」毎年、島の聖域で「沖縄世の主《よのぬし》」(国王)の遺骨を洗っており(45)、琉球に属していた時代(46)の記憶を生かし続けている。『海南小記』では、女性はより神秘性の薄い日々の暮らしの領域においても過去を維持している。柳田が、女性を日常生活の反復的かつ再生産的側面と結びつけることは、実際驚くに当たらないことだろう。しかし女性による過去の保存について、柳田が特に踏み込んだ記述を行なっているのは、女性の再生産にまつわる伝統的な役割という文脈においてではない。むしろ柳田は、女性と過去の関わりを日々の話し言葉と生産の領域へと拡大しており、その際は「まだ」とか「今でも」などという、失われつつあることを匂わせる表現を自身の議論にちりばめている。たとえば柳田は、石敢当《せきかんとう》という魔除けの石碑について「年寄りや女はまたピジュルともいっているが、これが石敢当の古い名称と思われた(47)」と書くことで、年配者や女性を、何かが失われつつある状況に対するある種の抵抗者と位置づけている。また宮古島で上布を織る女性たちについての記述は、前近代の機織り制度の過酷さについて「今もやるせない記念が遺っている(48)」とする文脈に取り込んでいる。柳田は今日の機織りの仕事は以前ほど厄介ではないとしながらも、機を織る女性らには「小泉八雲さんのいわゆる先代のゴストがなお憑いている」[49]と主張する。言い換えると、もはや労働を強制されることはなくなっていた当時においても、柳田はそれを「黙って忍んでいる辛労」と捉えており、そのことは「今日でも」なお、売値をどんなに安く付けられても織り手には拒めないことに現れているとする。これらの説明で注目すべき点は、柳田が、女性たちの身を置く反復される状況を、日々の話し言葉や生産の領域といった、日本の急激な変化と最も深く結びついた領域の中に見定めていることである。柳田は、女性たちが今なお「ピジュル」という言葉を使い、今なお悲惨な条件の下で機を織るという観察に基づいて、過去を直感的に知ろうとしているが、これらの記述から同時に浮かびあがるのは、これらの条件や習慣が日本のほかの地域では失われつつあるという点である。

最後に、女性たちの謎めいた話し言葉と日常の反復を通じて過去を読み解く、こうした思考法の最たるものとして、柳田は、過去の痕跡が女性たちの肉体にも直接刻まれているのを確認できると主張する。身体の装飾は機織りの制度などと同様、政府の介入の対象となることが分かっているにもかかわらず[50]、柳田は女性たちの身体装飾を通じてはるかな過去を読み解こうとする。琉球諸島全域に見られる手の甲の入墨を解釈することで、柳田は女性たちの身体を文字通りのテクストと見ている。柳田はまず、入墨の意匠が島ごとに、そしておそらくは村ごとに違うことに着目し、入墨には物事を示す機能があると確認する。つまり、女性の入墨の意匠を見れば出身地が分かるということである。とはいえ柳田は、出生地を表わす細かな相違にかかわらず、矢の文様が共通して現れることに気付く。柳田はこれを「おそらくは女性の物を指さす力が、宗教的に強かった大昔の世の名残であろう[51]」と推測する。そしてここで柳田は、指さす先を事物（物）から方向（方）へとすり替えて、「それがいずれの方を指さしていたかは、今はすでに絶対に不明となり、人はただある限りの島々に、散漫として移ったように考えている」と書く。入墨を通じて古代の移民の歴史を再構築しおおせたと考えた柳田は、入墨を「島人の真の歴史」であると評価する。

柳田によれば、周縁または孤立した地域に住む人々は、中心部の人々に比べて、過去を維持し反復する傾向が強いとされる。たとえば柳田は、沖縄西部の干瀬の人々の生涯にまつわる伝説をいくつか紹介した後に、「干瀬の附近には今でもまだ、このような生活がいくらでもあるらしい[52]」と書いている。同じように、八重山諸島の海亀についての章では、伝説から同時代のものまでの一連の物語を記した後、柳田はある婦人の発言を書き記す。この女性は柳田と同じ船に乗っていたが、海亀が見送りに来るという、現地の多くの人々が信じるらしい話に疑問をさし挿む。柳田はその疑問を「おかみさんは寒国の生れだから」かつて日本中にあった話をみずからは知りえなかったのだと一蹴する。女性が疑い、現地の人が信じるさまを対比させながら、柳田は「我々がとうの昔に忘れてしまったことを、八重山の人たちは今ちょうど忘れようとしているのだ[53]」と結論づける。[*1]

しかし、なぜ周縁の人々は中央の人よりもはるかに長く過去を維持できるのだろうか。柳田は『海南小記』の中では、この疑問にほとんど向き合っていない。この旅行記に添えられたエッセイの中で、柳田は、日本民族が本土に入った直後に文化の発達が急速に進んだため、琉球諸島の狭い空間が一種の保存庫になったのではないかという仮説を立てている。また、福田アジオは、一九三〇年代までは、文化は中央部で創造され絶えず放射状に広がってゆくとする周圏論が支配的だったことを指摘している[54]。つまり、中央から遠くへ行けば行くほど、古い文化的波紋の跡に出会うことができるので、ある文化圏の外縁まで行けば、その文化の最も古い流行の跡が見つかるというのである。福田は、柳田が一九三五年に書いた「南北双方の遠心的事情に、著しい一致のあること[55]」についての記述を検証し、柳田はこの文化拡散の学説を、とりあえずは支持していたのではないかと示唆している。たしかに柳田は『海南小記』の中で時折この見方に従っている。たとえば言語や文学の領域での日本からの借用に関する議論を展開する場合や、沖縄の小舟に杉の模様が描かれているのを「熊野の信仰[56]」に起因するのではないかと提唱する場合などである。しかし柳田がこの見方を系統的に発展させてゆくことはなかった。むしろ柳田は、過去を維持できる力を持つ可能性については、多くの場合、琉球諸島の生活のあり方に根拠を求めている。琉球諸島は「久しく疎まれた南方の海[57]」に孤立して、「都鄙の区別を教える講師も国司もいなかったゆえに、永く神の御幸の昔の悦ばしさを味わうことができた[58]」とされるのである。

これら沖縄のさまざまな要素に過去を見出したとする主張の問題点の一つは、ある現象がどのようにして古代のものだと判断できるのかという点である。既に述べたように、柳田はこれら古代の痕跡が「今でも」――つまり、ほかの地域では失われているのと対照的に――存在するのを認めている。ある事物の不在は、それが既に失われたためだとされ、地域的な現象は、個別の地域に限定されない重要性を獲得する。現在では地域ごとの特徴を示す文化的相違だと考えられていることが、同じ過去との異なる関係を示すものとして回収される。沖縄には社会の記憶がさまざまな差異を包みつつ孤立して存在していることから、この島々の中だけでも過去の記憶の維持と喪失とは複雑に絡み合う様相を示していることが分かる。だが沖縄は、日本との関係においては、全土をまとめて日本がとうに忘れてしまった記憶の保管庫として扱われがちである。つまり、柳田がこれら沖縄の保管庫の中に見出している過去とは、単に沖縄の過去というだけではなく、日本の過去としても意味づけられているのである。

距離と意味

沖縄県の島々の孤立性は――日本から離れていると同時に、島同士が離れているという点で――、そこで過去が長く維持されていることとの主要な条件と見なされる。この地形上の前提条件は、柳田が頻繁に用いる「孤島苦」なる表現に現れている。だがこの孤立性で説明できないのは、過去の意味がいかにして島々の自然の境界を超え、広く日本のものとして定義づけられうるのかという問題である。ところが、過去を日本のものとする、このような柳田の記述の裏付けも、やはり地形的表象の中に見出される。島々はたしかに互いに孤立しているが、海の中に鎖状に、北へ向かう海流に沿って並んでいる。この鎖のイメージによって、島伝いという表現が裏付けを得る。これによって、どの島も孤立してはいるものの、島から島へと旅することへの欲望が当然のものとされ、実際に旅が可能であった歴史があったとされるのである。旅へと駆り立てるこの県の自然の地形的特徴のおかげで、これらの島を巡る柳田の旅行記は、探検の記録というより自然誌の追体験という様相を見せている。この節で私は、テクストの地形的な分布が、近接と遠隔の力学の中で、沖縄の過去を日本のものとして構築するうえでいかにして不可欠の役割を果たしたかを明らかにしたい。

『海南小記』は旅行記というジャンルの定義に忠実に従って、筆者が特定の地域を旅するさまを描いている。『海南小記』に記録された旅行は、九州の大分県の東岸から始まり、海岸線沿いを南下して、奄美、沖縄本島、宮古島を経由して八重山諸島に至る。柳田のテクストはこの旅の様子を、内容だけでなくその構成においても再現している。それぞれの章は、いくつかの例外を除けば、この旅程の範囲の話題にほぼ限定されており、筆者の姿は孤独な旅行者としてテクストの中に現れている。章の配列は地形の論理に従っており、章が進むごとに南へ進んでゆく。全集版には地図を挿入して、そこに柳田本人の旅程を示す南向きの線を入れているにもかかわらず、柳田は章の配列が必ずしも旅程と同じではないと断っている。巻末の附記にまとめられた柳田の実際の旅程を見ると、一部の土地については、いかにももっともらしい筆致で描かれてはいるものの、急いで通り過ぎただけだったり、遠くから眺めただけだったりすることが分かる。柳田の時系列的および空間的経験と、テクストの空間時系列との間に、顕著な相違があるのならば、このテクスト上の旅程がどのような機能を果たしているかを検討しなくてはならない。

『海南小記』は、テクストの冒頭に示された九州を起点とする地図を元に論じられる傾向がある。しかしこの旅行記の自序が、『海南小記』が沖縄に関する他のエッセイと合わせて単行本として出版される際に、ジュネーヴで書かれたとされることを見落としてはいけない。つまり、テクストの旅は実際にはヨーロッパから始まっているのである。その効果として、沖縄のことを読むつもりでこの本を広げた読者は、冒頭の「ジュネヴの冬は寂しかった」[59]なる言葉に不意をつかれることだろう。多くの論者は、この冒頭のジュネーヴの場面を飛ばしてしまっているが、私はこれを、柳田が沖縄を日本として構築する上で必須の要素だったと見ている。なぜなら柳田はさまざまな距離（空間的、気候的、文化的）を隔てて琉球諸島を思い起こしているからである。いつも曇って重苦しいジュネーヴの冬の、珍しく晴れた日に、柳田は沖縄を「遠い東南の虹《にじ》鮮かなる海の島」として思い出す。(60) ジュネーヴという視点からは、日本と沖縄の距離は比較的短く感じられる。そして、より重要なことは、柳田がジュネーヴという舞台を使って、日本と沖縄とを、ヨーロッパからはただ憧れるしかない記憶の対象として、同じ懐かしさで描いていることである。柳田のこれらの島々への憧れは、ジュネーヴの街に沖縄のことを知る人物がもう一人いることで、さらに刺激される。その人物とはバジル・ホール・チェンバレン。近くに住んでいるために面会の希望は募るが、高齢と病気のためにそれは叶わなかった。

近づくことのできないチェンバレンという存在も――なお、『海南小記』はチェンバレンに捧げられている――系譜の概念を通じて、日本と沖縄をつなぐはたらきをしている。チェンバレンは当時まだ存命中だったが、その膨大な著作を通じて知るほかなかった。柳田によれば、民俗学という勃興したばかりの分野は、チェンバレンの著作によって開拓されたのであった。沖縄に関するチェンバレンの業績を柳田は、みずからの学問を先導するものであったと評している。柳田によれば、チェンバレンの沖縄への興味は、母方の祖父が船長をしていた船が一八一六年に琉球を訪れたという経緯に由来している。それゆえチェンバレンが後に沖縄を研究したのは「家の学であり、由緒ある研究でもあった(61)」。チェンバレンの沖縄に関する業績は(動機と内容の両面で)一つの系譜に連なるとする見方からは、柳田自身の業績も、チェンバレンに倣った同じ系譜を引くものだとする立場が生まれる。同時に、沖縄は人が何かしらのルーツを求められる場所として提示されることにもなる。

それでも柳田は、日本と沖縄が共通の系譜を引くと主張することで、当時の日本で広範に広まっていた、沖縄の人々に対する社会的な差別感覚に反対の立場を取ることになると認識していた。沖縄と日本が根を同じくしているとする発想への、日本人の立場からの反発（あるいは柳田が想定している反発）は、『海南小記』に数多くちりばめられている。テクストの中で沖縄本島を通り抜けた直後、柳田は「小さな誤解」と題する中休みを、一連の旅行記の中にさし挟んでいる。この章は柳田自身の「小さな誤解」についてではなく、柳田が読者の側に生じているのではないかと感じている、いくつかの小さな誤解に触れたものである。この一連の小さな誤解とは、つまるところ、日本に江戸時代からある、琉球諸島を異国と捉える傾向に由来する。柳田に言わせると、この誤解の裏には別のもっと「大きな誤解」がある――具体的には、「元を忘れるのが幸福に生きる手段」ということである。[62] これらの問題を併せ見たとき、どちらも認識上の距離の問題と考えることができる。この大小二つの誤解が結びつくのは、もちろん、柳田が沖縄と日本の人ははるか昔には「同胞[63]」だったと考えているためである。その共通の起源を忘れたことが影響して、現在の疎遠な感覚が生じている。ここでは、過去の記憶の喪失は距離を生むものとして表わされている。柳田はこの懸隔をどう解決するのだろうか。

『海南小記』は帰路のいきさつを描いておらず、柳田の旅はひたすら南の一方向へ向かうものとして描かれている。一見すると『海南小記』は、多くの人類学の旅の叙述において普遍的な意味が生まれている帰路を描き忘れたかに見える。しかし、日本と沖縄という「二つの島[64]」の疎隔は一種の記憶喪失であるとし、沖縄を記憶の保管庫とする柳田にとって、南へ足を進めること自体が、回帰の試みなのである。旅行の起点は九州の北東部であれジュネーヴであれ、いずれにせよ既に自身の起源からは離れたところに設定されているので、地図上の線はただ帰路のみを示していることになる。その意味では、この線は二つの距離の克服を示している。一つ目の距離とは、(いつわりの)差別を生んでいる、実際上あるいは想念の上での、空間的な一連の境界を指す。もう一つは、これらの境界によって生み出された時間的な距離を指す。境界の一方ではその起源が維持されているが、反対側ではその起源の痕跡の大部分が失われてしまっているというわけである。

一つ目の距離に関して、柳田の旅程は、まず政治的な(県や古代王朝の)境界を越え、文化的境界(島ごとに習慣が異なって見えること)を越え、さらに自然の境界(海流、海域、山)を越えて、人間の――特に、旅をする柳田と、柳田が想像の中でその旅を再構築する昔の旅人たちの――(文化的)活動によって、統一された領域を生み出そうとしている。このような叙述の中に、九州を地図上の起点として含めることで、この南方に散らばった島々は九州と同じ文化圏に属すると見なされるのであり、独自のまとまりを構成しているのではないことが明らかになる。柳田がこの地域を一つの旅程に収めて描いたことは、セルトーのいわゆる「縫合の作業[65]」となる。人工的に隔てられたと柳田が考えている地域同士を、再び結びつけようとする作業である。

二つ目の距離について、柳田は、地図の上の空間としては南へ進んでゆく様子を描きながら、時間の上では少しずつ後退している。九州の最初の方の章は、全般に、現代の側に踏みとどまっており、柳田は自身の旅の流儀や、風景やそこに住む人々を描いている。ところが叙述が南へ進んでゆくと、観察は次第に想像へと道を譲る。柳田は読者に対し、現状の風景の描写をあまりしなくなり、古代や神話の時代の空想への脱線が長くなってゆく。このような思考の枠組において、九州から八重山への線は、この島々の地形図の上に逆方向の時系列がかぶさることを示し、文字通り過去への旅の可能性が示される。

ここに示した第一、第二の二つの主題を結び合わせることを通して、『海南小記』は古代への旅、彼方への旅を描くことになる。それは、日本人の〈自我〉の源泉を発見し、その〈自我〉からその後何が失われ忘れられたかを見出す旅である。それは、〈他者〉の探索を通じて〈自己〉の統一を確かめるという、多くの民族誌学研究の行き着く先とは異なる。〈自己〉の根源を古代に求め、近代的〈自己〉がその本質から逸れてどれだけの距離を来たかを示そうとするものである。

政治的境界は、時間と文化圏の結束という二つのはたらきによって揺るがされる。一六〇九年の琉球王国への薩摩藩の侵攻には、柳田はとりわけ憤りを感じていた。日本のほかの政治的煽動者たちが、この薩摩藩の琉球侵攻を、姉妹関係にある二つの文化の再統合であると論じたのに対し(この議論には、一八七九年の琉球処分に対する批判の矛先を逸らす目的があった)[66]、柳田はこの侵攻の実際の目的は、この島々の間にあった古くからの自然な関係を覆い隠すことだったと仄めかしている。こうして薩摩藩の侵攻によって、奄美と沖縄本島の間には人工的な境界ができ、シャーマンの階級制度に楔が打ち込まれることになった。薩摩藩が琉球人を「異国の民」としたことは、江戸期とそれ以降において、琉球人をよそ者として認識する原因となったともされる。さらに言えば、薩摩藩による領有は、沖縄人の異質性を主張する者にとって、実は錯覚にすぎないいつわりの裏付けを与えてしまった。この立場に立つ人々には、これらの島々で日本の文化が見られるのは、薩摩藩の文化的同化政策の結果であって、古くからの文化的類縁性を示すものとは受け取られないのである。

ただ、どの場合においても、柳田は古くからの結びつきの耐久性を、政治的表象の不安定さと対置し評価している。奄美と沖縄を隔てる海を渡りながら、柳田は、薩摩藩による境界線を非難し、こう読者に告げる。「やはり眼に見えぬ力があって、かつて繋がっていたものが今も皆続いている」[67]のだ、と。薩摩藩の支配の下では奄美と沖縄の交通が禁止されていたにもかかわらず、この禁令はひそかに破られ、重要な宗教的紐帯が維持されていたと、柳田は主張する。薩摩藩によって江戸に遣わされた琉球使節が「中国風」であった事実に反して、柳田は、琉球王国では日本式の文化が圧倒的に支配的だったと主張する。また、琉球の宮廷ですぐれた日本語の散文が用いられていたのは、薩摩藩の強制の成果ではなく、それ以前からの文学的営為によるものだろうと論じる。

このような語りの中で、克服すべき最も重大な境界とされるのは、一見して明らかな文化的境界である。具体的には言語、神話、民俗的習慣などを指し、超えがたい実際の文化的差異があるように感じさせるものである。沖縄と日本の間に認められるとされた文化的境界を越えるための手続きは、単なる非神話化の手続きにとどまらず、これらの境界を西へと移動させる行為ともなる。「中国風」の琉球使節を披露することが薩摩藩主の指示だったことから窺えるのは、沖縄の「日本らしさ」を議論する際の最大の障害が、沖縄と中国の緊密な結びつきだということである。

沖縄から中国を排除しようとする柳田の試みは、イモを話題にした一見無害な最初の章で既に始まっている。[68]柳田は尋常小学校五年生の教科書を引用する。その大意は、国内各地での甘藷の名称はいずれも、甘藷がその土地より南西の地域から導入されたことを窺わせるもので、それにより甘藷が日本列島の各地に普及した経緯をたどることができるとするものである。柳田は、この教科書の「関東ニテハ薩摩芋トイイ、薩摩ニテハ琉球芋トイイ」の部分までは肯定するが、続いて「琉球ニテハ唐芋［中国の芋］トイウ」とある点には留保をつける。このイモが中国南部から琉球諸島にもたらされたらしいことには、柳田も異論はない。しかし柳田は、琉球ではこのイモを「我々のイモ」と呼んでいると指摘することで、言葉の上で、沖縄に文化的境界を引いている。[*2]

この例をはじめ、中国を排除しようとするさまざまな行為において、柳田はいくつかの戦略を用いている。まず、一見中国化されたと見える物の裏側（あるいは表面下）には、より古い在来の物や慣習があり、朝貢関係の経過の中で中国風の衣をまとったのだと仮定する場合がある。言い換えると、柳田は中国風の外見の奥に、それとは異なる内部を見ていることになる。たとえば琉球諸島の道端や丁字路に見られる多くの石敢当に漢字が書かれているのは、古くからの在来の宗教的信仰に後から付け加えられた外皮（一種の落書きのようなもの）であるとして、これを排除する記述において、この戦略は明らかに見てとれる。第二に、ある物や慣習が日本にも存在する、あるいはかつて存在した証拠がある場合には、その重要性は中国の文化ではなく日本の文化の枠組の中において確かめうるものとされる。これには、日本の事例もやはり中国の影響によるものではないという前提がある。たとえその現象がアジア全域に広く見られるものであっても、国内においてはなお異質な意味を見てとれるはずだとされるのである。たとえばナナユーフィという男性が、父によって七回も奴婢として売られたのに、その都度自由になることができたという話を紹介した後、柳田はこの物語を、中国の儒教の至孝の思想の悪弊を描いたものと解釈する。孝の思想はアジア全域に普及しているが、柳田はこの物語を「我々日本人」（ここには沖縄人も含まれている――なぜならこれは彼らの物語なのだから）は中国文化からは冷めた距離を保っているので、幸いにしてこれを疑問視する「自由がある」ことを示したものと見ている。[69] こうした態度の示された最たる例として、柳田はチェンバレンの説く、漢語は沖縄と日本にほぼ同時に輸入されたとする仮説を誤りとし、これらの語彙は日本を通じて沖縄に輸入されたのだろうと主張する。[70]沖縄が中国に対し長く朝貢関係にあったことや、外交において漢文が占めた重要性は無視されているのである。

最後に、柳田が過去にこの島々を訪れたほかの日本人を想像の中で回想することによって、沖縄が日本の領域に取り込まれている点も挙げなくてはならない。作品冒頭に近い章で、柳田は別の時代の別の旅行者を想像して、自分が美しいと思って見ているこの景色を、彼らも同じように美しいと見ただろうと思い描いている。この例をはじめ、柳田はしばしば、同じ地域を訪れたかつての旅人たちを登場させている。たとえば百按司《ももあんじ》と呼ばれる古代の青年将軍や、安波茶《あはちゃ》の友盛御嶽《ともりおたけ》に祀られている無名の船頭から、日秀上人のような僧まで、さまざまである。「大和」からこれらの人々が定期的に訪れているということは、沖縄と日本に継続的な交通があったことの裏付けになるとともに、柳田の夢想の先例ともなっている。大和からこれらの人々が訪れたことは、文化的単一性をそのままに保つための隠れたしくみの存在を示すものとしてこそ重要である。沖縄が日本の首都から孤立していることを、九州の周縁が荘園制の衰退以降孤立しているのに比定する柳田は、文化の拡散の役割は孤独な旅人が担うようになったと書いている。「番にも訴訟にも京へ上らなくなると、遠国の荘園へ文化を普及する方法は、内地においても旅の法師以外には、もうなかったのである。／かかる個人的の交通でも、久しく続いておれば生活の上に影響した」[71]。これらの人々の旅の上に自分の旅を重ねることで、柳田は彼らの文化拡散の行為を模倣するだけでなく、文化の縫合についても模倣している。

同化の方向

これまで見てきたように、『海南小記』は二つの語りを織り込んだものである。まず、九州から沖縄を通って八重山諸島に至るまでの柳田の旅の物語がある。そしてもう一つ、沖縄になおも存在しているとされる日本の文化的起源の痕跡の物語もある。二つ目の語りは「発見」の物語として受け止められるが、この発見の本質とは何だろうか。柳田がこれを書いた時代には、沖縄の人々は、文化の違いを言いたてられて「非日本的」のレッテルを貼られ、広い範囲で差別の対象となっていた。しかし柳田は次のように主張する。これらの島々に見出されたものは、単に日本文化と足並みが揃った同化可能な文化というより、日本文化の本来の形式である、と。柳田は沖縄の人々が容易に日本文化に同化できるとは考えていない——官僚や批評家の多くは、そうしなくてはならないと主張していたが。むしろ柳田の議論においては、沖縄の人々は「既に」日本人であるとされる。柳田の見方は、必ずしも当時の沖縄と日本に差異が見られることを否定するものではないが、その差異の原因を日本の側に見る傾向はあった。どうやら日本人の方が、沖縄人よりも大きく変わってしまった——柳田の言葉を借りれば、忘れてしまった——ようだ、というのである。

沖縄人と日本人との文化的単一性を論じていることから、柳田のテクストは同化を促すものと見なしうるだろう。しかし柳田による沖縄の同化は、公の文化政策によって是認されている島の同化のあり方に反するものである。公の文化政策では、沖縄と日本の政治的経済的懸隔は、文化の発展段階の隔たりに起因するという前提に立っていた。沖縄の文化は「遅れた」ものとして否定され、県庁は進歩的知識人の支援を得ながら、「日本的」でしかも「近代的」なものと定義された一連の政策を提唱していた。これら日本文化の表現様態《シニフィアン》と言うべきものの採用は、沖縄が日本社会の他の領域に平等に参加するために欠かせない前提条件と考えられていた。たしかに、沖縄と日本は文化の発展に向かう同じ道のりを歩んでいる――ただし沖縄は遅れていて、日本は先を進んでいる――という見方を採ることで、同化の可能性は保証される。ただし共通の文化伝統に連なろうとすることで前向きの保証は得られるものの、同化の方向はあくまで一方的に、沖縄が日本を目指すものであった。

柳田の同化の考え方も、日本と沖縄が時間的先後関係にあるとする立場を採っているが、どちらに価値があり、どちらが正統なのかについては見方が反対になっている。沖縄は本来の日本としての正統的地位を占め、日本はその本来の姿から離れてしまったとされる。日本が自己認識と文化的独自性を手にする道は、日本が沖縄へ歩み寄る中にある。正統性の向きを逆転させつつ、柳田が構築してみせる沖縄と日本の関係は、沖縄の文化を「尊重する」と言いつつ、同化政策によって沖縄の文化を解体しつつあった当局の主張の空虚さをあばいている。しかし、柳田による両者の関係の規定が、日本の側の変化を求めるものならば、私が『海南小記』を同化政策的だと言うのはなぜだろう。

簡潔に言うと、私が『海南小記』を同化政策的だと言う理由は、それが日本のための沖縄を構築するものだからである。日本の起源をこれらの島々に求める際、柳田は見かけの上で文化的な異質さを示す外皮を削ぎ落とし、いかにしても「日本的」だとされる文化的起源を見出そうとしている。これらの起源は、近代日本国家の画一的な日本文化理解を念頭に置くならば、ある程度の異質性を示している。しかしここで比較的異質だとされるものは、別の、さらに大きな異質性であるかもしれないものの犠牲の上に成り立っている。デイヴィッド・スパーが指摘したように、標準的な、真正さを求める民族誌学的探求は、大抵は文化的影響の否定または排除を含んでいる[72]。これは大まかに言って『海南小記』の場合にも当てはまる。実際、沖縄を日本にとっての真正さが保存されている場として利用すること自体、文化的影響の排除を必要としている。このように沖縄の日本との関係は、中国や朝鮮半島やミクロネシア、東南アジアの国々との関係の犠牲のもとに構築される。

『海南小記』は、柳田による「南日本の［中略］生活の理法[73]」の探求を記録（し、生成）するものだが、結果的には日本文化の本来の姿を論ずるものになっている。しかし「法」の語が使われていることからも疑われるように、この探求はどこか別のところへも続いてゆくものとなっている。柳田は学問的であることを慎ましやかに否定しておきながら、いつか自分の提唱したものが「将来の優れた学者たち[74]」によって引き継がれることを期待していると明かす。バジル・ホール・チェンバレンへの献辞の中で柳田は、自分のテクストがチェンバレンの著作のように「新しい民俗学」に貢献することへの期待をにじませている。その意味で、このテクストによって生成されたのは、柳田の沖縄での経験だけではなく、沖縄そのものでもあった。それは将来の民俗学のテクストで消費されうるものだったのである。

（訳：伊藤由紀）

本論文は *Select Papers of the East Asia Center: Productions of Culture in Japan*, no. 10, R. Adams, ed. Chicago: East Asia Center, University of Chicago, 1995. 61-90 に掲載の論文に加筆したものである。

原注

（1）柳田国男『海南小記』『柳田国男全集』1、ちくま文庫、筑摩書房、一九八九年、三五八頁〔文中のルビは適宜省いた〕。

（2）柳田『海南小記』三五九頁。

（3）Claude Lévi-Strauss, *Tristes Tropique*, trans. by John and Doreen Weightman (New York: Penguin Books, 1973), 43.〔レヴィ＝ストロース『悲しき熱帯』全二巻、川田順造訳、中公クラシックス、中央公論新社、二〇〇一年〕

（4）柳田『海南小記』五二二―五二三頁。

（5）柳田『海南小記』三〇二頁。

（6）福田アジオ「解説」『柳田国男全集』1、六九〇頁。

（7）宮田登「解説」『柳田国男全集』2、ちくま文庫、筑摩書房、一九八九年、六五八頁。

（8）福田、六八九頁。

（9）「郷土誌編纂者の用意」に詳しい。柳田の批判に関する以降の議論は、橘川俊忠「歴史学の中の民衆像」（『歴史解読の視座』神奈川大学評論叢書第二巻、御茶の水書房、一九九三年、四一―五一頁）の分析に依拠している。

（10）とはいえ、佐々木喜善が柳田宅を訪問して、後に『遠野物語』として出版されることになる物語を語ったのは、まさしくこのケースである。しかし柳田が佐々木の話を聞いた後、実際に遠野を訪ねようと決めたことは重要である。また『遠野物語』の柳田による序文は遠野の風景の描写から始まっており、著者が実際にその土地に行ったことを読者に印象づけている。『遠野物語』『柳田国男全集』4、ちくま文庫、筑摩書房、一九八九年。

（11）柳田に限らず、渋沢敬三、早川孝太郎、宮本常一など、著名な民族誌学者は決まって、熱心な旅人だったとの評価を得ている。

（12）柳田『海南小記』三〇二頁。

（13）柳田『東国古道記』。長谷川政春「旅と紀行文をめぐって――柳田国男論序説」『国文学　解釈と鑑賞』第五六巻第一二号、一九九一年、特集「柳田国男の世界」からの再引用。

(14) 柳田国男『青年と学問』『柳田国男全集』27、ちくま文庫、筑摩書房、一九九〇年、一五八頁。
(15) 佐藤健二『読書空間の近代――方法としての柳田国男』弘文堂、一九八七年、二五五頁。
(16) 佐藤、一二五頁。
(17) 柳田『海南小記』三八八頁。
(18) 柳田『海南小記』三八三頁。
(19) 柳田『海南小記』三五九―三六〇頁。
(20) 柳田『海南小記』三一九頁。
(21) 柳田『海南小記』三四八頁。
(22) 柳田『海南小記』三五〇頁。
(23) 柳田『海南小記』三七〇頁。
(24) 柳田『海南小記』三七一頁。沖縄語の「ハジ」は現代日本語の「(~である)はず」に相当する。
(25) 柳田『海南小記』三七〇―三七一頁。
(26) 柳田『海南小記』三四六頁。
(27) 柳田『海南小記』四〇六頁。
(28) 柳田『海南小記』三五〇頁。
(29) 柳田『海南小記』三四九頁。
(30) 柳田『海南小記』三五〇頁。
(31) 柳田『海南小記』三五〇頁。
(32) 柳田『海南小記』三五九頁。
(33) 柳田『海南小記』三七六頁。「虹がこの海に橋を渡す朝などがもしあったら、今でも我々は綿津見《わたつみ》の宮の昔語りを信じたであろう」。
(34) 柳田『海南小記』三五〇頁。
(35) 二〇、二五、二六、二九の各章では特にその傾向が強い。ほかの章の多くでは、上古の物語を語っても、現状への短い言及が組み合わされている。

(36) 柳田『海南小記』五二二頁。
(37) 橘川、四二頁。
(38) 柳田『海南小記』三七一頁。
(39) 柳田『海南小記』三三九頁。
(40) 柳田『海南小記』三三九頁。
(41) 柳田『海南小記』三四〇頁。
(42) 柳田『海南小記』三三二頁。
(43) 柳田『海南小記』三五〇頁。
(44) 柳田『海南小記』三四九頁。
(45) 柳田『海南小記』三四七頁。
(46) 沖永良部島は奄美と沖縄本島のほぼ半ばにあり、行政上は鹿児島県に区分される。
(47) 柳田『海南小記』三八八頁。石敢当は丁字路など、往来が危険だと考えられる地点に設置される一揃いの石で、事故や不運を避ける魔除けの意味がある。本稿では、この沖縄の石が中国起源であるという通説を誤りとする柳田の議論に関連して、再び石敢当を取り上げる。
(48) 柳田『海南小記』三八二頁。
(49) 柳田『海南小記』三八四頁。
(50) 手の入墨や簪《かんざし》を通じて過去を読み解く柳田の試みは、政府が入墨の習慣を止めさせたことや、簪が身分の高下を示す重要な機能を果たす沖縄の階級制度が崩壊したことによって危機を迎える。
(51) 柳田『海南小記』三三四頁。以下の入墨についての議論における引用は、すべてこの頁から。
(52) 柳田『海南小記』三八一頁。
(53) 柳田『海南小記』四〇二頁。
(54) 福田「解説」六九四頁。
(55) 柳田『郷土生活の研究法』。福田「解説」六九六頁からの再引用。
(56) 柳田『海南小記』三五二頁。

（57）柳田『海南小記』三七七頁。

（58）柳田『海南小記』三九九頁。

（59）柳田『海南小記』二九九頁。次の引用もこの頁から。

（60）虹に彩られた沖縄の記憶は、柳田がジュネーヴの書店で辛くも見つけ出した日本語の教科書に「日本の日の光」を再び見出したとする記述と呼応する。柳田『海南小記』三〇〇頁。〔現著者の指摘する箇所には、柳田がジュネーヴの古書店でチェンバレンの書き入れのある『日本口語文典』を見つけた挿話が描かれている。柳田の原文には「同行の藤井悌《てい》君が〔中略〕購《あがな》って還《かえ》ったから、この本ばかりは久しぶりに、再び日本の日の光を見たのである」（三〇〇頁）とあり、「日本の日の光」はレトリックとして文中に登場するものの、具体的なイメージを伴っているとは言えない。〕

（61）柳田『海南小記』三〇〇頁。

（62）柳田『海南小記』三七一頁。

（63）柳田『海南小記』三六六頁。

（64）柳田『海南小記』三六六頁。

（65）Michel de Certeau, *The Writing of History*, trans. by Tom Conley (New York: Columbia University Press, 1988), 218.〔ミシェル・ド・セルトー『歴史のエクリチュール』佐藤和生訳、叢書・ウニベルシタス、法政大学出版局、一九九六年〕

（66）この議論は琉球藩編入の当時に流布しただけでなく、二十世紀に入っても当分は持続した。たとえば松岡正男「赤裸々に見た琉球の現状」（湧上聾人編『沖縄救済論集』改造之沖縄社、一九二九年）を参照のこと。

（67）柳田『海南小記』三四四頁。

（68）柳田『海南小記』三〇四―三〇七頁。この段落の引用はすべてこの章から。

（69）柳田『海南小記』三六五頁。この話が琉球諸島の文化的同一性に関する「小さな誤解」の章の直前に置かれているのは、偶然ではない。

（70）柳田『海南小記』三七〇頁。

（71）柳田『海南小記』三六八頁〔原文の改段落を／によって示した〕。

（72）David Spurr, *The Rhetoric of Empire: Colonial Discourse in Journalism, Travel Writing, and Imperial Administration* (Durham, NC: Duke University Press, 1993), 139-40.

（73）柳田『海南小記』三〇二頁。

（74）柳田『海南小記』三〇二頁。

訳注

＊1 原著者の読解とは異なり、柳田の原文では、長年海亀を手厚く世話してきた女性を現地の人々がからかっているところに海亀が現れ、彼女の船出を見送ったという挿話が伝えられる。八重山でも多くの人が疑い始めた伝説を、女性だけはまだ信じているというこの挿話は、周縁にある人々こそ過去を維持するとする、原著者のこれまでの主張とも矛盾しない。

＊2 この議論には原著者による誤解が含まれている。柳田の原文には「琉球では〔中略〕一般にこれをンムと呼んでいる。ンムはすなわち我々のイモと同じ語である」（三〇四頁）とある。

柳田国男『先祖の話』

――日本固有の社会科学のモデルたりうるか――

ベルナール・ベルニエ

柳田国男は疑いなく二十世紀日本で最も影響力のあった知識人の一人である。その仕事の影響力は、今でも日本の一般社会と学界の両方で、非常に強く感じられる。しかし日本では大変人気のある柳田も、故国の外ではそれほどの吸引力は発揮してこなかった。相手が西洋の「日本研究者」であっても、である。それは西洋人が日本文化のある要素を理解できていないためだろうか。柳田の著作の中で論じられている日本独特の性格が、西洋人にはどうしても理解不能なためだろうか。こうした問題は、一九八二年四―五月にコーネル大学で開催された柳田国男ワークショップにおいて、主催者らの重要な関心事であったようである。というのも、私が主催者側からこのワークショップへの参加を求められたとき、可能なテーマとして提示された問題で最も重要とされたのは次のようなものだった――柳田の仕事は、真の日本の社会科学の基礎として、さらに言えば非西洋の民族人類学のモデルとして、理解してよいだろうか。

議論が進む中で、私が参加する意味も明確になった。私はほかの二、三名の人類学者とともに、柳田の主要作品の一つ、『先祖の話』に関する議論に参加するよう求められた。この本が選ばれた理由は、これが *About Our Ancestors* の題で英訳されていたためである。つまり、参加者の日本語力にはばらつきがあり、日本語をまったく知らない人も含まれるので、翻訳があれば議論しやすいだろうという意図であった。だが結果的にワークショップの中で、この選択には疑問符が付けられた。なぜなら、*About Our Ancestors* は「柳田の著作のうち最高のものではない」うえに「翻訳が悪い」と指摘されたのである。

もう一つ明確になったのは、この本の特異な性格である。この本は一九四五年の終戦間際に書かれており、柳田の住んでいた東京は米軍の空襲を頻繁に受けていたので、柳田は執筆の際に自分自身のノートを利用できなかった。また柳田はこの仕事を緊急のものと感じており、さまざまな信仰や習慣について少しでも早く書いて、戦後の人々に知らせたいと願っていた。柳田がこの本の執筆中に感じていた強い思い入れは、このワークショップにおいては、ものごとを分析的に論じようとする面でのこの本の価値を損なうものとされた。しかし、この特異な性格に留意した上で読むならば、『先祖の話』の中に、柳田の分析手法の本質をなす方法論的、理論的特徴を見出すことは可能である。少なくとも私は、柳田のほかの二冊の著作(1)の部分的読解や、このワークショップでの議論を通じて、そのような結論に至った。もしそうであるなら、『先祖の話』に関する批評も、少なくとも部分的には、柳田の思想全般に当てはまるものとなるだろう。少なくとも、この本についての判断は、柳田の方法と物の見方についての仮説を提供しうるだろうし、これを柳田のほかの著作と対照させることもできるだろう。

翻訳については、私は日本語原文をすべて読んだわけではないが、本稿で使ったすべての引用箇所については慎重に検討した。その結果、翻訳と原文との間に相違は見られなかった。

私は以下の問いに答えることを自らに課した――『先祖の話』は日本の社会と宗教の（部分的であるにせよ）分析となっているか、そして日本独自の社会科学にとって、方法論的、理論的基盤となっているか、という問題である。私がこの課題に取り組んだ際の観点を厳密に説明するなら、その特徴は次のようになる。まず、この観点は社会科学、特に人類学の教育を受けた西洋人によるものである。私は自分の仕事が、「科学的」「理性的」とされる、この多様で矛盾をはらんだ知的潮流の、ごく小さな一部であると考えている。この潮流は主に西洋社会において、資本主義――まずは商業の資本主義、ついで産業の資本主義――の到来とともに体系化された。科学研究の目標は、さまざまなレベルの現実（物理的な、生物学的な、社会文化的な、心理学的な、等々）の機能を把握することである。ここで前提となっているのは、現実とは観察者の外にあって、観察者が研究しようがすまいがその現実は機能している、とする考え方である。その一方で観察者の側は、白紙の状態で現実を研究することはできないだろうとされる。観察者の立つ観点が、歴史や社会や個人的な事情によって制約を受けるのは避けられないことである。それゆえ「科学的」知識とは常に相対的で部分的なものである。「科学的」知識とは、その特徴ゆえにほかのイデオロギーの形式と異なるとはいえ、やはりイデオロギー的なものである。あるいはまた、科学研究は、ある種の条件下では、研究対象に直接影響を及ぼすことがある。

第二に、私は日本でさまざまな種類の調査を行なっている。特に村落レベルでの民間信仰についてフィールドワークを行なってきた。私の研究がここで関係してくるのは、それが柳田の仕事の本質をなす文化的・社会的側面の多くを扱っているためである。私の民間信仰研究は紀伊半島の熊野地域で行なったものである。三重県尾鷲《おわせ》市にある、曽根という小さな村落である。一九六七年から六八年にかけてと一九七〇年の通算一年以上にわたって、私はこの人口約六百人の漁村の宗教儀礼を研究し、その意味を経済、政治、社会的関係、日常生活の文脈から検討した（Bernier, 1975）。さらに、この集落の農業についてもフィールドワークと広範な文献調査を行なっている（Bernier, 1980）。

第三に、私の出身地のケベックは、長年にわたりナショナリスティックな運動が活発に行なわれている土地である。この運動ゆえに、ケベックの社会は独特で、外部からはよく分からないとする特異な見方が生まれた。この見方に従うならば、ケベックを真に理解することはケベック社会に関与することでのみ可能とされるが、それができるのは、一七六〇年以前にカナダに渡ってきた最初のフランス人入植者らの子孫のみであると限定されることが多い。ここでは知識が感情的、情緒的要素のレベルに還元されてしまっている。実はこの態度は、柳田とその支持者らが、日本社会に感情のレベルで関与することでしか真の日本の社会科学は生まれ得ないと考えていたのと、大して違わない。ケベックにおける特異な「民族的」感情を個人的に経験してきたことは、私が以下に日本社会の「独自の」性質を分析する上での一助となるだろう。

社会科学のモデルたりうるものとして『先祖の話』の重要性を評価するにあたり、私は三段階のステップを踏むことにする。まず第一に、柳田の結論のいくつかと、私が曽根で収集したデータとを比較し、特に以下の二系統の問題に注目する。（1）先祖、新仏、お盆、死後の世界、（2）氏神、豊穣の祭祀、村、家族である。第二に、『先祖の話』で持ち上がったいくつかの重要な方法論的問題を検証する。第三に、柳田がその用いる素材をどう扱ったかによって見えてくる、いくつかの理論上の基本的な問題を分析する。

柳田の分析と曽根の民間信仰

(1) 先祖、新仏、お盆、死後の世界

柳田が主張した点で、曽根でも重要性を持つことの一つは、先祖と新仏との区別である(p. 85-)[2]。ただし曽根では、柳田が多くの地域で観察したのとは異なり、こうして区別されるのは亡くなってから一年の間のみであった。これは特に八月の魂祭《たままつり》であるお盆の際に顕著である。過去一二カ月のうちに死者を出した家では、この祭の期間中、その新仏のために、手の込んだ仮設の祭壇を設置する。この祭壇は特別なもので、家の一番大きな部屋に、ただし仏壇(家庭内に置く先祖の祭壇)とは別にしつらえられる。そこには花、果物、野菜を供える。ほかの家庭でも同じものを先祖に供えるが、量はずっと少なく、場所は家の仏壇である。

曽根のお盆の儀式ではもう一つ、先祖と新仏とで扱いを異にする点がある。先祖の魂が八月十五日に村落を去るのに対し、新仏は八月十六日と十九日に、二段階を経て去ってゆく。また新仏が送られるのを慰める儀式は、先祖に対してのものよりずっと手が込んでいる。まず八月十六日には村人が皆、港に集合する。そこで長さ一メートルあまりの小さな木の舟が、おごそかに漁船に移される。小舟には先に述べた仮設祭壇の供え物の一部と、新仏の名前が書かれた紙も畳んで収められている。その後、この小舟は外洋まで運ばれ、黒潮に乗せて送り出される。もし小舟が曽根に戻ってくることがあれば、村人は

新仏の災いを受けるとされる。八月十九日には再び港にすべての村人が集まり、前の年に亡くなった死者一人一人を表わす灯籠が燃やされ、灰が海に流されるのを見守る。これに対し、先祖の魂は八月十五日に送り出され、その儀式も「送り火」といって、家ごとに行なわれる小規模なものである。この儀式は家族の一人――できれば男性――によって執り行なわれ、家の玄関の前で松の木片を燃やすなどする。

八月十六日の儀式の話に戻ろう。そこには死後の世界と、生者と死者の関係についての考え方が暗に示されている。お盆に先祖が帰って来ることに明確に示されているように、生者と死者の間には緊密な関係、たしかな連続性がある。(3) 実際、死者たちは生者の喜びを分かち合うために呼び戻される。しかしこの関係が正しく機能するには、最初のステップとして、新仏が正しいやり方で送り出されることが不可欠である。新仏は、最初のお盆を迎えるまでは危険な存在たりうるものと見なされている。この潜在的な危険を除くため、新仏は少なくとも一度、死後の最初のお盆の際に、遠くへ送る必要がある。これが確実に行なわれた場合のみ、これらの魂はその後の魂祭に、多くの先祖たちの一人として帰って来ることができる。

曽根のこうした慣習は柳田の解釈とうまく合致しない。柳田によれば、魂を遠くの場所に送る儀式は――曽根の舟の儀式もその一つである――土着の起源を持つものではないという。というのは、これらの儀式が生と死、生者と死者の連続の観念と矛盾しているからだとされる(p. 152-)。柳田にとってこの観念は日本の宗教の中心にあったので、こうした習慣は外国から輸入されたものと考えられた。新仏を送り出すことが日本に土着の発想かどうかは、私は判断できない。しかし、柳田の解釈とは異なって、曽根の人々は明らかに、新仏の魂を海の向こうの遠くの場所へ送り出すことと、他方で生者と死者の間の適度な連続性を保つこととの間に、矛盾を感じていない。むしろ前者は後者の必要条件だと考えている。

おそらくこの場合、柳田は民間宗教を、一般の人々にはあまり縁のない、調和と矛盾の観念で説明したのだろう。そうであれば、柳田は実際のデータに、自分自身の特異な考え方を押し付けたことになる。また柳田は、純粋に日本的な宗教の一形態を想定したのだろうが、これは少なくとも一部のデータにはうまく当てはまらない。おそらく、柳田が日本の宗教の一般的な型として定義したものは、日本に存在するさまざまな祭祀や信仰を包含するには厳密すぎたのだろう。私の経験と文献調査からも、日本の宗教には、日本全土に共通する一般的原則がいくつか存在するようだが（たとえば神と先祖の信仰など）、特定の信仰や祭祀は、それらと関係のあるものに限っても、非常に多様である。もしそのことを受け入れるならば、『先祖の話』に通底しているように見える、日本の宗教に対するこのやや一元的な見方は、修正を迫られることになる（R. J. Smith, 1974a and b）。しかしそれについては後に詳述する。

(2) 氏神、豊穣の祭祀、村、家族

柳田は神なるもの全般、特に氏神について、神として祀られた先祖なのだが、先祖であったことは忘れられたものだ、と推測している。しかし英訳版のまえがきを書いた堀一郎とヘルマン・オームスは、この推測をやんわり否定している（p. 6）。人々にとって先祖がそれほど大事ならば、先祖としては忘れられて神になる、などという事態が起こるだろうか、と堀らは指摘する。

この点についての柳田の立場は、家族や親族の紐帯を、村社会の、ひいては国全体の基盤として何よ

りも重要なものと捉えることに基づいている（cf. pp. 43, 56, and 178）。一例として以下の引用を示す。

国が三千年も其以上も続いて居るといふことは、国民に子孫が絶えないことを意味する。それがたゞ僅かな記憶の限りを以て、先祖を祭つて居てよいとなれば、民族の縦の統一といふものは心細くならざるを得ない。（p. 133）〔一〇七―一〇八頁〕

村の結束にとって家族がどれほど重要だと柳田が考えていたかは、分家についての注意深い分析に示されているほか（p. 28-）[4]、家族の絆、先祖、繁栄を祈る祭祀の三者の関係についての柳田の考え方の中にも明確に示されている。たとえば柳田は、「年神」（新年に祀る神）が商家では福の神、農家では田の神と考えられている理由についてこのように書いている。

一つの想像は此神をねんごろに祭れば、家が安泰に富み栄え、殊に家督の田や畠が十分にその生産力を発揮するものと信じられ、且つその感応を各家が実験して居たらしいことで、是ほど数多く又利害の必ずしも一致しない家々の為に、一つ〳〵の庇護支援を与へ得る神といへば、先祖の霊を外にしては、さう沢山はあり得なかつたらうと思ふ。（pp. 57-58）〔四二頁〕

以下の引用には、これがさらに明確に現れている。

家を富ましめ田畠を豊饒にする以上に、年を与へることまでが年神の力であつたとすれば、愈々以て此神のもとの地位は明かである。さういふことまでを或一つの家門の為に、世話焼く神様は他にあらうとも思はれない。(p. 59)〔四四頁〕

これらの引用文には二つ際立った点がある。第一に、村や国の生活を家系のレベルに還元していること、第二に、繁栄の祭祀を通して神と先祖を同一視していることである。それぞれの点を検証するため、以下に曽根での例を挙げよう。

曽根では、広い意味での親族関係を基盤にした「同族」のようなまとまりは存在しない。ほかの研究者らが指摘しているように、これは決して例外的なものではない(Beardsley et al., 1959, Chapter 10, especially pp. 265-269; Befu, 1965, pp. 1334-37)。一九七〇年当時、村の人口は六百人あまりで、名字は全部で二六通りあった。そのうち少なくとも一〇の名字は十八世紀まで遡ることができ、少なくとも四つはさらに古くまで遡れた。村自体は何世紀もの間、継続的に人が住んでいたらしく、村で見つかった文書には十七世紀まで遡れるものがあったが、広い意味での親族集団に言及したものはなかった。むしろこれらの文書はすべて、多くの小さな家の単位が独立して存在していたという見方を裏付けるものだった。それゆえこの古い村の社会組織は、親族関係にほとんど依拠しておらず、多くの家は古い起源を持つ、と見ることができる。ところが、この村の結束は強く、近隣の村からは明白に区別されており、かつてはその傾向がさらに強かった。この村の村としてのアイデンティティは、地域の歴史や独特の祭祀、宮座、そしてもちろん村の神社と寺によって保証されている。地域社会の人間関係は、日常生活と、森や海の資源の管理――これは合同で行なわれるが平等ではない――を軸に組織されている。村としてのアイデンティティが最も強く意識されるのは、村の神社の氏神を祀る、新年の祭と十一月の例祭という二つの重要な祭祀である。この地域社会の生活では、親族の絆の果たす役割は限られている。

このような状況の下では、多くの家の神から単一の氏神が誕生したとする柳田の仮説は受け入れにくい。

> さういふ幾つかの一門の神が、合同するに至つた径路も尋ねられる場合が多い。事実は祭の合同と言つた方が当つて居るかと思ふが、つまり同じ日に同じ場処に於て祭をして居るうちに、段々と神も一つの如く、感ずる者が多くなつたのである。〔中略〕通例はさういふ有力な家の祭場を、他の家々が共に使ふといふことになる〔後略〕。(pp. 126-127)〔一〇二頁〕

この仮説は、信頼するに足る根拠がほとんどないことに加え、地域社会の絆は親族集団にのみ由来し成立すると考えることで、人間関係を単純化している。しかし、世界各地の人類学の研究成果からは、親族関係はきわめて重要ではあるが、社会関係の基盤の一つにすぎないことが分かっている。居住地が隣接していることや同じ環境を共有していること、あるいは政治的、軍事的支配なども、社会関係の基盤となりうる。曽根のように、親族関係は副次的な役割を果たすのみであって、経済的、政治的生活を基盤に結束を保っている社会もある。なぜなら、人間はさまざまな形で、そしてさまざまな手段で、互いの関係を持つのであって、親族関係は重要ではあるが、そのうちの一つにすぎない。

ある地域を政治的に統一し、その住民を軍事的制圧を通じて支配することも、人々を関係性の中に取り込む一つの方法である。この統一が長く続けば、人々の間に結束が生まれ、仲間意識が芽生えることもある。人口が少ない場合は、親族の絆はこの結束を保証する主要な手段の一つとなりうる。しかし人口の多い大きな国では、実際の親族の絆は社会関係の最も重要な接着剤とはまずなりえない。日本では、国体というイデオロギーによって、国民はすべて単一の家系の子孫と考えられており、柳田はそのイデオロギーを額面通りに受け止めていたように見える。それでも二十世紀の日本と日本人は（それ以前も）、どう見ても親族のまとまりとは理解されえない。親族関係のイデオロギーが使われていたことは興味深いし、実際説明が必要である。しかしどんな形であれ、今や一億一八〇〇万人を数える人口が（本稿の初出は一九八五年）、親族関係の絆というただ一つの根拠のみに従ってともに暮らせるものではないし、それだけの人口がたった一つの、あるいはごく少数の家系の血筋を引くはずもない。三—六世紀の日本の統一に関する歴史的資料が証明しているのは、それまで文化的政治的に独立した小国が複数存在していたのが、拡大しつつあった大和王権に力によって取り込まれた、ということである（Ikawa-Smith, 1979 and 1980 etc.）。これらの要素から、日本には有史以前から多数の家系が存在していたと推測して間違いないだろうと私は考える。

柳田は家族を強調したため、人の結束や社会のさまざまな形態を事実上無視することになったが、そうした形態のいくつかが日本に存在していたことは否定できない。この件に関する柳田の見方は、日本の人間関係の多様性を単純化している。

それでは二つ目の、繁栄を祈る祭祀という問題に移ろう。すでに見たように、柳田はこれらの祭祀の対象となる神は家の神（あるいは神々）に違いないと断定している。その理由は、それらの神から（豊作や幸運などによって）利益を得る社会単位は家族だからというものである。この結論は承服しかねる。あらゆる宗教において、神は人に何かを与えるものと考えられており、また、人は家族という集団に属する存在である。だからといって、あらゆる神々はもともと家の神だった、なぜならこれらの神々は家々に利福をもたらしているからだ、などと言えるだろうか。ここでもまた、人が属する集団と結束の形態が単純化され、その結果として、より大きな社会の紐帯が家族関係の中に回収されてしまっている。

だが曽根の繁栄を祈る祭祀の場合はどうだろうか。これらの祭祀は主に村の神社と関わっていて、死者や先祖との交わりを排除している。実は曽根の宗教には二つの部分があり、互いに補完し合っているが区別されている。一方は生と繁栄、豊穣と清浄を取り扱い、氏神を軸にしている。もう一方は死と祖先、穢れを取り扱い、寺と仏壇を軸にしている。生と豊穣の祭祀は人と森羅万象が浸潤するとする見方の一部をなしている。生と豊穣さは自然現象の背景にある力であり、森羅万象が正しくはたらくためには、さまざまな祭祀を執り行なってこの二つの力に礼を尽くす必要があると考えられている。これらの力は自然である――つまり、自然に内在する――と同時に、純粋に有機的な活動からは分けて考えるべきだという点で、自然の外にある。これをこそ神と呼ぶ。神は直接的に自然現象と結びつく場合もある。木々の成長を引き受ける山の神や、古木の神などがそれである。あるいはもっと一般的な結びつきを持つ神もある。生存に必要なあらゆる自然の産物の成長を促すことで、村の繁栄を引き受ける氏神の場合などである。中には自然現象との結びつきを持たない神もいるが、これらの神は幸運や、稀にだが不運をもたらすことがある。この場合、自然崇拝的要素は明白ではないが、幸運や不運は神や森羅万象との関係が適正かそうでないかを反映しているとも考えられている。

神と先祖の関係は複雑である。昔亡くなった先祖のうち特別な存在は神になる。というより、事実上、古い時代の先祖は誰でも神になる。亡くなった人が神になるには、故人に神の性質の片鱗と見なしうる特別な素質があるか、あるいは時間、つまり何世代も経過していることが必要である。はじめの例では、これらの先祖に「神の」性質を与えるのは、自然に収まらぬ特別な力であると言うことができる。二番目の例では、時の経過によって死にまつわる穢れがある程度無効とされていることになる。しかし強調しておくべき点が一つある。どちらの神も神社に祀られるわけではないし、これらの神だけのために特に行なわれる祭祀もないということである。むしろこれらの神は神社からは厳然と隔てられていて、そのための祭祀は、先祖へのものと同様、寺で行なわれる。一部の死者が長年の経過の後に神になるというのは事実だが、その神としての性質は明確な形を持たず、不完全なままである。つまり曽根では神と先祖はそれぞれ別の霊魂であり、解釈の上でも祭祀を行なう上でも常に分けられている。神となった古い先祖は、人と神の間に想念上の結びつきを働きかけているが、その結びつきは不完全なものなのである。

神と先祖とのこの区別は、それぞれに特別な要素と意味を持つ二系統の異なった祭祀の基盤をなす。一方は神社を中心とするもので、自然崇拝的な雰囲気を強く持っており、それはアジアをはじめとする他の地域にも見られる「アニミズム」的性質とも無縁ではない（Hori, 1968, p. 5-, Earhart, 1969, p. 5 and p. 10-）。一部の研究者には、日本の神信仰のある種の側面について、朝鮮半島、中国、東南アジアなど各地で一般的なアニミズム信仰の要素と比較して考える必要があると主張する例もある。ところが先祖崇拝は、この自然崇拝的な世界観にはまったく関わってこない。自然崇拝と先祖崇拝はともに曽根の宗教の一部をなしていて、補完関係にあるように見えるものの、二つは厳然と区別されている。そしてこのことは、程度の差はあれ、日本の多くの村に当てはまるようである。

現在では神信仰と先祖崇拝とは区別されているが、これら日本の宗教の二つの領域が、柳田の主張する通り、起源を同じくしている可能性はあるのだろうか。氏神とは「一門の神々」ではないのだろうか。先祖は神社からは厳然と区別されているものの、神社の祭礼の際に家族の幸せを分かち合うよう求められるというのは事実ではないのだろうか。

これらの疑問のうち、一つ目の疑問への答えは、暫定的なものとならざるをえない。確かに、先祖崇拝と神信仰が同じ宗教的起源を持つ可能性はある。この立場を取っている有賀《あるが》喜左衛門は(Aruga, 1967, R. J. Smith, 1974b, pp. 8-9から再引用)、氏神はおそらく元々はその氏の直系の祖先であったと見ている。氏とは特定の地域の血縁集団から発展し、同様の集団の多くを包摂することになった政治的単位と考えられている。このような単位集団はおそらく征服によって生じた。集団の長となった者は、一門の神である氏神を、政治的単位集団全体の守護神に据えることがあった。その結果、氏神と家系との関係は次第に弱くなり、代わりに地域や、血縁関係のみに限定されない地域社会と、結びつけられるようになったのだろうという。

ただしこれは、のちの日本の歴史における血縁や家系の重要性を、有賀がより古い時代に遡って投影しているという可能性がある。実際、ほかの解釈も同じ程度に成り立ちうる。たとえば、氏という言葉が家系の意味を含んでいることは、六世紀の記録の中で、貴族の一門が権勢を争い、宮廷での公的な地位を確保しようとしていた事実からも十分に分かる（Reischauer, 1937, p. 8-; also Miller, 1974）。この文脈において、氏と家系に関係があるのは明確である——同じ氏に連なる全員が同じ家系であるというのは幻想にすぎないにしても。しかしこれら貴族の氏に関係する氏神が存在しないことは注目に値する。このことから、「氏神」に含まれる「氏」の語は、貴族の身分を特徴づける家系による結合とは何の関係もないと考えることも可能である。また、「氏」に家系の意味が強く現れるのは、貴族の一門が利権を守る手段として家系を必要とするようになってからだ、と見ることもできる。この見方が正しければ、「氏」がもともと意味していたのは地域的集団であって、それは血縁関係に（部分的に）依拠してはいても、必ずしも同じ家系集団とは見なされない可能性がある。ある集団がほかの集団を征服し、やがて支配的な貴族階級が登場した後に初めて、「氏」は少しずつ家系という意味を強めていったのではないだろうか。このように解釈するならば、貴族階級が出現したのちの時代に比べて、有史以前にはさほど家系が重要ではなかったことから、氏神と家系の間に関係がないことを説明できる可能性がある。

もちろん、どちらの解釈も推測にすぎない。氏における家系としての要素を重視する立場に立てば、氏神と祖先との緊密な関係を想定することになる。一方で、氏神が歴史に記されて以降は村の神々であり、一門の神々ではなかったという事実を強調すれば、氏神は家系とはほとんど関係がないのではないかという議論になる。その結果、家系がそれほど重要でないならば、氏神と先祖はそれぞれ別個の起源を持つ可能性もあるとする主張が生まれる。どちらが正しいか確かめるすべはない。

第二に、先祖や神への信仰の起源が何であれ、昔から、少なくとも日本の一部の地域では、神と先祖の間に何らかの区別が設けられていたことは確かである。たとえば曽根では、神は生命にのみ関わっており、自然崇拝的な世界観や人間観の一部をなしている。先祖は家の存続に関わるとともに穢れとも関係しているが、そこに自然崇拝的な信仰は伴わない。先祖が、主に祭の期間中、生者の喜びを分かち合うことを求められるのは事実だが、それは家の中でのことであって、神社では行なわれない。このことは、死者がなお家の一員であることを示している。それでも、死者は何らかの穢れを帯びていて、それゆえ神社からは隔離されている。曽根では明らかに、氏神と先祖とはそれぞれ別の霊魂として思い描かれている。神と先祖がその起源において同一のものであったかどうかはともかく、日本の歴史上にさまざまな形で宗教が登場する際、この両者には明確な区別がつけられていた。この区別を柳田は無視している。のみならず、多くの日本の地域において、二つの信仰の体系が並置されつつ独自の発展を遂げてきたことも無視している。それどころか柳田は、二十世紀の日本のいくつかの信仰に見られる要素を根拠に、「原初の」単一の日本の宗教なるものを想定しているが、それは柳田の時代の宗教的慣習のいくつかに内在する原則に形を与えたものである（次節を参照）。このようにして、柳田は一部に見られる慣習を日本の宗教全体に当てはまるものとして一般化している。柳田はまた、歴史的展開の途上に出現したいくつかの原則についても、過去に遡った投影を行なっている。たとえば柳田は先祖崇拝を「初期の」神信仰と関連づけているが、柳田はこれを、当時現存していた祖先崇拝よりも純粋な形で概念化している。それでいて柳田は、現在の習慣の奥から掘り起こせると考えたいくつかの基盤となる原則については、この概念の中に包摂している。この議論の進め方は受け入れられない。第一に、この議論では、個人的または地域的な慣行を取り上げて、日本の宗教として提示しているが、R・J・スミスが先祖崇拝について明らかにした通り、日本ではきわめて多様な信仰と慣習が存在している（R. J. Smith, 1974b）。第二に、当時の祭祀や信仰の形を、何世紀も前の慣行を再現する際の根拠として、証明ぬきに受け入れることはできない。

このことが特に明確に現れているのは、日本の家族のあり方が祖先崇拝につながっているとする柳田の理解である。明治時代の日本社会の特徴である家制度は、柳田にとって日本の家のモデルであった。ただし柳田は、この制度がかつての時代に比べて弱体化していると考えていた。だが実は、柳田が「何千年も昔」の日本の開闢にまで遡る、日本ならではの制度と見なしていたものは、実際には明治時代の産物であった――それに先立つ時代、特に江戸時代の歴史的展開に基づいてはいるものの、法的に整備されたのは明治初期のことである。つまり家制度は長い歴史的過程の産物であり、そのような由来を持つにもかかわらず、なお地域ごとの差がある。従って、「原初の」つまり大和朝廷以前の家制度は、明治時代のそれとはかなり違っていたし、より多様であったと考えるのが理に適っている。おそらく、神信仰と先祖崇拝に共通の起源があることや、それが血縁関係に基づく集団と関わりを持ったとする柳田の考え方は、正しかったかもしれない。しかし日本の宗教と家制度を単一のものと仮定して、これらの形態を時代を遡って過去に投影したことは明らかに間違っている。この手続きは実は柳田の方法の特徴と言ってよい。次節ではこの柳田の手法について検討する。

方法論的問題

データを扱う柳田の手つきは時に鮮やかであるが、論証は弱い。柳田の方法で注目を集めたものの一つに、語源研究がある。これは実際、日本の民俗信仰の研究においては方法論上の一つの要となっている。祭祀や儀礼行為を執り行なう人々は、非常にしばしば、なんらかの儀礼的要素を示す言葉によって、それらを説明しようとする。曽根ではたとえば、神社の儀式にサカキ（榊）を使うのは、それがサカエル（栄える）という別の言葉と関係しているからだと説明される。

人々が自分たちの儀式を説明するにあたっては、V・ターナーが「通俗語源学的説明」と呼んだ（Turner, 1969, p. 11）手法を用いることがある。だが、これと柳田が依拠した語源学的推定との間には一つの違いがある。柳田の語源的説明は、ある言葉の意味についての柳田自身の解釈に基づいており、事実に基づいていないことが非常に多い。このことが特に明瞭に現れるのは、盆と仏の起源についての柳田の説明である（pp. 99-109）。このような語源学的推定の手続きが重要な洞察につながる可能性も否定はできない。とはいえ、それが恣意的な、あるいは憶測にすぎない結論につながる可能性も、同じく否定できない。実のところ、この方法で導き出された洞察には、実証的な裏付けが必要であり、そのまま結論となるわけではない。

柳田の結論の多くが、恣意的な、あるいは憶測にすぎない性質を持つことは、ある解釈を証明するために書かれたいくつかの文章にも明白に現れている。

もしも〔先祖祭が〕昔も今日のやうであつたら、家もこの通りは永続せず、又その永続の為に大いに働く人も出て来なかつたらう。（p. 63）〔四七頁〕

また、お盆が日本の外から持ち込まれたものでないことの証明として、次のようなことが言われる。

我が同胞国民の家に対し、子孫後裔に対する意図計画が、忽ち外来教によつて改まり変つて行くほど、淡いなまぬるいものだつたら、国を今日の力強い結合にまで、持運んで来ることが出来なかつたであらう。(p. 144)〔二一七頁〕

これらの箇所では、推論は以下のような道筋をたどる。(1)現在の状況に見られるある要素(A)は、別の要素(B)が過去においても現在と同じであったなら、存在しえなかっただろう。(2)そうであるとしたら、この第二の要素(B)は過去には違ったものだったはずである。(3)この第二の要素(B)がどうであったか証明のしようはないが、仮定することはできる。(4)従って、この要素(B)はわれわれが仮定したとおりのものである。このような推論は二つの点で弱点を持つ。まず、過去の条件が現在と同じであったなら、ある状況が過去には存在しなかっただろう、と推定することはできない。要素間に見られる因果関係が本当に存在するかどうか証明できないからである。第二に、推定することと証明することは違う。何かを証明したり、論駁したりする際には、慎重な調査に基づいて結論を出さねばならない。

先に引いた二つの引用文での柳田の議論の進め方は、例外的なものではない。それは柳田の方法論的立場の基本原理の一つと符合している。その原理とは、研究の対象と完全に同化してしまうことである。日本人を自分自身と完全に同化させてしまうこと、と言った方がより適切かもしれない。柳田が『先祖の話』でしようとしたのは、柳田が既に信じていることを証明することであった。このことは柳田自身なかば認めている。「或は私が意を以て迎へるからさう感ずるのかも知れないが」(p. 150)〔一二三頁〕と柳田は書くのである。このことは次の文章でさらに明白となる。これは柳田本人についてではなく、一般の人々についての記述であるが、柳田の議論の進め方にも完全に当てはまる。柳田は書く。「寧ろ其信仰に基づいて、新たに数々の証拠を見たのである」(p. 140)〔一一四頁〕、と。

　われわれはここできわめて重要な方法論的問題に向き合っている。それは社会的現実のどの分野を探究する場合にもついて廻る問題である。研究を行なう際にはその対象に同一化、あるいは感情移入して良いのだろうか、あるいはすべきなのだろうか。研究者の信ずることは、研究にどのように干渉するだろうか。研究者は、人々が自分たちの世界をどのように見ているかを内側から理解しようと努めるべきだろうか。それともそれを「社会的事実」として説明しようと努めるべきだろうか、といった問題である。

　上に示した問いは、信念と理解と解釈に関わるものである。私は、端的に言って、社会的現実の探究に関するかぎり、信念と理解には本質的な違いがあると考えている。柳田の方法は、人々の信仰を論理的に解釈するよりも内側から理解しようとする試みだとされているにもかかわらず、既に深く信じていることを証明するために選択された事実に基づいている、と私は主張したいのである。言いかえるなら、柳田の方法は社会科学というより神学に近いのだと主張したい。以下に説明しよう。

　信念とは論駁しようのない絶対的な真実があると考えることである。方法論的には、何かを信じる者は結論から出発して、事実を――それがどんなものであれ――結論の証拠とする。このような推論がもっともよく現れた近年の例として、造物主による創造説が、進化に関するあらゆるデータを否定していることを挙げられよう。より古くからある例としては、キリスト教神学者による歴史上の人物としてのイエス・キリストの扱いや、イスラム原理主義者における人間ムハンマドの捉え方などがある。ここには前者は神であり、後者は神の言葉を告げる預言者であるとの前提がある。信念は通常、宗教と結びつけられているが、必ずしも宗教にのみ結びつけられているわけではなく、絶対知を求めたいと願う心に基づいている。ここでは二つの手続きが可能である。一つは「教条主義《ドグマティズム》」。西洋の宗教の多くはこれを特徴としており、書かれたものの集積としてのテクストに、あらゆる根本的な真実が含まれているものと見なす。もう一つは、他者や現実に「完全に感応」することである。私は、柳田の信念にはこの両方の性質があると主張したい。もちろん柳田の教条主義は宗教的教典に基づくのではなく、柳田自身が詳述した真の日本人の信仰なるものに依ってはいるのだが。この点については次節でさらに検証しよう。

「理解」とは人々のものの見方をありのままに捉え、彼らが世界をどのようなものと認識し、周囲の環境をどのように知覚しているかを把握しようとする試みである。ここではその認識の仕方が、世界を適切に説明しているという意味で「真」であるかどうかは、問題ではない。そうした認識が存在するこ と自体が問題となる。これは社会文化的事実であり、そのようなものとして研究の対象となっている。つまり「理解」とは、人々の生活に現れたその考え方を把握しようと試みることである。この試みはもちろん常に相対的なものである。われわれは人々がおおよそ何を感じているか見当をつけることはできても、他者のものの見方に完全に入り込むのは不可能だからである。

「理解」としばしば対立する「解釈」も、やはり相対的である。これは現象を外側から見て、現象間の因果関係、一致不一致、論理的結びつきあるいは連動的変化といった関係を見出そうとするものである。理解において他者のものの見方に完全に入り込むのが不可能だったように、解釈の場合、対象の現実に対し、完全に外側に立つことはできない。それゆえ私の考えでは、解釈と理解は対立すべきものではなく、相互補完的なものである。私としてはさらに、「科学的」営為としての人類学の本来の主要な特性とは、この二つを組み合わせることによって社会的文化的現象のより完全な把握を目指すことであったと主張したい。もちろん、人類学以外の社会科学者も同じことを試みてきたし、人類学者でも多くは、一方を好んで他方を排除しがちであった。ここで私が強調したいのは、解釈と理解のどちらであれ、われわれの研究の手続きから切り捨ててしまわないことが重要だということである。

われわれが社会の現実を理解しようとする際に忘れてはならないのは、われわれはこの現実に、何も思わずにアプローチしているわけではないということである。これは、われわれが常に否応もなく自分のものの見方を対象の現実に投影しているという意味ではない。しかし、そうした落とし穴を避けるためには、いくつかの規則を遵守することが求められる。一つ目は、社会の現実は心を開いて分析すべきであり、研究が完了する前に先走って結論を出してはならないということである。もう一つは、文化や社会の構成形態を歴史的現象として、つまり時間と空間の中にあるものとして取り扱うべきだということである。言い換えると、われわれがある文化や社会の構成形態を内側から把握しようと試みる際には、それが由来する、あるいは機能している社会的、経済的、政治的、イデオロギー的、文化的文脈との関連で考えねばならない、ということである。

私は先に、理解と解釈を組み合わせることによる科学的方法と、神学の方法との区別を示した。前者が完璧だと言っているのではない。誰もが知っているように、科学的方法にも欠点はあり、なくなることもないだろう。それが絶対的な真実を生むことなど決してありえない。それでも、柳田の研究上の目的、つまり日本の宗教に関する事実を把握しようとする目的に関しては、科学的方法のほうが神学的方法よりずっと好ましいものだったろうと、私は主張したい。これに対して、ある論点を証明するため文化的諸事実を文脈から切り離すこと、推論に推論を重ねること、そして真正で純粋な原初の日本の宗教なるものを引き合いに出すこと（後述）、この三点が『先祖の話』における柳田の手続きの根幹をなすのであり、神学的なものの考え方の特徴を示すのである。これは、神学的な考え方を枠組としてなされる研究がすべて誤っていて無益だという意味ではない。むしろ多くの重要な要素を、このような考え方を通じて発見し解釈することもできるだろう。しかしこの考え方の問題点は、絶対的で議論の余地がないと見なされる文脈において解釈されること、多くの場合最終的な結論がすでに出されていることである。

理論的問題

柳田の神学的手続きは、信念に基づくため、理論的な含みを持つことになる。その一つは、日本の社会と文化は独自の性質を有するとする点である。この独自性の主張はある文脈の中では許容できる。実際、すべての社会的単位集団には固有の歴史があり、それゆえ社会や文化の特有の構成形態が生まれる。最近知られるようになったオリエンタリズムの学問的見方（Said, 1978）には反するが、社会の結びつき方や文化システムに差異を認めることは科学的に許容できるし、避けがたくもあり、そのまま差別につながるわけでもない。結局、人は異なった社会の中で異なった振る舞いをしているのだから。

しかし柳田が行なっていることは、これとは別のことである。第一に、柳田は日本をほかの人類社会とは完全かつ本質的に異なる社会文化的存在であると定義する。第二に、柳田はこの存在が「何千年も」存続してきたと仮定している。

日本の社会関係や文化のいくつかの要素が、ほかの社会、特に地理的にごく近い地域の要素と共通していることを認識した上でも、日本が独自性を持つことについてはまったく議論の余地がない。これは、現代の日本に存在する多くの社会的文化的要素が、ほかの国々から来たものだという認識によっても否定されない。この認識が日本の独自性を否定するという思い込み——柳田はどうもそう思っているようだが（cf. p. 144）——は、日本がほかのあらゆる人間社会と異なった存在であり、どの社会とも一切の共通点を持ちえないという発想に基づいているとしか考えられない。柳田はそれほど極端に走ってはいないものの、現代の日本に存在する多くの宗教的要素が中国、朝鮮半島、インドに起源を持つとする考えを拒否しているのは、日本社会をきわめて例外的なものと考えているためである。また、日本、中国、朝鮮半島、東南アジアの民間信仰における類似の要素を、柳田が比較せずに済ませているのも、この発想に起因している。独自性とは決して、その本質に絶対的な違いがあることを意味するのではない。それは、特定の歴史的地理的状況において、人々が社会的文化的に独自の発展を遂げたということであり、人々の生来の営みは、ほかの人々と似たものである。芯の部分が共通しているからこそ、文化的境界を越えてのやり取りが可能になるのである。

この最後の立場に立てば、独自性の存在を認めるのは容易なことである。しかし同時に、共通の、あるいは借用された要素を認めるのも容易である。また、非常な努力をすれば、他者の信念や考えの理解が可能になるという視点に立つこともできる。ただしこれは、自分たちの文化は外部の者には理解できないと考える多くの日本人（そして世界中の多くのナショナリスト）の立場に反することになる。興味深いのは、こうした立場を取る日本人の多くが、自分は西洋の文化、哲学、宗教についてすべてを知っていて、それらについて判断を行なっていると考えていることである。

文化的独自性について柳田が言わず語らずのうちにとる立場は、日本は何千年も昔にまで遡れる単一の社会的単位であり、一つの家系に連なるものだという発想と結びついている。この立場は神話に依拠した反歴史的なものであるが、一八八九―一九四五年のイデオロギーの下で一般に信じられていた立場であった。しかし第二次世界大戦の前と後を通じて、歴史学者らはこの立場に当然疑問を寄せていた。歴史学および考古学の研究から明らかなように、国としての日本というまとまりは歴史的に作られたものである。この見方に立つなら、日本は一人前の国家としていちどきに誕生して、その後引き継がれてきたわけではなく、中央との対立の時期も含めて、段階を経て建設されてきた。考古学界では、この国が最初に統一された年代について意見が分かれており、最も古い時期を想定した学説で四世紀（ただしその時点では東北、北海道、九州南部は含まれていない）、より信憑性の高い説では六世紀としている（Ikawa-Smith, 1979 and 1980）。それ以降の政治の中央集権化と支配領域の拡張にはさまざまな経緯があった。後に日本となる島々に住む人々が、いつ頃から自分たちを一つの民族であると考えるようになったかは明確でないが、それが大和朝廷による統一に先立つものとは考えにくい。それ以前には地域を限られた氏族や王国が乱立しており、土器などの文化的要素はある程度共有していたものの、おそらく文化や社会関係、言語において大きく異なっていたのだろう。統一国家としての日本の始まりをいつと考えるにせよ、日本社会は、ほかのあらゆる社会と同じように、少しずつ形を成してわれわれが現在知る姿になったのである。確かに、それを「日本」と名指すようになったのは何世紀も前のことである。だがそれは、ほかとは完全かつ絶対的に異なり、何千年も不変であり続ける、独自の統一体であるかのごとき本質を指すのではない。日本は、世界のほかの場所と同様に、歴史的変化を被っていたのだし、今も被りつづけている。

もちろん、『先祖の話』から多くの文章を挙げて、柳田は歴史的変化の過程を意識していたと論ずることも可能であろう（cf. pp. 20, 32-33, 61, 63 etc.）。しかしそれが可能なのは、きわめて狭い範囲においてのことである。堀一郎とオームスの所論（p. 8）に反して、この本が前提とする捉え方では、歴史は必ずしも発展してゆくものではない。むしろ、そこにはある種の神学的思考との類似点が多く備わっていると私は主張したい。世界または社会は、純粋で完全な原初の状態から退行してきたと見る、キリスト教をはじめ多くの宗教に見られる思考である。『先祖の話』からいくつか引用して、例証としよう。

曾ては今よりもずつと単純な信仰状態があつたのだらうといふことを、寧ろこの神棚とみたま棚との対立などが、我々に心付かせるのである。（p. 124）〔一〇〇頁〕

主たる原因は巫蠱《ふこ》の弊なるものであつたらうが、又一つには災厄の不安が少しでも慰諭せられず、之に対抗する力としての家々の神への信頼が、段々と弱まつて来たからで、俗界でいふならば一門の結合力が弛むと共に、急に社交が弁佞《べんねい》に傾いたのとよく似て居る。（p. 164）(5)〔一三六頁〕

自然に成育した国民信仰といふものは、曾て単純な世情の中に於て、僅かな存立を許されたやうな推理をなほ続けて居る。〔ただしそれは、無意識のうちに遠くの場所でのみ存立しうる〔引用者による補足〕〕
（p. 170）〔一四一頁〕

このように現状を過去のより純粋な状態に比べてどこか堕落したものと判断する傾向は、柳田が現存する習慣について判断を下すときにも明白に現れている。また、実際の宗教的信仰をより純粋な状態に近づけようとして柳田が提案する改善案にも現れている。

どうして其様な畏れ多いことをするのかと聴いて見ると〔後略〕。（p. 121）〔九七頁〕

又その信仰があつたといふことを、忘れてしまつたのが悪いのである。（p. 121）〔九八頁〕

土地によつては現在の用ゐ方を訂正しなければならぬものがある。（p. 121）〔九八頁〕

さうして死の聯想から出来るだけ早く離脱して、清い安らかな心で故人の霊に対したいといふやうな、願ひを抱く者が昔は多かつたことまでが、もう段々と不可解な話にならうとして居る。
（p. 131）〔一〇五頁〕

それがたゞ僅かな記憶の限りを以て、先祖を祭つて居てよいとなれば、民族の縦の統一といふものは心細くならざるを得ない。それを仏教が省みなかつたとは言へまいが、少なくとも盆や墓所の祭り方を見て居ると、重きを其方に置かなかつたとまでは評し得られる。(p. 133)〔一〇七—一〇八頁〕

いま、二段に分けて引用した文章の中で暗に示されているのは、はじめは純粋な国の宗教が存在していたが、それは主に仏教の混入によって残念ながら純粋ではなくなってしまった、という見方である。幸いこの宗教の根本的な教義は、「畏れ多い」罰当たりな要素が混じるものの、特に素朴な人々の「自然の」宗教の中にまだ見出すことができる。柳田が自ら定めた目標は、このかつての純粋な国の宗教を発見することだったと、少なくとも『先祖の話』については言える。その目的は、人々が望んだときに、現在行なわれている宗教的慣習よりは当然優れていると見なされる本来の宗教的慣習に立ち戻れるようにすることである。つまり、純粋な本来の形からの堕落が生じていることが暗に示されている。このような発想は、きわめて興味深いことに、さまざまな宗派の神学者の著作にも見られる。超自然的なものや、自然や社会の秩序が失われた、あるいは失われつつあると彼らが感じたときに現れる発想である。

最後にもう一つ、『先祖の話』において重要な理論上の問題は、社会の不平等が完全に無視されている点である。どうやら柳田は故意にこの立場を取り、それによって日本人全体が一つにまとまっていて、誰もが同じ原初の文化を共有しているのだと強調しているようである。この立場は、柳田がすべての日本人を指して「常民」(「普通の人」の意)という用語を使っていることに明らかである。私にはここに問題があると感じられる。日本人が共通の文化的要素を持つとする意見はたしかに重要だが、日本社会に現存する社会的な差別を指摘することも、同じように重要である。そしてこれらの差別は、人々が生きる現実に突き付けられているという意味で、第一義的には「分析概念」ではない。これらは非常に多くの場合、人々がその存在を認識するか、公の理論や法によって公認されたものである。いくつか例を挙げよう。十七世紀に徳川政権では公の政策として身分の区別を行なった。これを踏まえると、『先祖の話』の以下のような一節を読むとき驚きを覚える。

古くは官途の上層に在る者は領地を持ち、自身耕耘はせぬまでも、土地の収益に活きることだけは農民と同じであったが〔後略〕。(p. 41)〔二七―二八頁〕

この一節で、柳田は明らかに、当時の誰もが認識していた現実を無視しようとしている。農民とほかの身分の人々が本質的に違うものと見なされていたという点である。

柳田が無視しているもう一つの現実は、江戸末期からおおよそ第二次世界大戦開戦頃まで、小作農にとって困難な状況が続いていたことである。

年貢を当り前に納めて行く普通の作人とても、足手の労さへ厭はなければ、毎年の衣食に事は欠かず〔後略〕[6]。(p. 34)〔二二頁〕

この文は「常民」に心を寄せたとされる人物の書いたものとしては、小作農の置かれた苛酷な状況に対して無神経にすぎる。「小作人」を一つの階級と見なすことは、現実を同じようには認識していない相手に対して分析概念を押し付けることにつながる、という反論はありうるだろう。それに対する私の答えはこうだ。小作農らが土地の収奪や高額の小作料に対抗して幾度となく団結を試みた事実は、現実についての人々の認識の中で階級差が重大なものとして実感されていた十分な証拠である、と。

最後にもう一つ例を挙げよう。コールは日本の雇用における年功制の起源を分析しつつ、日本における工業化の初期（一八七八年頃）の労働現場の人間関係を次のように説明している。

終身雇用制度の採用以前には、個々の労働者とその仕事の上での上司——一般的には職人の親方や、仕事の請負人や中請人など——との関係が、文化的な価値表現として支配的であった。この関係はきわめて権威主義的で、封建期の身分的上下関係と結びついた価値表現に依拠していた〔中略〕。後に家族的経営と呼ばれることになるものは〔中略〕、日露戦争（一九〇四—〇五年）以前には、雇用主と被雇用者の間の、主従関係を強調する強権的イデオロギーにほかならなかった。

（Cole, 1979, p. 14.）〔傍点による強調は引用者による〕

これら三つの例はいずれも、社会の不平等がいかなる形で公認され、それが社会のさまざまな層や階級からいかに意識的に利用され、認識されてきたかを示している。この前提に立つなら、これらの不平等を分析することは、日本の均一性を強調するのと同じくらい重要であると私は主張したい(7)。実際、この均一性やわれわれの知っている日本文化とは、少なくとも一部分において、階級支配の産物であると主張できるだろう。既に述べたように、日本の統一は武士階級の軍事力によって平民に押し付けられたものである。さらに言えば、平安期の公家の文化と、明治以前(一八六八年以前)の七世紀にわたる武家の慣習が、現在日本の文化と見なされるものの大きな基盤となっている。日本史のこの時期について読んだことのある者なら誰でも、士農工商には本質的な区別があると考えられていたことを知っている。

このような反論もできるだろう。七世紀以降、身分による不平等な扱いが生じたのは、中国に倣ったものであったり、仏教の影響によるものであり、外来の要素が基本的には平等主義の日本の伝統の上に重ね置かれているにすぎないのだ、と。日本の伝統の一部にきわめて平等主義的な要素があることを否定するわけではないが、私は考古学的データに基づいて、日本には仏教の伝来より何世紀も前から社会的不平等が存在したと主張したい。井川史子は、日本における社会的不平等の最初の兆候は弥生時代半ばに見られると主張している(Ikawa-Smith, 1979, p. 25; 1980, pp. 143-144)。これはつまり、紀元一世紀、日本への仏教伝来より五世紀半も前の時点で、既に不平等が存在していたということを意味する。このことと、そもそも日本という国そのものが領民を軍事的に支配することで成立したという事実を考え合わせるなら、日本の文化と社会を扱う際には不平等という観点を考慮に入れねばならないことがよく分かるだろう。逆に言えば、階級や社会的不平等や歴史を無視したあらゆる研究の議論は、柳田のものを含め、疑いの目で見られてしかるべきだと主張したい。

むすびに

本稿で論証を試みてきたように、『先祖の話』は方法論的にも理論的にもきわめて疑わしい原則に基づいている。私は以下の欠陥を指摘した。推論を重ねていること。事実と結論の関係が証明されていないこと。疑問の余地がないと考えられる根本的真実、事実か否かにかかわらず是認すべきと見なされる根本的な真実を受け入れていること。階級や不平等、歴史を無視していること。そして何より、日本文化の本質的な独自性と、その基盤となる日本人の絶対的な独自性を信じていることである。これらの点で、この本はどのような意味でも、日本固有の社会科学のモデルとして受け入れることはできない。さらに言うならば、この本に示されているデータの利用には非常な注意を要する。柳田が日本文化について興味深い洞察を示していることは否定できないが、これらは細心の実証研究を通じて、さらなる確認が求められる。

本稿は『先祖の話』の価値を完全に否定する意図を持つわけではない。これは日本の重要な知識人による、きわめて情緒的な信仰告白の書である。ここに表われる感情は尊重すべきであると考える。しかしながら、『先祖の話』を社会科学のモデルとして受け入れることはできない。理論的重要性を持つ本とも、経験観察上の重要性を持つ本とも言えない。思想史の研究者にとっての資料とはなるだろうが、それはエッセイや小説などの作品が使えるのと同じ意味においてである。日本における民俗研究の創始者であり、影響力の大きな知識人である柳田の重要性に鑑みれば、思想史の研究者はその著作の検証に特別の注意を払わなくてはならない。だが、その著作を確固たる社会科学の確立にきわめて有益であるなどと考えることはできない。実際のところ『先祖の話』は保守的でナショナリスティックで信仰心の篤い知識人による非体系的な書物である。混乱した時代に、理想化された（大部分は架空の）古代社会や宗教の秩序を復活させようと図った著作である。

二つの疑問が残っている。日本の知識人の間での柳田の人気をどう説明すれば良いか、そしてこの人気は、柳田の結論に何らかの妥当性があることを保証するものだろうか、という疑問である。一つ目の疑問に対する私の答えはあくまで仮のものである。というのも、これはより直接的に現代の知的潮流を考察の対象としている思想史の研究者や社会科学者が扱うべき問題だからである。それでも私は、その答えは現在の日本の国際的地位の中に見出せるだろうと主張したい。日本は三〇年近くにわたって西洋からの借用を続けてきたが、一九七〇年代になると、世界で最も経済的成功を収めた国へと躍進した。このような状況の逆転は、ある理論的影響をもたらさずにはおかなかった。西洋で、主に近年のヴォーゲル（1979）やオオウチ（1981）の著作を通じて明瞭になったことの一つは、日本の人事管理をアメリカに輸入しようという試みである。私の見るところでは、日本の研究者らが西洋の学問を問い直し、日本の分析モデルの探求を試みるのも、こうした影響の一つである。日本は経済においてこれほど優れているのだから、理論や方法論においても同じように優れていないはずはない――このような意識の枠組の中で、柳田は一つのモデルとして恰好の候補となった。柳田は「新しい」学問を打ち立てたのだし、西洋の研究者の引用を行なわないし、日本のみを対象として、日本的制度・慣習の独自性を主張したのだから。日本において自信と、あえて言えばナショナリズムが復活したこの状況下で、柳田が人気を博したのは驚くにあたらない。もう一つ、柳田の影響の復活という注目すべき事態に関して、はじめに触れたワークショップで指摘された点がある。それは都市部の日本人が、自身のルーツのある日本の農村に対して感じる郷愁である。

最後に、二つ目の疑問に目を向けよう。私にとって、日本の知識人の間に見られる柳田の人気は、その結論の正しさや、ましてや日本社会の分析としての柳田の仕事の重要性を保証するものではない。ワークショップの中で明らかになったことだが、柳田の魅力とは情緒に関わるものである。柳田の書き方や、その個人的な思いが、日本の読者に訴えかける。しかし情緒に訴えかけるものがあるからといって、ある社会についての結論が妥当であることの保証には決してなりえない。人間は、知識人も含めて、情緒に訴えかけられた時、批評的判断を忘れてしまうことが知られている。近代史の不幸な例としては、ドイツの知識人らがナチズムを圧倒的に支持したことを挙げられる。ある人種の独自性と優越性に関する理論は、たとえそれが明らかに受け入れがたいものだとしても、知識人を含めた人々を引きつけるのが常である。これらの理論は人々の琴線に触れるものだが、だからと言ってこれらの理論が正しいとか有益であるということにはならない。

もちろん、社会科学もまた、シンボル体系や、情緒や、政治的差別や、経済予測などが密接に結びつく関係の中に絡めとられている。科学とは絶対知ではないし、これからもそうはなりえない。それでも、学術研究には、この先も基本として守られ続けるだろう指針があると私は考えている。それは、生理的な直感に頼らず、自分自身のものを含めたあらゆる硬直した信念に批判的であること、自分の知識は時間的にも空間的にも相対的なものであるとわきまえることである。もちろん、これらの原則が守られるという保証はない。しかし情緒的な感応や教条主義によって完全な真実とか完全な理解を主張することに比べたら、これらの原則は実り多く、より危険性の少ないもののように私には思われる。

（訳：伊藤由紀）

本論文はJ. Victor Koschmann, Keibō Ōiwa, and Shinji Yamashita eds. *International Perspectives on Yanagita Kunio and Japanese Folklore Studies*. Ithaca, N.Y.: China-Japan Program, Cornell University, 1985. pp. 65-95 に掲載の論文に加筆したものである。

原注

（1）柳田国男『日本の祭』弘文堂書房、一九四二年、および『神道と民俗学』明世堂書店、一九四三年。

（2）参考文献はすべて英語版を使用した。本稿末尾の参考文献一覧を参照。〔訳出にあたっては、柳田国男『先祖の話』『柳田国男全集』第一五巻、筑摩書房、一九九八年を典拠とした。また引用の後に、英語版の頁数を（　）内に示した後に、『柳田国男全集』での頁数を〔　〕内に記載した。〕

（3）また、重要な儀式の際に先祖に供え物をするという事実からも、生者と死者のつながりは明らかである。また家族の誰かに関わる重要な出来事はすべて——その大半は慶事である——先祖に報告される。

（4）堀一郎は同族の重要性をそれ以上に強く主張している（Hori, 1968, pp. 49-81）。

（5）柳田の女性観について、いささか蛇足めくが指摘しておこう。柳田は、男は口寄せを信じようとしないと断言しており、口寄せを信じるのは女だと暗に仄めかしている（p. 165）〔一三七頁〕。また柳田は幽霊の話の多くが「女々しく」無価値で私的な問題を並べたものだと書いている（p. 167）〔一三九頁〕。さらに、死後も生まれ変わって子孫を助けたいと願ったある女性については「女性として又仏道の人としては」勇気があると書いている（p. 177）〔一四八頁〕。

（6）ここでの柳田の立場には、労働を成功の唯一の要因として強調する父権主義との関連が考えられる。父権主義は一九二〇―三〇年代の政財界に広く見られ、低賃金で勤勉に働く労働者の確保に利用されていた

（Marchall, 1967, p. 97を参照。Cole, 1979, pp. 220-230にも再引用されている）。

（7）ついでにもう一つ主張しておきたいのは、もしそれが当事者に実感されていなかったとしても、権力の不平等や、富の配分の不平等は、それが存在するあらゆる社会の分析において、考慮に入れられるべきであるという点である。

参考文献

BEARDSLEY, Richard K., John W. Hall & Robert E. Ward, 1959, *Village Japan*, Chicago, University of Chicago Press.

BEFU, Harumi, 1963, "Patrilineal Descent and Personal Kindred in Japan," in *American Anthropologist*, 65.6, pp. 1328-1341.

BERNIER, Bernard, 1975, *Breaking the Cosmic Circle: Folk Religion in a Japanese Village*, Ithaca, N.Y., Cornell University East Asia Papers, no. 5.

——, 1980, "The Japanese Peasantry and Economic Growth Since the Land Reform of 1946-47," in *Bulletin of Concerned Asian Scholars*, 12.1, pp.40-52.

COLE, Robert E., 1979, *Work, Mobility, and Participation*, Berkeley and Los Angeles, University of California Press.

EARHART, H. Byron, 1969, *Japanese Religion: Unity and Diversity*, Belmont, Calif., Dickerson Publishing.

HORI, Ichirō, 1951, Minkan Shinkō, Tokyo, Iwanami Shoten.〔堀一郎『民間信仰』岩波書店、一九五一年〕

——, 1968, *Folk Religion in Japan* (Edited by Joseph M. Kitagawa and Alan L. Miller), Chicago, Chicago University Press.

IKAWA-SMITH, Fumiko, 1979, "L'évolution politique du Japon à la fin de la période préhistorique," in *Anthropologie et sociétés*, 3.3, pp. 21-33.

——, 1980, "Current Issues in Japanese Archaeology," in *American Scientist*, 68.2, pp. 134-145.

MARSHALL, Byron, 1967, *Capitalism and Nationalism in Prewar Japan*, Stanford, Stanford University Press.〔B・K・マーシャル『日本の資本主義とナショナリズム——ビジネス・エリートの経営理念』鳥羽欽一郎訳、ダイヤモンド社、一九六八年〕

MILLER, Richard J., 1974, *Ancient Japanese Nobility*, Berkeley and Los Angeles, University of California Press.

REISCHAUER, Robert K., 1937, *Early Japanese History (ca 40 BC-AD 1167)*, Gloucester, Mass., Peter Smith (1967 edition).

SAID, Edward M., 1978, *Orientalism*, New York, Pantheon.〔E・W・サイード『オリエンタリズム』上下、今沢紀子訳、平凡社ライブラリー、平凡社、一九九三年〕

SMITH, R. J., 1974a, "Afterword," in Wolf, Arthur P. (ed.) *Religion and Ritual in Chinese Society*, Stanford, Stanford University Press, pp. 337-348.

——, 1974b, *Ancestor Worship in Contemporary Japan*, Stanford, Stanford University Press.〔R・J・スミス『現代日本の祖先崇拝——文化人類学からのアプローチ』前山隆訳、御茶の水書房、一九九六年〕

VOGEL, Ezra F., 1979, *Japan as Number One*, Cambridge, Mass., Harvard University Press.〔エズラ・F・ヴォーゲル『ジャパンアズナンバーワン』新版、広中和歌子・木本彰子訳、阪急コミュニケーションズ、二〇〇四年〕

YANAGITA Kunio, 1942, *Nihon No Matsuri*, Tokyo, Kōbundō.〔柳田国男『日本の祭』弘文堂書房、一九四二年〕

——, 1943, *Shintō To Minzokugaku*, Tokyo, Meiseidō.〔柳田国男『神道と民俗学』明世堂書店、一九四三年〕

——, 1945, *Senzo No Hanashi*, Tokyo, Chikuma Shobō (*Teihon Yanagita Kunio Shū*, Vol. 10, Chikuma Shobō, 1969).〔柳田国男『先祖の話』『定本柳田国男集』第一〇巻、一九六九年〕

Translation: *About Our Ancestors*, Tokyo, Japan Society for the Promotion of Science, 1970.

OUCHI, William G., 1981, *Theory Z*, New York, Addison-Wesley.〔ウィリアム・G・オオウチ『セオリーZ——日本に学び、日本を超える』徳山二郎監訳、CBSソニー出版、一九八一年〕

日本の民俗研究の活性化のために

スコット・シュネル
橋本裕之

何が問題なのか

過去数十年の間に社会科学や広く人文科学の分野で持ち上がった理論的問題のうち、特に重要なもののいくつかは、集合的アイデンティティの形成または交渉、あるいはその両方に関わっている。焦点を当てる先がジェンダーであれ、エスニシティ、多文化主義、労働力移動、観光、表象の政治学であれ、その根底にあるのは、ますます緊密に関わり合う世界の中で人々が自分の居場所を作り出そうとした結果、境界が変動し、アイデンティティの定義が書き換えられたという認識である。

日本の民俗研究は、こうした理論的発展に内在する可能性に、すぐに反応したわけではなかった。この学問分野は全般に、外部からの隔絶と内向きの保護主義を良しとしているので、日本の外の、より広い民俗研究とはほとんど交流がなかった。日本の民俗研究はこのような排外意識からの脱却を成し遂げない限り、時代錯誤に陥ってしまう深刻な危険性がある。これは研究者本人にとってはもとより、広く一般社会にとっても、きわめて残念なことだとわれわれは考えている。

日本の民俗研究は十分有益であるとわれわれは考えているが、問題はその今日性を幅広い読者に向けて発信できずにいることである。その原因としてはさまざまな要素が関わっているが、最も明白なのは言葉の壁である。日本の民俗学者はその母語では非常に多数の著作を発表しているが、その研究結果を英語で発表することには消極的であり、ほかの言語については言うまでもない。しかし好むと好まざるとにかかわらず、英語は研究者にとって国際言語となっている。この状況は不平等であるし、西洋の研究者で日本語などのアジア言語を読める者がきわめて少ないのは残念なことである。しかし現状を見る限り、この不均衡な状況が近い将来のうちに改められるとはおよそ期待できない。それまでに取れる最良の方策は、日本の民俗学者の著作を英語などの言語でももっと読めるようにすることである。もちろん、多くの日本人研究者は英語で書く能力を十分に備えているが、その能力のない者も排除すべきではない。これらの研究者の著作も、第三者の翻訳を通じて発表されてしかるべきである。

しかし言葉の問題よりさらに根深く、はるかに複雑な障壁がある——島嶼性と特殊性についての生まれ持った意識である。民俗学界のみならず日本社会全体に蔓延しているこの意識は、簡潔に言えばいわゆる「島国根性」というものである。日本人は世界から隔絶されていて特殊であるという感覚が蔓延しているのだが、これはおそらく、徳川時代（一六〇〇—一八六七年）のおよそ二百年間にわたって、日本がみずから鎖国をしていたことの名残である。この島嶼性が顕著に現れたもう一つの例は、学問の体裁を取った日本人論というジャンルに絶えず人気があることである。日本人をほかの国民から区別しているものが厳密には何なのかを定義しようとするこの試みは、今も続いている。その前提にあるのは、もちろん、そのような本質的な違いが存在するという仮定である。それゆえこの種の議論は結論があらかじめ決まっていて、そこから逆向きに進んでゆく。その結論を裏付ける証拠が見つかれば、それを元に議論が積み上げられ、反証となる例は都合よく無視される。

社会科学の世界でもこの同じ考え方がときおり顔を出す。たとえば西洋で使われている理論的アプローチが日本には応用できないとし、その理由を社会の特殊な伝統に帰する態度などである。このことは、日本の民俗学が幅広い読者を獲得することへの、もう一つの妨げにつながっている——というのは、理論の発展はほかの学問分野を変革してきたが、そこへの参入が行なわれていないためである。これは昨日今日の問題ではないため、対応には歴史的経緯の確認が必要である。

民俗研究体系化への三段階

日本において民俗研究が学問分野として体系化されたのはようやく一九三〇年代に入ってからのことである。わずか八〇年のその歴史は主に三期に分けられる。第一期は日本の民俗研究の祖たる柳田国男の仕事と歩みを同じくしている。柳田とその門下生らは、日本において民俗学を確立し、それを一般に知らしめるのに主要な役割を果たした。体系的なフィールドワークの手法を定め、膨大なデータを生み出した。柳田は初期の仕事の中では日本国内の文化的多様性を認めていたが、後には日本の「主流の」人々を結びつける本質について言及するようになる。柳田のいわゆる「常民」すなわち普通の民衆は、平穏な田舎の村に住み、灌漑による稲作に従事し、先祖を敬いながら生きている。この牧歌的イメージは、近代化されつつある社会への密かな批判として柳田が意図的に打ち出した側面もあると目されている(Figal, 1999: 129-30)。しかしそれは、人々の結束意識を高め、天皇によって象徴される国家への忠誠を育もうと試みていたナショナリズムの唱道者らによって利用されることになる。当初の意図とは無関係に、柳田は日本の近年の思想史に大きな影響を与えてきたし、多数の日本人論の断定にヒントを与えてきた。

民俗研究の展開の第二期は、柳田の死の直後から始まる。この時期には、柳田のアプローチは批判的再評価の対象となり、新しい方法論による手法が開発され導入された。このことは、個々のコミュニティをそれ自体で完結した個別の単位として扱い、社会文化的現象を改めて文脈の中に位置づけ直す作業の強調につながった。しかし残念ながらそのことによって、コミュニティの境界を越えた重要なやり取りが無視されもした。この学問分野は単なる方法論的コンセプトであり、より広範な、近代化のプロセスに関わる問題——貨幣経済、市場のグローバル化、教育カリキュラムの標準化、大量輸送手段や通信網の敷設など——とは事実上まったく関係しない。行政区画などというものは、立法府の構想によってかなり恣意的に定められたにすぎないものだが、多くの民俗学者は自身の調査の範囲をこの行政区分に合わせようとし、その結果、この行政区分の「具体化」の一助となった。

それでも、国の経済的成長の傾向が続いていたこともあって、民俗研究は学術研究として一定の威信ある水準を達成するに至った。特に一九七〇年代には観光業の勃興に伴い、地域に特有の伝統は経済資産となった。自治体ごとに体系的な地方史が編纂され、国中の市町村が博物館を設置して観光客誘致を図った。民俗学者は教育委員会に雇われ、その地方の権威と目されたほか、博物館の企画の立案と実施に携わる者も多かった。

個々のコミュニティや地理上の区分に対して個別に取り組むというこの戦略によって、事実説明のデータは蓄積されたが、そのデータを意味のあるものにし、人々の経験についてのわれわれの理解を深めるのに必要な理論は、形成されなかった。そういうわけで民俗学界では、ほかの社会科学の分野を特徴づけているような理論の円熟を見ることはなかった。日本の民俗学者らがこの学問の発展の第二期に行なっていたことは、真の学術研究とは言いがたく、むしろ単純な調査や文書化などと言った方が当たっている。

それでも一九七〇年代には主要な大学のいくつかに民俗学を扱う学科が設置され、学生が民俗学を学問として専攻できるようになった。民俗学科の所属教員は懸命に、研究者としての評価を高め、歴史や文化人類学など、より確立された学問分野の教員らに並び立つ業績を挙げることを目指していた。彼らは組織化と制度化を通じて、自力のみでやってゆける独立した学問分野の設立を目指していた。言い換えると、日本の民俗学者らは民俗学ではなく、日本の民俗学を追究していた。その研究は日本のみを対象としており、その成果は日本でのみ発表され、それを国際的な文脈に据えようとする努力は見られなかった。隣接する中国や朝鮮半島との系統上の関係にまつわる研究の場合を除いては、ほかの文化圏から関連する例を引くことすら行なわれなかった。日本社会のほかの分野がますますグローバル化しつつある中で、皮肉なことにこの学問分野だけが内向きであった。

この意味で日本の民俗研究者の世界は、それ自体が一つの閉じたコミュニティとなった——それは、この分野がしばしば研究対象として取り上げてきたコミュニティの姿そのものである。その中核をなす、独自性についての教条が、あたかも自己達成的予言のように機能し、日本でしか通用しない一種の学問を生み出した。日本の民俗研究は日本の独自性について、柳田本人以上に強調するようにさえなった。その結果、この学問分野は全体として見た場合にかなり深刻な袋小路にはまり込み、未だにそこから抜け出せずにいる。

今やこの学問分野は、その発展の新しい段階、つまり第三期の入口に足を踏み入れている。民俗学の実践者たちも少しずつ自分たちの学問分野の停滞を認識するようになり、今ではこの袋小路を打破すべく、その知的伝統の再検証に取り組んでいる。これまでの研究を、ほかの分野の最近の理論的発展に照らして再検討することで、第二期にはほとんど見過ごされてきたいくつかの問題が特定された。

われわれはこの最近の批判的自省が日本の民俗研究を実り多い学術的試みとして再び活性化し、かなり狭い枠組から解放して、多方面にアピールできるようになることを願っている。われわれはここで、この変革をどのように推し進めるかの考察に役立つことを期待して、集合的アイデンティティの形成または交渉、あるいはその両方という話題に戻ろう。

境界の柔軟化への貢献

集合的アイデンティティの感覚の創出と維持のプロセスは、われわれの研究対象に対してのみならず、われわれの学術コミュニティに対しても同じように作用している。民族あるいは「人種」という分類を例に取ると、このプロセスはまず、何か容易に認識可能な、しかし恣意的に選ばれた可変的要素に重要性を持たせることから始まる。この要素はその後、それを共有する一部の人々を、持たない人々から区別する基準となり、この二つのグループの間に境界を作る。肌の色や容貌などといった身体的特徴は分かりやすい例だが、言語もまた有力候補である。その特徴が分かりやすいものであればあるほど、区別の基準として有効にはたらく。宗教や政治団体への所属といったイデオロギー的要素すら、シンボルの装着や服装のスタイル、儀式化された行動や食習慣など、分かりやすい形で示される。

ひとたび区別が設けられ境界が確立すると、曖昧さが許されなくなる。境界に対して同じ側に属する人々の間では、共通する特徴が尊ばれ、互いを区別する特徴は軽視されるか無視される。このようにして、多様な人々があたかも何か「自然な」近さによって結びついているかのように表出される。この近さの感覚をさらに高めるのは、共通の経験や懸念の仄めかしや、結束の象徴としての始祖やトーテムへの言及である――さらには、仲間に呼びかけるのに親族に対する言い回しを用いることさえ行なわれるだろう（Brow, 1990）。

ただし、共通の利害や近さを確認するだけでは十分ではない。集合的アイデンティティが依拠しているのは、単にその成員たちが、自分たちが何者であるかを強調することだけではない。自分たちが何者でないかの強調も必要である。それには、外部の対象を持ち出して、自分たちが彼らとは区別されているのだと確認することが必要である。その対象の候補に真っ先に挙がるのはもちろん、対立するカテゴリーに属する「よそ者《アウトサイダー》」である。だがここでもまた、問題をはらんだ曖昧さが顕在化し、境界線をあやふやにする脅威となる。このように、カテゴリーの境界の反対側に属する人々との関係においては、今度は差異こそが強調され、関連性は無視される。二つのグループの人々の区別を明瞭化できればそれだけ、双方の人々は、自分たちの築いたカテゴリーの中の人同士で同族意識を高め合い、自分たちを「よそ者」とは反対の存在だと考えるようになる。

ここでも、区別のための可変要素の選択が恣意的なものであり、その結果としてできるカテゴリーも恣意的なものだということに留意しておくのは重要である。実際、同等以上に意味のある要素（たとえば血液型とか、特定の疾病への耐性とか）が、別の枠組においては境界として使用されていたに違いないにもかかわらず、単にそれが容易には把握できないからという理由で、完全に見過ごされている場合もある（Diamond, 1994）。アンダーソンが主張したように、「コミュニティ」は社会的に作られたものだが、自然発生した自明の現実であるかのように偽装されている（Anderson, 1991）。

こうした操作は、直面している共通の困難があると特にうまくゆく。典型的には、よそ者というカテゴリーが敵やライバルの役回りで登場するが、共通の困難が天災や危機的状況、人生の誘惑に直面しながらより高い目標や目的に一途に打ち込むこと、などの体裁を取って現れる場合もある。このような困難が存在しない場合、それは「コミュニティ」の内部の結束を高めるという目的だけのために想像され、創出される。共通の目標に向けて協力することで、コミュニティの成員は互いに依存し合い、責任を分かち合っていると感じるようになる。これによって彼らは、個々の自我の水準を上回るほどの帰属意識を植え付けられる。

コミュニティのアイデンティティの境界が恣意的だということは、柔軟ということでもある。より多くの人を含めるために拡大することも、縮小して成員を限定することもできる。どの基準が利用されるかは、コミュニティを結束させるための共通の困難の性質による。究極的に国家全体が含まれるところまで境界を拡大すれば、その結果として、国内の人種も文化も単一であり、世界のほかの地域とは区別されている、という断定が生まれる。

しかし重要な点は、共通の絆の感覚が、内在的な類似点に由来するのではないということである。それは象徴的なものの意図的な操作によって生じる。その結果は状況に応じて、良いものにも悪いものにもなりうる。悪い結果の例は、「主流」あるいは多数派はこうであると断定し、生まれ持った資産としてその特権性を主張することである。より賛同できる事例は、先住民の権利の主張と自治権拡大のための闘争の中で先住民たちの結束を高めようとする動きの中に見出すことができる。アイデンティティは闘争の舞台となり、闘争に関わる者は自分たちの計画を先へ進めようとする。結束を高めるにも分断を煽るにも同じ戦略が用いられており、その違いは境界をどう引くかだけとなる。

その境界を再編成するか、さらに可能ならば、それに関わる者の傾向や調査の性質によってその境界を変動可能な柔軟なものとできるかどうかに、将来の日本の民俗研究はかかっている、とわれわれは考えている。たとえばどちらかというと曖昧な日本の国境線の内側には、豊かで多様な文化が存在しており、またその人々は国境を越えて広がり他者や異文化を包含している、と認める必要がある。容易に挙げられる例としては、たとえば、カナダのジェームズ湾沿岸地域のクリー族の狩猟者たちと日本の東北地方の伝統的狩猟者であるマタギとは、互いに共通の要素を持っている。その共通点はそれぞれのグループが属する国家のほかの市民らとの共通点よりもむしろ多い、と言えるだろう。

理論的に見ても、これらの境界は別の学問分野や別の学術コミュニティに対して浸透してゆくはずである。この言葉を、日本の民俗学者が常に受容の側にいる一方通行の交渉を指す、と理解されることは本意ではない。西洋の民族学者らも同様に、日本からの理論的貢献に少しでも多く触れて利益を得ようという姿勢でいるし、究極的には国籍による区分けは消滅してゆくだろう。たとえば日本と西洋の研究者では、長きにわたって、社会的行為者としての個人の相対的重要性について意見が分かれていた。社会学者の濱口恵俊《えしゅん》は、西洋の社会科学では独立した行為者としての個人に重きを置くあまり、自己が社会の関係の複雑な網の目の中にどれほどがんじがらめになっているかを見落としている、と指摘している（Hamaguchi, 1985）。この西洋的アプローチを濱口は「方法論的個人主義」と呼んでおり、日本社会の研究にはうまく適用できないと言う。濱口によれば、西洋社会が個々の行為者によって特徴づけられるのに対し、日本社会は「関係による」行為者を特徴とする。言い換えると日本では「近くにいるほかの行為者との人間関係を通じて、自己認識が少しずつ確立され、行動原理が形成される。端的に言って個人の心理社会的アイデンティティは、ほかの行為者との関係の中で確立される」（Hamaguchi, 1985: 298）。日本では社会的行為者を「個人」ではなく「間人」すなわち「人との相互関係を通じてのみ自己が確認される」存在であると考えた方が適切であろうと濱口は言う（Hamaguchi, 1985: 302）。これはわれわれが行為者の動機をよりよく理解する一助となるだろう。[*1]

　濱口の論点は十分に納得のゆくものだが、なぜ日本のみに限定するのだろうか。個人にとらわれすぎた西洋の社会科学者らは、自分たちの社会における社会的アイデンティティの重要な側面を見過ごしている可能性もあるのではないだろうか。個人の強調に対する濱口の懸念は、高度な日本人論の主張の一種としてではなく、世界の社会科学研究に当てはまる重要な修正案として提示されるべきものである。

たとえばこの提案を使って、西洋ではきわめて一般的な、独立した行為者という観念に異を唱え、それがおそらく重要な「基幹的隠喩」ではあるが結局は作りごとにすぎないと明らかにすることも可能だろう。

新たな視点の提示

しかし究極的には、民俗研究にできる最大の貢献は、その説明能力と、豊富なデータ提供能力であろう。理論にはファッションと同様に流行の浮沈があるが、詳細で信頼に足る民族誌的記述は——民族学の優れた理論はすべて、それに負っている——間違いなく今後も強く求められ続けるだろう。そうした説明的データの多くが、既に存在しない状況や活動についてのものだということは、ほとんど問題にならない。比較民族学においては、過去は現在と同様にデータの源泉として重要であるし、社会的プロセスのダイナミクスを完全に理解し評価するには、時間軸を奥行きに取った遠近法を用いるほかないのだから。

民俗学は「人々の」視点を伝えることを特に得意とする。社会学者の上野千鶴子が指摘したように、「記述されたテクストに基づく歴史研究はしばしば、支配階級とそのイデオロギーを説明するだけで終わってしまう」(Ueno, 1987: S75)。これに対し民俗学者はフィールドワークと口承に重きを置くことで、きわめてしばしば見過ごされ無視されているものを——どの人口集団においても大多数を占める非エリートの態度や経験を——再発見できる。日本の場合、この非エリート層には、小作農やわずかな土地しか持たない農民、山村や漁村の住民、都市部の小規模な商人と賃金労働者、さらにさまざまな民族的、経済的、性的マイノリティが含まれるだろう。上野自身、日本の女性が従属的地位にあったとする「伝統的」イメージに異を唱えるに当たっては、産業化以前の村の生活についての柳田の記録に大きく依拠している。なお上野の著作によって明らかにされたのは、この従属化の大部分が、都市化と工業化の文脈の中で、エリートであった士《サムライ》の価値観が大衆に受け入れられ（あるいは、押し付けられ）た結果だということである。

過去についての知識が重要なのは、何がどうして起こったのかを理解するためだけではない。われわれの過去に対するイメージが、現在の目的のため、絶えず操作されているということを理解するためにも重要である。そう考えると、歴史的データはきわめて今日的な関心をひく話題を提供する。過去は象徴的な意味で資源《リソース》の源泉《ソース》となり、イメージやアイデアを求めて絶えず「掘り下げ」られる。新たに導入されるものが、正統性や吸引力を高めるために「伝統」を偽装されることすら珍しくない（国家神道の例のように）。

このことから、われわれが将来の研究の重要な焦点になると見込んでいるのは、民俗研究の「大衆による消費」である。ここでわれわれが言っているのは、民俗学者が生み出した民族学的データを大衆がいかに受容し利用するかということである。ここでもやはり日本は非常に情報量の多いフィールドという役割を果たしうる。出版業界が活発で、アイデアが広く一般に伝播するスピードが速く、効果も高いからである。本稿で既に触れた、大衆の思考への柳田の影響や、自治体が地域文化の文書化や博物館の設置に向けて民俗学者を雇用した事例なども、この話題に関係している。実際、博物館は表象の政治学に関する研究にうってつけの肥沃な土壌を提供してくれている。また最近の別の例は、宮崎駿の人気アニメーション映画の中にも見出すことができる。『もののけ姫』『千と千尋の神隠し』などの映画は日本の民間伝承へのさりげない言及を豊富に含んでいる。これは世界中の何千万という人を対象としたメディアであり、特に環境保護主義や近代社会の軌道への懸念に関係していることから、日本の民間伝承への関心を改めて呼び起こしている。

経済と政治制度のグローバリゼーションが、「西洋の」アイデアや態度や前提の拡大を駆り立てるにつれて、民俗学者にとってますます重要になるのは、これに代わる視点や生き方を提示することである。最良のアイデアが常に支配的位置を獲得できるわけでないことは歴史が証明している。しかし時折、目に見える代替案が存在しないがために、支配的モデルが「自然な」「不可避の」ものと見なされるようになることがある。たとえば時間が一直線上に発展してゆくとする考え方は、技術的「進歩」がわれわれの生活水準を向上させるという観念に加担し、自然の世界を動かしているリズムやサイクルから、われわれをますます遠ざけてしまう。また世界的市場経済によって、貨幣が唯一の価値基準であるとの印象が広まると、金銭に換算できないものはすべて、意思決定プロセスから排除されてしまう。代替モデルがなければ、利益という動機に基づく「理性的」経済活動は、本当に理性的なものと受け止められるようになり、それが獲得と消費に向けた強迫的衝動であり、社会や環境の重要な関係をともすると破壊してしまうものだとは考えられなくなる。民俗学は代替的アプローチが忘れ去られることのないようにするとともに、現状を批評する物差しを提供してくれるものである。未来とは不確かなものだから、これらの代替案がある日、変化に対応するためのわれわれの努力にとって有益であるということが明らかになるかもしれない。

日本の民俗研究の可能性

結論として日本の民俗研究は、現在の社会科学の中心を占めるほとんどすべての問題に対応できる用意がある。その問題とは具体的には、(1)ナショナル・アイデンティティの形成と維持、そのために用いられる戦略、(2)土着の人々、特にアイヌや沖縄の人々の権利、(3)表象の政治学(民族的マイノリティについてだけでなく、過去の人々についても)、(4)移民と越境(この件に関して、日本は現在、世界の中で巨大な影響力を持っているが、過去にもやはり継続的に海外への移民を送り出しており、それは植民地主義の大国として、日本がアジア太平洋圏のほかの地域に勢力を拡大するのと平行する動きだった)である。

さらに言えば、日本はそれ自体が理想的な研究の現場でもある。そこで得られるものは、(1)西洋と有意に異なる歴史的経験と文化的伝統、(2)民族学および歴史学の過去数世紀にわたる豊富なデータ、(3)高度に発達した文学および芸術の伝統(表象、政治文化、パフォーマンスの諸問題の追究にとって有益)、(4)現在も継続中で十分に記録されつつある、中央官庁と地方の、需要および利害の衝突、(5)民族学のプロジェクトに貢献し批判してもくれる「土着の」民族学者の高度なコミュニティなどである。この最後の点は、西洋の学問の支配的地位――それは「オリエンタリズム」という用語に如実に示されている――に対峙する上では特に重要である。

端的に言えば、研究者の国際的コミュニティにもっと積極的に関与しようという努力は、研究者個人の生き残り戦略というだけのものではない。繰り返しになるが、日本の民俗研究は日本の学術界にとっても、より広い大衆に向けても、必ずや貢献できるとわれわれは感じている。それゆえ日本の民俗学者がその島嶼性にこだわることは、自身を周縁領域に押しやってしまう危険性があるだけでなく、自身の価値ある見識と知識を否定することにもなるし、世界のほかの地域に向けた理論的貢献もできなくしてしまう。今や民俗研究の、制度上および概念上の境界を定義し直し、その影響力と吸引力とを拡大すべき時期に来ているのである。

（訳：伊藤由紀）

本論文は *Asian Folklore Studies*, 62, 2003: 185-194 に掲載の論文に加筆したものである。
小見出しは編集部が付した。

訳注

＊1 ここで原著者が引いている英語論文は、濱口恵俊「日本人の人間モデルと「間柄」」（『大阪大学人間科学部紀要』第八巻、一九八二年）を踏襲していると思われる。参考までにこの日本語の論文から該当箇所を引用すれば以下のとおりである。「〔日本では〕他主体に対して自らがいかなる機能的連関（役割）をもつかが、第一に、しかも最も強く意識され、その役割的なつながりを通して「主体システム」が形成されることになる〔中略〕。つまり、自己の心理＝社会的アイデンティティが、他主体との関連で確立されるのである」（二一三頁）。「すなわち、単独の行為者主体（individual actor subject）である「個人」と比較した場合、「対人的な意味連関の中で、連関性そのものを自己自身だと意識するような、にんげんの在り方」を指す「間人」の方が、個々人と社会システムとの有機的な連関性をより合理的に説明しうる「人間モデル」であるのは確かだ」（二一五頁）。

参考文献

Anderson, Benedict (1991) *Imagined Communities: Reflections on the Origin and Spread of Nationalism*. New York: Verso.〔ベネディクト・アンダーソン『定本想像の共同体――ナショナリズムの起源と流行』白石隆・白石さや訳、社会科学の冒険、書籍工房早山、二〇〇七年〕

Brow, James (1990) "Notes on Community, Hegemony, and the Uses of the Past." *Anthropological Quarterly* 63: 1-6.

Diamond, Jared (1994) "Race Without Color." *Discover*, November: 82-89.

Figal, Gerald A. (1999) *Civilization and Monsters: Spirits of Modernity in Meiji Japan*. Durham, North Carolina: Duke University Press.

Hamaguchi, Esyun (1985) "A Contextual Model of the Japanese: Toward a Methodological Innovation in Japan Studies." *Journal of Japanese Studies* 11: 289-321.

Ueno, Chizuko (1987) "The Position of Japanese Women Reconsidered." *Current Anthropology* 28(4): S75-S84.

終章　柳田国男を携えて、世界のなかへ

赤坂憲雄

柳田を「民俗学」から解き放つ

いま、グローバル化が急速に進みつつある世界のなかで、柳田国男とその思想について問いかけることに、いかなる積極的な意味があるのか。柳田の没後五〇周年にあたって、この夏には、成城大学で「国際化の中の柳田國男——『遠野物語』—以前／以後」というシンポジウムが行なわれ、岩手県遠野市においては「21世紀における柳田国男」と題された国際フォーラムが開催された。ともに盛況であったようだ。前者については、すでに『現代思想』誌の「総特集　柳田國男　『遠野物語』以前／以後」のなかに報告がある。後者については、わたし自身が遠野文化研究センターの所長としてかかわり、二日間にわたってコーディネーターを務めている。詳細な報告はいずれ、来春刊行予定の『遠野学』第二号で

特集を組んで行ないたいと考えている。没後五〇年を経て、もはや柳田国男とその思想の命脈は尽きたのか、それとも、なお将来への可能性が残されているのか。むろん、この論集のなかでも、そうした問いがそれぞれのテーマに即して、それぞれに問われている。

ところで、遠野市で開催された国際フォーラムは、その名にふさわしく国内外から多数の研究者を招聘して行なわれた。参加者を列挙してみる。海外からは、ロナルド・A・モース氏、スコット・シュネル氏、デイヴィッド・ヘンリー氏、クリストファー・ロビンス氏、メレック・オータバシ氏の五名、日本国内からは、福田アジオ氏、三浦佑之氏、小田富英氏、そして、わたしの四名である。発表や議論はすべて、日本語で行なわれ、遠野の内外から訪れたたくさんの聴衆が耳を傾けてくれた。あらためて指摘するまでもないが、海外から参加してくれた研究者はみな、この論集への寄稿者でもある。種明かしということではないが、この論集と国際フォーラムの実質的な仕掛け人が、『遠野物語』の英訳者であるロナルド・A・モース氏その人であったことは、明記しておきたいと思う。

いくつかの発見があった。たとえば、当然ではあるのかもしれないが、海外の研究者による柳田国男研究の多くは、日本国内の研究状況から大きくかけ離れたものではなかった。なぜなら、それらの研究者のほとんどは、日本語の読み書き能力にすぐれた、それゆえに日本人研究者の仕事にアクセスし目配りすることができる人々であるからだ。また、濃淡はあれ、たいていは日本への留学や滞在の経験があり、日本人研究者との交流を重ねている人々でもあるからだ。いわば実質的には、日本のなかの柳田国男について研究する場に、海外の研究者もまた日本語を携えて参加しているといったところだろうか。

とはいえ、かれらは狭義の意味合いでの民俗学を専門とする人々ではなく、それゆえに、民俗学者としての柳田国男というイメージや枠組みを前提として議論を組み立ててはいない。はじめから、民俗学による見えない呪縛を免れているのである。思えば、わたしたち日本人研究者は、民俗学の世界に帰属しているか否かにかかわらず、柳田国男という思想について語ることを意志的に選んでいる場合ですら、民俗学による呪縛から解き放たれてはいない。予定調和のごとくに、民俗学者としての柳田国男の磁場に取り込まれてしまう。すくなくとも、柳田の思想の核にあるものが、きっと民俗学か、民俗学的な何かであるかのように無意識に信じ込まされている。

その意味では、民俗学者の福田アジオ氏がフォーラムのなかで、日本民俗学は『後狩詞記』を起点として始まったことを指摘しながら、『遠野物語』の忘却について真摯に語っていたことが印象的だった。ときに、日本民俗学の発祥の記念碑などと称されることがある『遠野物語』が、じつは学としての民俗学の展開のなかでは、むしろ忘れ去られてきたテクストであることを再確認することになったのである。民俗学による呪縛がほどかれるとき、『遠野物語』ばかりではなく、柳田の残した膨大なテクストの群れは、確実にこれまでとは異なった相貌をもって浮かび上がることになるはずだ。流動化のプロセスに投げ込まれるといってもいい。

たいへん刺激的な議論が交わされた国際フォーラムの全貌については、くりかえすが『遠野学』第二号で報告する。この論集と合わせ読むことによって、読者はたくさんの示唆を受けるにちがいない。ここではただ、柳田国男とその思想が、二十一世紀の、国民国家以後にも一定の有効性をもつことになるのかもしれない、という予感を抱いたことだけを書き留めておく。そもそも、明治以降の近代にあって、いったい柳田国男以外のだれが、日本人の思想家としての存在価値を世界に向けて主張できるというのか。柳田のテクストを外国語に、とりわけ英語に翻訳するプロジェクトが成城大学で始まろうとしていると聞く。新しい議論のステージが生まれてくるのかもしれない。

柳田の神格化とその終焉

たぶん、近代日本の思想のほとんどは、敗戦という断絶のラインをはさんで、戦後という言説空間のなかへと生き延びることができなかった。それはたんに、戦争責任というリトマス試験紙によって、舞台からの退場を強いられたということではない。耐用年数がそもそも短かったのである。それがさらに、近代の黄昏を迎えて、徹底した淘汰の波に洗われることで、近代以後にも生き延びるかもしれない思想家の姿を思い浮かべることは、いっそう困難なものになっている。柳田国男ばかりではない。われわれははたして、二十一世紀にもくりかえし読むに値する近代日本の思想をそれとして名指しすることができるのか。はなはだ心もとない。

柳田は明治生まれの思想家であるが、明治・大正から昭和にかけて、第一線にいて息長く活躍した人である。敗戦をくぐり抜け、復興へと向かう戦後の混乱期を見届け、高度経済成長期にさしかかる手前の一九六二年に亡くなった。まさしく近代を生きた思想家である。そして、思想家としての柳田国男がもっぱらに語られるようになったのは、その没後であったことは偶然ではない。高度経済成長期がはじまり、この列島社会が中世の南北朝期に比肩されるような巨大な過渡と変容の季節を迎えようとしていた、その六〇年代になって、柳田の再発見の試みが開始されたのである。いわば、高度経済成長期の光と影のもとで、柳田が語りつづけた日本文化像があらたな価値を附与されながら、再発見されてゆく。

吉本隆明の『共同幻想論』（一九六八年）があきらかなエポックをなした。このいささか難解な書物を仲立ちとして、柳田とその『遠野物語』に出会った世代があった。いわゆる全共闘運動の担い手となった、戦後生まれの団塊の世代である。『共同幻想論』は『古事記』と『遠野物語』を特権的なテクストに指名して、吉本のいう幻想領域の構造を私／対／共同の三層をなすものとして描きだした。カリスマ的な魅惑にみちた書物だった。高校生であったわたしは、全共闘の大学生たちが祀り上げている『共同幻想論』を読んで、手痛い挫折をこうむった。さっぱり理解できなかったのである。いまはまだ、この本をきちんと理解している者はほとんどいないが、いずれ理解されるときが訪れる……、そう、ひとりの大学生がおごそかに呟いた姿が記憶に残っている。わたしはそれから、幾度となく『共同幻想論』を読んできたが、ついに理解が届いたと感じた瞬間はなく、すくなくとも高校生のときと合わせれば三度の挫折をしている。

ともあれ、『遠野物語』は吉本隆明によって、『古事記』と並べられるような古典として再発見されたのである。その影響には絶大なものがあった。右手に『古事記』を、左手に『遠野物語』を携えて、日本文化の最深部へと旅をすることが、知の流行《トレンド》になっていったなどと言えば、大袈裟にすぎるだろうか。作家の三島由紀夫もまた、あの時代のカリスマ知識人のひとりであったが、『読売新聞』に寄せた『遠野物語』についてのエッセイのなかで、『共同幻想論』を持ち上げたあとで、『遠野物語』にたいするオマージュを捧げていた。『遠野物語』はそのとき、生と死の風景、共同体とそこに生きる人々の禁忌にまつわる根源的なテクストとして再発見されている。

それら知のカリスマたちの影響下に、『遠野物語』に遭遇し、柳田国男とその思想に触れた若い世代の人たちは、柳田民俗学を近代の限界を超えるための方法へと読み換えていった。六〇年代後半から七〇年代にかけての政治の季節に、柳田民俗学はほんのつかの間、社会変革の武器や天皇制批判の拠り所となり、土俗からの反乱といったスローガンがもてはやされたのだった。

一九九〇年代となり、バブル経済が終焉を迎え、近代の黄昏が深まりゆくなかで、突然のように、柳田国男批判の嵐がはじまったことを思い出す。そのとき、柳田は植民地主義への加担者として槍玉にあげられた。牧歌的な常民と民俗のイメージの蔭に、隠された生臭い政治家としての柳田がいる、と語られるようになった。その批判はどこか、代理戦争のようにも感じられた。批判の主要な担い手たちがみな、かつての全共闘世代であり、吉本隆明にたいするルサンチマンが透けて見えたからである。わたしの眼には、それは吉本による呪縛からの解放をもとめての足掻きのように思われもした。ともあれ、この柳田批判の嵐が吹き荒れるなかで、確実に柳田国男の神格化もまた終焉を迎えていたのである。

日本文化の百科全書としての役割

もはや、多くの人が柳田国男の時代は終わった、と感じている。あらたに編纂が進められている『柳田国男全集』は人気がない。読まれていない。高度経済成長期に『定本柳田国男集』が爆発的に売れたことを思えば、ほとんど隔世の感がある。

二〇一〇年代、グローバル化の大きな流れのなかで、あらためて柳田国男の可能性を問いかけてみる。

まず、柳田が近代という時間に帰属し、まさに国民国家の時代の思想家として生きたということを、いくらか冷ややかに認めておくべきなのかもしれない。植民地主義に加担した、という批判はやはり的を外している。そうした批判を許せば、一億総懺悔にもなりかねない。結局、柳田は近代に誕生した国民国家としての日本を、「下」から支え創造することに心血を注いで取り組んだのであり、それ以上でも以下でもなかった。

たとえば、柳田はしばしば、方言の大切さを説いて、それを保存するために採集と整理のプロジェクトを押し進めたと理解されているが、おそらく事情はやや異なっている。柳田は全国の同志に呼びかけて方言の採集事業を展開したが、それはけっして「いくつもの日本語」＝方言を守ることを目指したものではない。柳田はおそらく、「ひとつの日本語」＝共通語へとすべての国民を軟着陸させるためにこそ、膨大な方言／共通語のリストの作成を必要としていたのである。それはあらゆる民俗文化についても当てはまるはずだ。柳田は名もなき常民たちの暮らしの風景や心のあり方を掘り起こし、手がかりとして、「ひとつの日本」＝国民国家としての日本を「下」から受肉させること、そうして日本人であることを深いところから肯定することを願い、経世済民のために戦ったのである。それは、近代の思想家として筋の通った生き方であったかと思う。

それでは、柳田国男は終わったのか。わたし自身のその問いにたいする応答には、揺らぎがあった。終わったのかもしれない、と思いながら、いや、まだ終わっていない、と揺り戻しがある。そのくりかえしだった。それにしても、柳田にはほかのだれにも代行ができない役割がある。柳田の残した膨大なテクストはいま、日本文化をめぐる百科全書という意味合いを帯びはじめているのかもしれない。柳田は好むと好まざるとにかかわらず、日本民俗学の父であった。それゆえに宿命のごとくに、あらゆる民俗文化の側面に触れて、問いを提示するという役割を引き受けた。結果として、柳田のテクストの群れは百科全書となった。この点にかぎって言えば、近代の思想家のなかで、柳田よりも頼りになる存在はいないと断言してもいい。

柳田は依然として、かけがえのない豊穣なる知の宝箱なのである。たとえば、三・一一以後、地震や津波による途方もない災厄の跡に立ちすくみながら、わたしは幾度となく柳田の膨大なテクストの海をさまよった。たとえば、福島県南相馬市を訪ねたときには、津波によってもたらされた泥の海に言葉にはならぬ衝撃を受けた。その下には水田風景があり、近代以降の開拓史が埋もれていた。土地の昔を知る人たちは、浦に戻ったとか、江戸時代に還ってしまった、と呟くように言う。どこか近世的な、潟のある風景のなかへと誘われているような気がした。そのとき、わたしは柳田の「潟に関する聯想」と題したエッセイを思い出していたのである。そこから、いくつもの考えるためのヒントをもらうことになった。

それはむろん、ほんの一例にすぎない。なにか未知なる問題に突き当たったとき、わたしは柳田のテクストに戻ってゆく。たいてい、柳田はその問題にたいして最初の鍬入れだけはすましており、ときにはそれなりに耕していることもある。柳田のテクストの多くがすでに登録され、たとえ不十分なものではあっても、一定の索引機能とともに検索しやすい状況にあるという条件は、たしかに有利に働いているることだろう。ほかの近代の思想家について、それは望めない。やはり柳田は百科全書なのである。しかも、それはけっして民俗学という知の枠組みには閉じ込められていない、いかにも領域侵犯的な知の残してくれたメモであり、覚え書きなのである。たとえば、「潟に関する聯想」というエッセイなど、あきらかに柳田に固有の眼差しに貫かれていながら、民俗学・地理学・社会学・歴史学・エコロジーといった多様な知の領域に向けて、すくなくとも萌芽としての問いを提示しているのである。

「世界の古典」としての可能性へ

思い起こせば、『遠野物語』のエピグラフには、「この書を外国にある人々に呈す」という不思議な言葉が書きつけてあった。その当時、柳田の仲間や知り合いのなかには、留学生や外交官などのかたちで海外にいる者が多くいて、かれらにたいして、このような日本がいまも存在することを忘れるな、というメッセージを送ったのだと、柳田自身が語っていた。一九一〇年に初版が刊行されてから百年の歳月が過ぎて、わたしたち日本人はみな、「外国にある人々」になったのかもしれないと思う。共同体の絆によって守られた暮らしの風景は薄れ、消えていった。故郷の喪失は癒しがたい眼前のできごとである。わたしたちはみな、どこにいても、そこを異郷と意識せざるを得ない「外国にある人々」になったのである。

だれもが異邦人として『遠野物語』を読み、あらたな発見をする時代がはじまった、と言ってもいい。今回の国際フォーラムにおいて、デイヴィッド・ヘンリー氏の発表のなかに関心をそそられる言葉があった。アラスカ大学フェアバンクス校准教授のヘンリー氏は、講義のなかで学生たちに英訳版の『遠野物語』を読ませているが、かれらは『遠野物語』の印象を二つの言葉で表わす、という。すなわち、「不思議」と「懐かしい」である。若い女が山男にさらわれ、カッパが淵に現われ、ザシキワラシのうしろ姿が目撃され、力自慢の男がオオカミと格闘をする、といった話が「不思議」と感じられるのは、むしろわかりやすい。しかし、はるかな異国の学生たちが『遠野物語』を「懐かしい」と感じるというエピソードには、驚きと「不思議」を感じずにはいられない。なぜ、文化的な背景をまったく異にするアラスカの若者たちが、よりによって遠い異国のみちのくの地の物語にノスタルジーを掻き立てられるのか。大きな示唆を与えてもらった気がする。

あらためて、可能性としての柳田国男について、世界のなかで語るべき時代が始まろうとしているのかもしれない。この地球上のだれもが「外国にある人々」になろうとしている時代にあって、『遠野物語』をはじめとする、柳田国男のテクストのいくつかは「世界の古典」としての役割を果たすことができるのかもしれない、ということだ。たとえば、フランスでアナール学派の「感性の歴史学」が誕生した一九三〇年代、ユーラシア大陸のはての島国に暮らしていた柳田は、さまざまな感性のフォークロアの掘り起こしを行なっていた。それらのテクストをフランス語に翻訳して、書物として刊行するならば、遠隔の地において同時代の知が共振しあう姿が驚きをもって語られるはずだ。柳田国男のテクストを携えて、世界とのあらたな出会いを目指してみるのもいい。

nanzan-u.ac.jp/publications/afs/pdf/a26.pdf.
——. 1963. Opportunities for Folklore Research in Japan. In *Studies in Japanese Folklore*, ed. Richard M. Dorson, 50-53. Bloomington: Indiana University Press.
——. 1966. *Japanese Folk Tales: A Revised Selection*. Trans. Fanny Hagin Mayer. Tokyo: Tokyo News Service.
——. 1983a. *Tono monogatari: Folklore and Tradition in the Tono Districts*. Trans. Shizuo Toda. Sendai. (This translation of *Tono monogatari* includes 299 tales (written by other people) from the 1935 expanded edition of the work. The translator's introduction and comments are in Japanese. The translation does not include legends 11, 43, 68, 85, 112, 118, 119 or the song from the end of the original 1910 version.)
——. 1983b. *Contes du Japon d'autrefois*. Trans. Geneviève Sieffert. Paris: Publications Orientalistes de France.
——. 1985. The Evolution of Japanese Festivals: From *Matsuri* to *Sairei*. (Chapter 2 of *Nihon no Matsuri*.) In *International Perspectives on Yanagita Kunio and Japanese Folklore Studies*, ed. J. Victor Koschmann, Keibo Oiwa, and Shinji Yamashita, translated with an introduction by Stephen Nussbaum, 167-202. Ithaca, NY: China-Japan Program, Cornell University.
——. 1986. *The Yanagita Kunio Guide to the Japanese Folk Tale*. Translated and edited by Fanny Hagin Mayer. Bloomington: Indiana University Press. http://nirc.nanzan-u.ac.jp/publications/AFSMonographs/pdf/AFS%20Monograph%209.pdf.
——. 1988. *About Our Ancestors: The Japanese Family System*. Trans. Fanny Hagin Mayer and Yasuyo Ishiwara. New York: Greenwood. (First Edition 1970, Japan Society for the Promotion of Science. Also translated into Korean by Choe, Kilsung in 1989 and published by Kwangil Munhwa Sha, Seoul, Korea)
——. 2005. "La vida en las montañas." Trans. Virginia Meza Hernández. *Estudios de Asia y Africa* 40 (2): 395-403.
——. 2008. *The Legends of Tono*. Trans. Ronald A. Morse. New revised and updated 100th Anniversary Edition. Lanham, MD: Lexington Books. (First Edition 1975, Japan Foundation. Second Edition, Tono UNESCO Association, 1991). (Contains an Introduction by American folklore expert, Richard M. Dorson)
Yanagita, Kunio, ed. 1957. *Japanese Manners and Customs in the Meiji Era*. Trans. Charles S. Terry. Tokyo: Obunsha.

Posthumous Votive Portraiture in Iwate, Japan, Rediscovered." *Journal of Religion and Popular Culture* 22 (2). http://www.usask.ca/relst/jrpc/pdfs/art22(2)-forgottenvisions.pdf.

Tsurumi, Kazuko. 1975. "Yanagita Kunio's Work as a Model of Endogenous Development." *Japan Quarterly* 22 (3): 223-238.

——. 1980. *Creativity of the Japanese: Yanagita Kunio and Minakata Kumagusu*. Tokyo: Sophia University.

——. 1999. *The Collected Works of Kazuko Tsurumi: Collection Tsurumi Kazuko Mandala* (in Japanese): 11 Volumes. Tokyo: Fujiwara Shoten. (Volume 10, "Creativity in Social Science: A Theory of Endogenous Development," contains ten essays in English related to Yanagita Kunio. Volume 11 is also English language essays. Tsurumi's Japanese language essays on Yanagita Kunio can be found in Volume 4 of this same collection.)

Tojo, Misao. 1942. "Der gegenwärtige Stand der Dialektforschung in Japan." *Monumenta Nipponica* 5 (1): 38-51.

Vlastos, Stephen, ed. 1998. *Mirror of Modernity: Invented Traditions of Modern Japan*. Berkeley: University of California Press.

Weber, Stephan. 2007. *Erster Schreinbesuch, Erster Traum - Jahresanfänge bei dem japanischen Volkskundler Yanagita Kunio*. B. A. thesis, Humboldt University Berlin. http://www2.hu-berlin.de/japanologie/dokumente/studium/Weber.pdf.

Yama, Yoshiyuki. 2006. On Facts: Towards a Folklore of Happiness and Unhappiness. In *A Sociology of Happiness: Japanese Perspectives*, ed. Kenji Kosaka, 118-137. Melbourne, Vic.: Trans Pacific Press.

Yamamoto, Matori. 2005. "Pacific Islands Studies in Japan." *Asia-Pacific Forum* 30: 76-95. http://www.rchss.sinica.edu.tw/capas/publication/newsletter/N30/30_01_04.pdf.

Yamashita, Shinji. 1985. Ritual and "Unconscious Tradition": A Note on Yanagita Kunio's *About Our Ancestors*. In *International Perspectives on Yanagita Kunio and Japanese Folklore Studies*, ed. J. Victor Koschmann, Keibo Oiwa, and Shinji Yamashita, 55-64. Ithaca, NY: China-Japan Program, Cornell University.

——. 2004. Constructing Selves and Others in Japanese Anthropology: The Case of Micronesia and Southeast Asian Studies. In *The Making of Anthropology in East and Southeast Asia*, ed. Shinji Yamashita, Joseph Bosco, and J. S. Eades. New York: Berghahn Books.

Yanagita, Kunio. 1944. "Die japanische Volkskunde. Ihre Vorgeschichte, Entwicklung und gegenwärtige Lage." Trans. Matthias Eder. *Asian Folklore Studies* 3 (2): 1-76. http://nirc.

Somers, Seán Gary Adam. 2008. *Yeats and the Art of Ancestral Recall: Twilight, Modernity, and Irish-Japanese Interculturality*. Ph.D. thesis, University of British Columbia.

Sorgenfrei, Carol Fisher. 2009. A Fabulous Fake: Folklore and the Search for National Identity in Kinoshita Junji's *Twilight Crane*. In *Rising from the Flames: the Rebirth of Theater in Occupied Japan, 1945-1952*, ed. Samuel L. Leiter, 317-334. Lanham, MD: Lexington Books.

Starrs, Roy. 2006. "Lafcadio Hearn as Japanese Nationalist." *Japan Review* 18: 181-213. http://shinku.nichibun.ac.jp/jpub/pdf/jr/JN1805.pdf.

Suzuki, CJ (Shige). 2011. "Learning from Monsters: Mizuki Shigeru's Yokai and War Manga." *Image & Narrative* 12 (1): 229-244. http://www.imageandnarrative.be/index.php/imagenarrative/article/view/134/105.

Tada, Michitaro. 1985. Japanese Sensibility: An "Imitation" of Yanagita. In *International Perspectives on Yanagita Kunio and Japanese Folklore Studies*, ed. J. Victor Koschmann, Keibo Oiwa, and Shinji Yamashita, 97-120. Ithaca, NY: China-Japan Program, Cornell University.

Taira, Koji. 2006. "Splendid Summer for Ryukyu/Okinawa Studies (II)." *The Ryukyuanist: A Newsletter on Ryukyu/Okinawa Studies* 72-73 (b). http://www.uchinanchu.org/uchinanchu/ryukyuanist/ryukyuanist72_3b.pdf.

Takayanagi, Shun'ichi. 1976. "In Search of Yanagita Kunio: A Review Article on *The Legends of Tono* by Kunio Yanagita." *Monumenta Nipponica* 31 (2): 165-178.

Takeuchi, Keiichi. 2004. "The Significance of Makiguchi Tsunesaburo's *Jinsei chirigaku* (Geography of Human Life) in the Intellectual History of Geography in Japan: Commemorating the Centenary of Its Publication." *Journal of Oriental Studies* 14: 112-132. http://www.iop.or.jp/0414/takeuchi.pdf.

Tamanoi, Mariko Asano. 1998. *Under the Shadow of Nationalism: Politics and Poetics of Rural Japanese Women*. Honolulu: University of Hawai'i Press. (See Chapter 5)

Tankha, Brij. 2000. "Minakata Kumagusu: Fighting Shrine Unification in Meiji Japan." *China Report* 36 (4): 555-571.

Tayama, Katai. 1987. *Literary Life in Tokyo, 1885-1915*. Trans. Kenneth G. Henshall. Leiden: E. J. Brill.

Teeuwen, Mark, and Bernhard Scheid, eds. 2002. *Tracing Shinto in the History of Kami Worship* (*Japanese Journal of Religious Studies* 29(3/4)). http://nirc.nanzan-u.ac.jp/publications/jjrs/jjrs_cumulative_list.htm.

Thompson, Christopher. 2010. "Forgotten Visions of the Afterlife: Nineteenth Century

files/14613/14613-h/14613-h.htm.
——. 2008. Japan, Great Britain and the World: A Letter to My Japanese Friends. In *Critical Readings on Japan, 1906-1948: Countering Japan's Agenda in East Asia.* Series 1: Books. Volume 2, ed. Peter O'Connor. Reprint. Folkestone and Tokyo: Global Oriental and Edition Synapse.
Ryang, Sonia. 2002. "Chrysanthemum's Strange Life: Ruth Benedict in Postwar Japan." *Asian Anthropology* 1 (1): 87-116.
Sadler, A. W. 1987. "The Spirit-Captives of Japan's North Country: Nineteenth Century Narratives of the *Kamikakushi*." *Asian Folklore Studies* 46 (2): 217-226. http://nirc.nanzan-u.ac.jp/publications/afs/pdf/a636.pdf.
Sakamoto, Kiyo. 1995. *Tono Monogatari* as Performance: Literary Representation of Tono Legends by Yanagita Kunio. In *Japanese Theatricality and Performance*, ed. Eiji Sekine, 172-188. West Lafayette, IN: Midwest Association for Japanese Literary Studies.
Sasaki, Komei. 2008. The Origins of Japanese Ethnic Culture: Looking Back and Forward. In *Theories and Methods in Japanese Studies: Current State and Future Developments*, ed. Hans Dieter Ölschleger, 167-184. Göttingen: Bonn University Press.
Sato, Kenji. 1999. "The Research of Yanagita Kunio: The 1960s and Today." *Social Science Japan: Newsletter of the Institute of Social Science, University of Tokyo* 15: 20-21.
Schmid, Dieter. 1991. *'Mainichi no kotoba' von Yanagita Kunio.* M. A. thesis, University of Munich.
Schnell, Scott. 2006. "Ema Shu's 'The Mountain Folk'." *Asian Folklore Studies* 65 (2): 269-321. http://nirc.nanzan-u.ac.jp/publications/afs/pdf/a1579.pdf.
Schnell, Scott, and Hiroyuki Hashimoto. 2003. "Revitalizing Japanese Folklore." *Asian Folklore Studies* 62 (2): 185-194. http://nirc.nanzan-u.ac.jp/publications/afs/pdf/a1462.pdf.
Shimamura, Takanori. 2003. "Cultural Diversity and Folklore Studies in Japan: A Multiculturalist Approach." *Asian Folklore Studies* 62 (2): 195-225. http://nirc.nanzan-u.ac.jp/publications/afs/pdf/a1463.pdf.
Shimizu, Akitoshi, and Jan van Bremen, eds. 2003. *Wartime Japanese Anthropology in Asia and the Pacific*. Osaka: National Museum of Ethnology.
Sieffert, René. 1952. *Etudes d'ethnographie Japonaise* (*Bulletin de la Maison Franco-Japonaise,* Nouvelle Série, Tome II). Tokyo: Maison Franco-Japonaise.
Smith, Robert J. 1974. *Ancestor Worship in Contemporary Japan*. Stanford, CA: Stanford University Press.

Occupation." *Social Science Japan Journal* 10 (2): 175-196.

Naoe, Hiroji. 1949. "Post-war Folklore Research Work in Japan." *Asian Folklore Studies* 8: 277-284. http://nirc.nanzan-u.ac.jp/publications/afs/pdf/a52.pdf.

Oguma, Eiji. 2002. *A Genealogy of "Japanese" Self-Images*. Melbourne: Trans Pacific Press. (See especially Chapter 12)

Oiwa, Keibo. 1985. An Approach to Yanagita Kunio's View of Language. In *International Perspectives on Yanagita Kunio and Japanese Folklore Studies*, ed. J. Victor Koschmann, Keibo Oiwa, and Shinji Yamashita, 121-130. Ithaca, NY: China-Japan Program, Cornell University.

Olson, Lawrence. 1992. *Ambivalent Moderns: Portraits of Japanese Cultural Identity*. Lanham, MD: Rowman & Littlefield.

Ortabasi, Melek. 2001. *Japanese Cultural History as Literary Landscape: Scholarship, Authorship and Language in Yanagita Kunio's Native Ethnology*. Ph.D. thesis, University of Washington.

——. 2009. "Narrative Realism and the Modern Storyteller: Rereading Yanagita Kunio's *Tōno Monogatari*." *Monumenta Nipponica* 64 (1): 127-165.

——. 2012. *The Undiscovered Country: Text, Translation and Modernity in the Work of Yanagita Kunio*. Cambridge, MA: Harvard University Asia Center.

Oshiro, Naoki. 2006. Representations and Practices Concerning *Kyodo*. In *Critical and Radical Geographies of the Social, the Spatial and the Political*, ed. Toshio Mizuuchi, 74-79. Osaka: Department of Geography, Urban Research Plaza, Osaka City University. http://www.ur-plaza.osaka-cu.ac.jp/archives/URP1.pdf.

Pereira, Ronan Alves. 1999. "Antropologia japonesa : uma análise histórica centrada em Kunio Yanagita." *Anuário antropológico* 97: 73-104. http://hdl.handle.net/10482/1606.

Perrin, Véronique. 1994. "Hijiri, Le double voyage: Yanagita Kunio et Furui Yoshikichi." *Ebisu - Etudes japonaises* 5: 89-130.

Petkova, Gergana. 2008. Yaponskata prikazna tradicia i osobenosti na yaponskata valshebna prikazka (The Japanese Folktale Tradition and Characteristics of the Japanese Fairy Tales). In *Almanac of the Faculty of Classical and Modern Philology*, 209-230. Sofia: Sofia University Press.

Plath, David W. 1992. "Takes from Distant Fields." *Anthropology and Humanism Quarterly* 17 (1): 18-22.

Robertson Scott, John William. 1916. *The Ignoble Warrior*. Tokyo: Maruzen & Company.

——. 1922. *The Foundations of Japan*. London: John Murray. http://www.gutenberg.org/

Morris-Suzuki, Tessa. 1998. The Invention and Reinvention of "Japanese Culture". In *Japanese Society Since 1945*, ed. Edward R. Beauchamp, 28-50. New York: Garland.

Morse, Ronald A. 1975. "Personalities and Issues in Yanagita Kunio Studies." *Japan Quarterly* 22 (3): 239-254.

——. 1985. Yanagita Kunio, and the Modern Japanese Consciousness. In *International Perspectives on Yanagita Kunio and Japanese Folklore Studies*, ed. J. Victor Koschmann, Keibo Oiwa, and Shinji Yamashita, 11-28. Ithaca, NY: China-Japan Program, Cornell University.

——. 1988. "An Introduction to *The Legends of Tono* and Yanagita Kunio." *DELOS* 1 (3): 95-125.

——. 1990. *Yanagita Kunio and the Folklore Movement: The Search for Japan's National Character and Distinctiveness*. New York: Garland.

——. 1995. "Review of: Kawada, Minoru. The Origin of Ethnography in Japan: Yanagita Kunio and His Times." *Monumenta Nipponica* 50 (3): 411-413.

——. 2011. "Yanagita Kunio's *The Legends of Tono*: Historical Relevance." *International House of Japan Bulletin* 31 (2): 47-55.

Morton, Leith. 2003. *Modern Japanese Culture: The Insider View*. Oxford: Oxford University Press.

Murray, Paul. 1997. Lafcadio Hearn, 1850-1904. In *Britain and Japan: Biographical Portraits.* Vol. 2, ed. Ian Nish, 137-150. Richmond, Surrey: Japan Society Publications.

Nagatsuka, Takashi. 1989. *The Soil: A Portrait of Rural Life in Meiji Japan (1910).* Trans. Ann Waswo. Berkeley: University of California Press.

Najita, Tetsuo, and Harry Harootunian. 1989. Japanese Revolt Against the West. In *The Cambridge History of Japan.* Vol. 6, ed. Peter Duus, 711-774. Cambridge, UK and New York: Cambridge University Press.

Nakami, Mari. 1997. J. W. Robertson-Scott and his Japanese Friends. In *Britain and Japan: Biographical Portraits.* Vol. 2, ed. Ian Nish, 166-179. Richmond, Surrey: Japan Society Publications.

——. 2011. *In Pursuit of Composite Beauty: Yanagi Soetsu, His Aesthetics and Aspiration for Peace.* Tokyo: University of Tokyo Press.

Nakao, Katsumi. 2005. The Imperial Past of Anthropology in Japan. In *A Companion to the Anthropology of Japan*, ed. Jennifer Robertson, 19-35. Oxford and Malden, MA: Blackwell.

——. 2007. "Shared Abodes, Disparate Visions: Japanese Anthropology during the Allied

Selection, ed. Yanagita Kunio. Tokyo: Tokyo News Service. (The translation of Yanagita's Introduction to the Japanese Edition is also worth reading)

——. 1967. "The Discovery of the Japanese Folk Tale." *KBS Bulletin on Japanese Culture* 81: 5-15.

——. 1969. "Available Japanese Folk Tales." *Monumenta Nipponica* 24 (3): 235-247.

——. 1976. "The Yanagita Kunio Approach to Japanese Folklore Studies." *The Transactions of The Asiatic Society of Japan. Third Series* 13: 129-143.

——. 1982. "Japanese Folk Humor." *Asian Folklore Studies* 41 (2): 187-199. http://nirc.nanzan-u.ac.jp/publications/afs/pdf/a412.pdf.

Mayer, Ute. 1991. *Wörter des Alltags. Eine volkskundliche Sprachbetrachtung von Yanagita Kunio*. M. A. thesis, University of Tübingen.

Mihalopoulos, Bill. 2008. Becoming Insects: Imamura Shohei and the Entomology of Modernity. In *The Power of Memory in Modern Japan*, ed. Sven Saaler and Wolfgang Schwentker, 277-290. Folkestone: Global Oriental.

Minakata, Kumagusu, and Jun'ichi Iwata. 1996. Morning Fog (Correspondence on Gay Lifestyles). In *Partings at Dawn: An Anthology of Japanese Gay Literature*, ed. Stephen D. Miller, trans. William F. Sibley, 135-171. San Francisco: Gay Sunshine Press.

Mishima, Yukio. 1988. "Two Essays by Mishima Yukio on Yanagita Kunio." Trans. J. Thomas Rimer. *DELOS* 1 (3): 119-125.

Miwa, Kimitada. 1976. "Toward a Rediscovery of Localism: Can the Yanagita School of Folklore Studies Overcome Japan's Modern Ills?" *Japan Quarterly* 23 (1): 44-52.

Miyata, Shimpachiro. 1962. "The Father of Japanese Folklore." *Japan Quarterly* 9 (4): 485-487.

Mori, Akiko. 2012. Japan. In *A Companion to Folklore*, ed. Regina F. Bendix and Galit Hasan-Rokem, 211-233. Malden, MA: Wiley-Blackwell.

Mori, Koichi. 1980. "Yanagita Kunio: An Interpretative Study." *Japanese Journal of Religious Studies* 7 (2/3): 83-115. http://nirc.nanzan-u.ac.jp/publications/jjrs/pdf/120.pdf.

Morikawa, Takemitsu. 2008. Yanagita Kunio - Die Geburt der japanischen Volkskunde aus dem Geist der europäischen Romantik. Selbstbeschreibungsprobleme der japanischen Moderne. In *Japanische Intellektuelle im Spannungsfeld von Okzidentalismus und Orientalismus*, ed. Takemitsu Morikawa, 45-74. Kassel: Kassel University Press.

Morita, James R. 1969. "Shigarami-Zoshi." *Monumenta Nipponica* 24 (1/2): 47-58.

——. 1975. "The Jojoshi." *The Journal of the Association of Teachers of Japanese* 10 (2/3): 179-200.

Modern Japan. In *International Perspectives on Yanagita Kunio and Japanese Folklore Studies*, ed. J. Victor Koschmann, Keibo Oiwa, and Shinji Yamashita, 131-164. Ithaca, NY: China-Japan Program, Cornell University.

Künzl, Constantin. 2010. *Das Werk des japanischen Ethnologen Yanagita Kunio als Kritik an der westlich geprägten Moderne Japans - Die Regierungs- und Ideologiekritik in Yanagitas ethnologischen Werken 1910 und 1949*. M. A. thesis, University of Heidelberg.

Kuwayama, Takami. 2004. "Global" and "National" Studies of Folklore: Lessons from Kunio Yanagita, an International Giant of Modern Japan. In *Native Anthropology: The Japanese Challenge to Western Academic Hegemony*, 64-86. Melbourne: Trans Pacific Press.

——. 2005. Native Discourse in the "Academic World System": Kunio Yanagita's Project of Global Folkloristics Reconsidered. In *Asian Anthropology*, ed. Jan van Bremen, Eyal Ben-Ari, and Syed Farid Alatas, 97-116. London and New York: Routledge.

——. 2008. Japanese Anthropology and Folklore Studies. In *Theories and Methods in Japanese Studies: Current State and Future Developments*, ed. Hans Dieter Ölschleger, 25-41. Göttingen: Bonn University Press.

Lummis, Douglas C. 1997. "Yanagita Kunio's Critique of *The Chrysanthemum and the Sword*: An Annotated Translation." *Tsudajuku Daigaku, Kokusai Kankei Kenkyu* 24.

——. 2007. "Ruth Benedict's Obituary for Japanese Culture." *The Asia-Pacific Journal: Japan Focus*, July 19.

Lutum, Peter. 2000. *Die Kontroverse zwischen Minakata Kumagusu und Yanagita Kunio über die Leitlinien der Zeitschrift für Japanische Volks- und Landeskunde Kyodokenkyu im Jahre 1914*. M. A. thesis, University of Hamburg.

——. 2003. *Die japanischen Volkskundler Minakata Kumagusu und Yanagita Kunio - ihre kontroversen Ideen in der frühen Entstehungsphase der modernen japanischen Volkskunde*. Münster: Lit-Verlag.

——. 2005. *Das Denken von Minakata Kumagusu und Yanagita Kunio - zwei Pioniere der japanischen Volkskunde im Spiegel der Leitmotive wakon-yosai und wayo-setchu*. Münster: Lit-Verlag.

Makino, Yoko. 2007. Lafcadio Hearn and Yanagita Kunio: Who Initiated Folklore Studies in Japan? In *Lafcadio Hearn in International Perspectives*, ed. Sukehiro Hirakawa, 129-138. Folkestone, Kent, England: Global Oriental.

Makita, Shigeru. 1973. "World Authority on Folklore: Yanagita Kunio." *Japan Quarterly* 20 (3): 283-293.

Mayer, Fanny Hagin. 1966. Translator's Introduction. In *Japanese Folk Tales: A Revised*

Kabayama, Koichi. 2008. Ethnology, Folklore Studies, and the Nation State: The Contribution of Yanagita Kunio. In *Japanese Studies: Seen from Europe, Seen from Japan*, ed. Hosei University Institute of International Japanese Studies, 161-167. Tokyo: Hosei University Center for International Japanese Studies.

Kamei, Hideo. 2010. Theories of Language in the Field of Philosophy: Japan in the 1970s. In *The Linguistic Turn in Contemporary Japanese Literary Studies*, ed. Michael K. Bourdaghs, trans. Jennifer Cullen, 133-158. Ann Arbor, MI: Centre for Japanese Studies, The University of Michigan.

Karatani, Kojin. 1993. *Origins of Modern Japanese Literature*. Trans. Brett de Bary. Durham, NC: Duke University Press.

Kawada, Minoru. 1993. *The Origin of Ethnography in Japan: Yanagita Kunio and His Times*. London and New York: Kegan Paul International.

Kawahashi, Noriko. 2005. Folk Religion and its Contemporary Issues. In *A Companion to the Anthropology of Japan*, ed. Jennifer Robertson, 452-466. Oxford and Malden, MA: Blackwell.

Kawakami, Chiyoko. 1999. "The Metropolitan Uncanny in the Works of Izumi Kyoka: A Counter-discourse on Japan's Modernization." *Harvard Journal of Asiatic Studies* 59 (2): 559-583.

Kawamori, Hiroshi. 2003. "Folktale Research after Yanagita: Development and Related Issues." Trans. Tomoko Dorman. *Asian Folklore Studies* 62 (2): 237-256. http://nirc.nanzan-u.ac.jp/publications/afs/pdf/a1465.pdf.

Kawamura, Nozomu. 1990. Sociology and Socialism in the Interwar Period. In *Culture and Identity: Japanese Intellectuals during the Interwar Years*, ed. J. Thomas Rimer, 61-82. Princeton, NJ: Princeton University Press.

Kikugawa, Tasuku. 1992. "One Episode of a Japanese Folklorist: Kunio Yanagita in Geneva." *Journal of Intercultural Studies*. Extra Series 2: 112-114.

Knecht, Peter. 1992. "Review of: Ronald A. Morse. *Yanagita Kunio and the Folklore Movement: The Search for Japan's National Character and Distinctiveness*." *Asian Folklore Studies* 51 (2): 353-355. http://nirc.nanzan-u.ac.jp/publications/afs/pdf/a927.pdf.

Kojima, Takehiko. 2011. *Diversity and Knowledge in the Age of Nation-Building: Space and Time in the Thought of Yanagita Kunio*. Ph.D. thesis, Florida International University.

Konagaya, Hideyo. 2003. "*Yamabito*: From Ethnology to Japanese Folklore Studies." *The Folklore Historian* 20: 47-59.

Koschmann, J. Victor. 1985. Folklore Studies and the Conservative Anti-establishment in

Munich.
Hori, Ichiro. 1968. *Folk Religion in Japan: Continuity and Change*. Chicago: University of Chicago Press.
Hornyak, Tim. 2009. "From Japan's Heart of Darkness." *The Japan Times*, March 15.
Hüge, Ursula. 1998. *Rede über unheimliche Erscheinungen. Yanagita Kunio zur Welt des Übernatürlichen. Eine kommentierte Übersetzung aus Yokai dangi von Yanagita Kunio*. M. A. thesis, University of Tübingen.
Igarashi, Yoshikuni. 1995. That Which Hermeneutics Cannot Grasp. In *Productions of Culture in Japan*, ed. Tetsuo Najita, 91-117. Chicago: Center for East Asian Studies, University of Chicago.
——. 2000. *Bodies of Memory: Narratives of War in Postwar Japanese Culture, 1945-1970*. Princeton, NJ: Princeton University Press.
Immoos, Thomas. 1991. "In Memoriam: Fanny Hagin Mayer: 1899-1990." *Asian Folklore Studies* 50 (2): 343-348. http://nirc.nanzan-u.ac.jp/publications/afs/pdf/a862.pdf.
Inoue, Hisashi. 2012. *New Tales of Tono*. Trans. Christopher Robins. Portland, ME: Merwin Asia.
Inoue, Nobutaka. 2005. Problems of the Present Shinto Studies: Discussions and Perspectives of the International Symposium Held at Kokugakuin University. http://www.kt.rim.or.jp/~n-inoue/pub-eng.files/pd05-coe.htm.
Inouye, Charles. 1998. *The Similitude of Blossoms: A Critical Biography of Izumi Kyoka (1873-1939), Japanese Novelist and Playwright*. Cambridge, MA: Harvard University Press.
Ishida, Eiichiro. 1963. "Unfinished but Enduring: Yanagita Kunio's Folklore Studies." *Japan Quarterly* 10 (1): 35-42.
Ishii, Yoko. 1998. *Kunio Yanagita: The Life and Times of a Japanese Folklorist*. M. A. thesis, University of Calgary. https://dspace.ucalgary.ca/bitstream/1880/26004/1/34894Ishii.pdf.
Ivy, Marilyn. 1995. *Discourses of the Vanishing: Modernity, Phantasm, Japan*. Chicago: University of Chicago Press.
——. 1996. Ghostlier Demarcations: Textual Phantasm and the Origins of Japanese Nativist Ethnology. In *Culture/Contexture: Explorations in Anthropology and Literary Studies*, ed. E. V. Daniel and J. Peck. Berkeley: University of California Press.
Janelli, Roger L. 1986. "The Origins of Korean Folklore Scholarship." *Journal of American Folklore* 99 (391): 24-49.
Jin, Chang-soo, ed. 2007. *Current State of Japanese Studies in Korea*. Seoul: Hanul Academy.

and Methods in Japanese Studies: Current State and Future Developments, ed. Hans Dieter Ölschleger, trans. Tomoe Steineck, 63-73. Göttingen: Bonn University Press.

Gerhard-Mercator-Universität Duisburg Institute for East Asian Studies, ed. 2003. *Overview of East Asian Studies in Central and Eastern Europe*. Duisburg: Gerhard-Mercator-Universität Duisburg Institute for East Asian Studies. http://www.uni-due.de/in-east/fileadmin/publications/gruen/paper48.pdf.

Gluck, Carol. 1987. *Japan's Modern Myths: Ideology in the Late Meiji Period*. Princeton: Princeton University Press.

Göbel, Martin. 1991. *Japanische Volkskunde und "Neue Nationale Schule" – die Shinkokugaku des Yanagita Kunio*. M. A. thesis, University of Hamburg.

Hamashita, Masahiro. 2005. "Forests as Seen by Yanagita Kunio: His Contribution to a Contemporary Ecological Idea." *Diogenes* 52 (3): 13-16.

Hansen, Wilburn. 2008. *When Tengu Talk: Hirata Atsutane's Ethnography of the Other World.* Honolulu: University of Hawai'i Press.

Harootunian, Harry. 1988. *Things Seen and Unseen: Discourse and Ideology in Tokugawa Nativism*. Chicago: University of Chicago Press.

——. 1990. Disciplinizing Native Knowledge and Producing Place: Yanagita Kunio, Origuchi Shinobu, Takata Yasuma. In *Culture and Identity: Japanese Intellectuals during the Interwar Years*, ed. J. Thomas Rimer, 99-127. Princeton, NJ: Princeton University Press.

——. 1998. Figuring the Folk: History, Poetics, and Representation. In *Mirror of Modernity: Invented Traditions of Modern Japan*, ed. Stephen Vlastos, 144-159. Berkeley: University of California Press.

——. 2000. *Overcome by Modernity: History, Culture and Community in Interwar Japan.* Princeton, NJ: Princeton University Press.

Hashimoto, Mitsuru. 1998. Chiho: Yanagita Kunio's Japan. In *Mirror of Modernity: Invented Traditions of Modern Japan*, ed. Stephen Vlastos, 133-143. Berkeley: University of California Press.

Havens, Norman. 1994. The Changing Face of Japanese Folk Beliefs. In *Folk Beliefs in Modern Japan*, ed. Institute for Culture and Classics, 198-228. Tokyo: Kokugakuin University.

Henry, David A. 2009. *Momotaro, or the Peach Boy: Japan's Best-Loved Folktale as National Allegory*. Ph.D. thesis, University of Michigan.

Hoppner, Inge. 1982. *Das "Kodomo Fudoki" des Yanagita Kunio*. M. A. thesis, University of

Press.

Driscoll, Mark. 2010. *Absolute Erotic, Absolute Grotesque: The Living, Dead, and Undead in Japan's Imperialism, 1895-1945*. Durham, NC: Duke University Press.

DuBois, Thomas David. 2006. "Local Religion and the Imperial Imaginary: The Development of Japanese Ethnography in Occupied Manchuria." *The American Historical Review* 111 (1): 52-74. http://www.jstor.org/stable/pdfplus/10.1086/ahr.111.1.52.pdf.

Dundes, Alan, ed. 1999. *International Folkloristics: Classic Contributions by the Founders of Folklore*. Lanham, MD and Oxford: Rowman and Littlefield.

Erlen, Kornelia. 1993. *Konzeptionen der japanischen Agrarsoziologie: Die dozoku-Forschung*. Bonn: Holos-Verlag.

Eubanks, Charlotte. 2006. "On the Wings of a Bird: Folklore, Nativism, and Nostalgia in Meiji Letters." *Asian Folklore Studies* 65 (1): 1-20. http://nirc.nanzan-u.ac.jp/publications/afs/pdf/a1553.pdf.

——. 2009. "Review of: Kunio Yanagita. *The Legends of Tono. 100th Anniversary Edition*, Translated by Ronald Morse." *Asian Ethnology* 68 (1): 154-156. http://nirc.nanzan-u.ac.jp/publications/afs/pdf/a1656.pdf.

Falero, Alfonso. 2010. Origuchi Shinobu's *Marebitoron* in Global Perspective. In *Classical Japanese Philosophy*, ed. James W. Heisig and Rein Raud, 274-304. Nagoya: Nanzan Institute for Religion and Culture. http://nirc.nanzan-u.ac.jp/publications/EJPhilosophy/PDF/EJP7 Falero.pdf.

Figal, Gerald. 1999. *Civilization and Monsters: Spirits of Modernity in Meiji Japan*. Durham and London: Duke University Press.

Foster, Michael Dylan. 2008. The Otherworlds of Mizuki Shigeru. In *Limits of the Human*, ed. Frenchy Lunning, 8-28. Minneapolis, MN: University of Minnesota Press.

——. 2009. *Pandemonium and Parade: Japanese Monsters and the Culture of Yokai*. Berkeley: University of California Press.

Fraleigh, Matthew. 2003. "Terms of Understanding: The Shosetsu According to Tayama Katai." *Monumenta Nipponica* 58 (1): 43-78.

Fujii, Takashi. 2010. "Une modernité inachevée: pourquoi les *Contes de Tono* de Yanagita Kunio sont lus aujourd'hui." [French: A Modernity Unattained: Why *The Tales of Tono* by Yanagita Kunio are Read Today]." Trans. Frédéric Lesigne. *Ebisu - Etudes japonaises* 44: 137-156.

Fukuta, Ajio. 2008. How the Task of Studying Yanagita Kunio Has Developed. In *Theories*

Breen, John, and Mark Teeuwen. 2010. *A New History of Shinto*. Chichester and Malden, MA: Wiley-Blackwell.

Bronson, Adam. 2008. "Japanese Folklore Studies and History: Pre-War and Post-War Inflections." *Folklore Forum* 38 (1). http://folkloreforum.net/2008/02/23/japanese-folklore-studies-and-history-pre-war-and-post-war-inflections/.

Burgess, Chris. 2010. "The 'Illusion' of Homogeneous Japan and National Character: Discourse as a Tool to Transcend the 'Myth' vs. 'Reality' Binary." *The Asia-Pacific Journal: Japan Focus* 9 (1). http://www.japanfocus.org/-Chris-Burgess/3310.

Burkman, Thomas W. 2008. *Japan and the League of Nations: Empire and World Order, 1914-1938*. Honolulu: University of Hawai'i Press.

Burns, Susan L. 2003. *Before the Nation: Kokugaku and the Imagining of Community in Early Modern Japan*. Durham, NC: Duke University Press.

Caillet, Laurence. 1999. "Yanagita Kunio, lecteur de James G. Frazer." *Daruma* 5: 183-212.

Caillet, Laurence, ed. 2006. *Ethnographies japonaises* (*Ateliers d'anthropologie* 30). http://ateliers.revues.org/75.

Christy, Alan S. 1995. A Fantasy of Ancient Japan: The Assimilation of Okinawa in Yanagita Kunio's *Kainan Shoki*. In *Productions of Culture in Japan*, ed. Tetsuo Najita, 61-90. Chicago: Center for East Asian Studies, University of Chicago.

——. 1997. *Representing the Rural: Place as Method in the Formation of Japanese Native Ethnology, 1910-1945*. Ph.D. thesis, University of Chicago.

Danandjaja, James. 1995. "A Comparative Study of Japanese and Indonesian Folklores." *Southeast Asian Studies* 33 (3): 202-214. http://kyoto-seas.org/pdf/33/3/330310.pdf.

Dentoni, Francesco. 1982. *Il Giappone nel dilemma fra tradizione e modernità: La figura e l'opera di Yanagita Kunio*. Rome: Università Gregoriana.

——. 1983. "Il significato e l'importanza della figura di Yanagita Kunio (1875-1962): intellettuale del Giappone modern." *Notiziario: Istituto giapponese di cultura (Roma)*: 14-32.

Doak, Kevin Michael. 1994. *Dreams of Difference: The Japan Romantic School and the Crisis of Modernity*. Berkeley: University of California Press.

——. 2001. "Building National Identity through Ethnicity: Ethnology in Wartime Japan and After." *The Journal of Japanese Studies* 27 (1): 1-39.

Dorson, Richard M. 1962. *Folk Legends of Japan*. Tokyo and Rutland, VT.: Charles E. Tuttle. (Introduction reviews Japanese folklore studies up to 1963)

Dorson, Richard M., ed. 1963. *Studies in Japanese Folklore*. Bloomington: Indiana University

柳田国男関係外国語文献一覧

ロナルド・A・モース作成／クリスチャン・ゲーラット編

Araki, Hiroyuki. 1992. "Current State of Studies in Oral Tradition in Japan." *Oral Tradition* 7 (2): 373-382.

Barshay, Andrew E. 2004. *The Social Sciences in Modern Japan: The Marxian and Modernist Traditions*. Berkeley: University of California Press.

Bartoli, Giuseppe. 1984. "Review of: Francesco Dentoni. *Il Giappone nel dilemma fra tradizione e modernità: La figura e l'opera di Yanagita Kunio*." *Monumenta Nipponica* 39 (3): 364.

de Bary, Wm. Theodore, Carol Gluck, and Arthur E. Tiedemann, eds. 2006. *Sources of Japanese Tradition*. 2nd ed. Vol. 2. New York: Columbia University Press.

Baxter, James C. 2009. Introduction: Russian and Japanese Interpretations of Japanese Culture. In *Interpretations of Japanese Culture: Views from Russia and Japan*, 1-23. Kyoto: International Research Center for Japanese Studies.

Beillevaire, Patrick. 1999. Assimilation from Within, Appropriation from Without: The Folklore-Studies and Ethnology of Ryukyu/Okinawa. In *Anthropology and Colonialism in Asia and Oceania*, ed. Jan van Bremen and Akitoshi Shimizu. Richmond, Surrey: Curzon.

Bendix, Regina. 1997. *In Search of Authenticity: The Formation of Folklore Studies*. Madison, WI: University of Wisconsin Press.

Bernier, Bernard. 1985. Yanagita Kunio's *About Our Ancestors*: Is It a Model for an Indigenous Social Science? In *International Perspectives on Yanagita Kunio and Japanese Folklore Studies*, ed. J. Victor Koschmann, Keibo Oiwa, and Shinji Yamashita, 65-95. Ithaca, NY: China-Japan Program, Cornell University.

Blacker, Carmen. 1983. "Minakata Kumagusu: A Neglected Japanese Genius." *Folklore* 94 (2): 139-152.

Blickle, Peter. 2002. *Heimat: A Critical Theory of the German Idea of Homeland*. Rochester, NY: Camden House.

Bönker-Vallon, Angelika. 2012. *Wissenschaft als Mittel der Selbststilisierung. Ethnozentrische Tendenzen im Denken Watsuji Tetsurous und Yanagita Kunios*. M. A. thesis, University of Munich.

デイヴィッド・A・ヘンリー（David A. Henry）
ミシガン大学より博士号。アラスカ大学フェアバンクス校准教授。日本文学、日本文化。論文に "Japanese Children's Literature as Allegory of Empire in Iwaya Sazanami's *Momotaro* (*The Peach Boy*)" (*Children's Literature Association Quarterly*, 2009) がある。

メレック・オータバシ（Melek Ortabasi）
ワシントン大学より博士号。サイモン・フレーザー大学准教授。比較文学。共編著に *The Modern Murasaki: Women Writers of Meiji Japan* (Columbia University Press, 2006)、著書に *The Undiscovered Country: Text, Translation and Modernity in the Work of Yanagita Kunio* (Harvard University Asia Center, 2012) がある。

クリストファー・ロビンス（Christopher Robins）
インディアナ大学より博士号。ニューヨーク州立大学ニューパルツ校等で教鞭をとる。日本近世・近代文学。論文に "Japanese Visions of Lu Xun in the Light of the Magic Lantern Incident" (*Japan Focus*, 2007) 等がある。滝亭鯉丈『花暦八笑人』、井上ひさし『新釈遠野物語』を英訳。

スコット・シュネル（Scott Schnell）
オハイオ州立大学より博士号。アイオワ大学准教授。民俗学。著書に *The Rousing Drum: Ritual Practice in a Japanese Community* (University of Hawaii Press, 1999)、論文に "Are Mountain Gods Vindictive?: Competing Images of the Japanese Alpine Landscape" (*Journal of the Royal Anthropological Institute*, 2007) 等がある。

訳者紹介

伊藤由紀（いとう・ゆき）
東京大学大学院総合文化研究科博士課程在籍。駒沢女子大学非常勤講師、早稲田大学総合研究機構プロジェクト研究所招聘研究員。比較文学。共著に『貴志康一と音楽の近代』（青弓社、2011年）。

中井真木（なかい・まき）
東京大学大学院総合文化研究科博士課程単位取得退学。早稲田大学助手。日本史、比較文化。論文に「公家の直垂」（『明月記研究』2007年）、共訳に『マルチ言語版 絵巻物による日本常民生活絵引』（2007年–）等。

執筆者紹介（アルファベット順）

ベルナール・ベルニエ（Bernard Bernier）

コーネル大学より博士号。モントリオール大学教授。日本思想、日本の現代問題。論文に “Dispossession and Changes in Class Relations in Japan” (*Critique of Anthropology*, 2011) 及び “L'agriculture biologique au Japon: Réseaux et solidarité” (*Anthropologie et sociétés*, 2011) 等がある。

アダム・ブロンソン（Adam Bronson）

コロンビア大学より博士号。ジョンズ・ホプキンス大学 PD。近代日本思想史。博士論文は “*Science of Thought* and the Culture of Democracy in Postwar Japan, 1946-1962” (2012)。

トーマス・W・バークマン（Thomas W. Burkman）

ミシガン大学より博士号。バッファロー大学名誉教授。日本近現代史。著書に *Japan and the League of Nations: Empire and World Order, 1914-1938* (University of Hawai'i Press, 2008) 及び *The Occupation of Japan: The International Context* (The MacArthur Memorial Foundation, 1984)、論文に “The Geneva Spirit” (John F. Howes, *Nitobe Inazo: Japan's Bridge across the Pacific*, Westview Press, 1995) がある。

アラン・S・クリスティ（Alan S. Christy）

シカゴ大学より博士号。カリフォルニア大学サンタ・クルーズ校准教授。日本民俗学。神奈川大学常民文化研究所で故網野善彦と共同研究。著書に *A Discipline on Foot: Inventing Japanese Ethnology, 1910-1945* (Rowman & Littlefield Publishers, 2012) がある。網野善彦『日本の歴史をよみなおす』を英訳。

マイケル・ディラン・フォスター（Michael Dylan Foster）

スタンフォード大学より博士号。インディアナ大学准教授。民俗学、民族音楽学。著書に *Pandemonium and Parade: Japanese Monsters and the Culture of Yōkai* (University of California Press, 2009) がある。現在、*Visiting Strangers: Tourists, Ethnographers, and Gods in Japan* を執筆中。

クリスチャン・ゲーラット（Christian Goehlert）

ミュンヘン大学より修士号。成城大学民俗学研究所研究生。民俗学。修士論文は “Der rituelle Umgang mit Tod und Unreinheit in Japan - die Verehrung von Wasserleichen im Ebisu-Glauben als Beispiel”。“A Guide to Japanese Folklore Centers & Resources” (*Yanagita Kunio and Japanese Folklore Studies in the 21st Century*, e-book, 2012) を編纂。

橋本裕之（はしもと・ひろゆき）

追手門学院地域文化創造機構特別教授・追手門学院大学社会学部教授。文学博士（早稲田大学）。民俗学・演劇学。著書『民俗芸能研究という神話』（森話社、2006 年）『演技の精神史――中世芸能の言説と身体』（岩波書店、2003 年）『王の舞の民俗学的研究』（ひつじ書房、1997 年）ほか。

編者紹介

ロナルド・A・モース（Ronald A. Morse）
プリンストン大学より博士号。UCLA 教授、ネヴァダ大学教授、麗澤大学教授を歴任。日本民俗学。著書に *Yanagita Kunio and the Folklore Movement: The Search for Japan's National Character and Distinctiveness* (Garland Folklore Library, 1990) がある。『遠野物語』を英訳。

赤坂憲雄（あかさか・のりお）
学習院大学文学部教授。福島県立博物館館長。遠野文化研究センター所長。1999 年、責任編集による『東北学』を創刊。著書『漂泊の精神史――柳田国男の発生』（小学館、1994 年／小学館ライブラリー、1997 年）『遠野／物語考』（宝島社、1994 年／ちくま学芸文庫、1998 年）『東北学／忘れられた東北』（講談社学術文庫）『岡本太郎の見た日本』（岩波書店）、編著『鎮魂と再生』（藤原書店）等。

監訳者紹介

菅原克也（すがわら・かつや）
東京大学文学部卒。東京大学大学院総合文化研究科教授。比較文学比較文化。訳書に『オリンピックと近代』（平凡社、1988 年）『ダブル／ダブル』（白水社、1990 年）『冬かぞえ』（パピルス、1995 年）等。

世界《せかい》の中《なか》の柳田国男《やなぎたくにお》

2012 年 11 月 20 日　初版第 1 刷発行 ©

編　者　R・A・モース
　　　　赤坂憲雄
監訳者　菅原克也
発行者　藤原良雄
発行所　株式会社 藤原書店

〒 162–0041　東京都新宿区早稲田鶴巻町 523
電　話　03（5272）0301
F A X　03（5272）0450
振　替　00160 - 4 - 17013
info@fujiwara-shoten.co.jp

印刷・製本　中央精版印刷

Printed in Japan
ISBN978–4–89434–882–0

感性の歴史という新領野を拓いた新しい歴史家

アラン・コルバン（1936-　）

「においの歴史」「娼婦の歴史」など、従来の歴史学では考えられなかった対象をみいだして打ち立てられた「感性の歴史学」。そして、一切の記録を残さなかった人間の歴史を書くことはできるのかという、逆説的な歴史記述への挑戦をとおして、既存の歴史学に対して根本的な問題提起をなす、全く新しい歴史家。

「嗅覚革命」を活写

においの歴史

〈嗅覚と社会的想像力〉

A・コルバン　山田登世子・鹿島茂訳

アナール派を代表して「感性の歴史学」という新領野を拓く。悪臭を嫌悪し、芳香を愛でるという現代人に自明の感受性が、いつ、どこで誕生したのか？　十八世紀西欧の歴史の中の「嗅覚革命」を辿り、公衆衛生学の誕生と悪臭退治の起源を浮き彫る名著。

Ａ５上製　四〇〇頁　**四九〇〇円**

（一九九〇年一二月刊）

◇978-4-938661-16-8

LE MIASME ET LA JONQUILLE

Alain CORBIN

浜辺リゾートの誕生

浜辺の誕生

〈海と人間の系譜学〉

A・コルバン

福井和美訳

長らく恐怖と嫌悪の対象であった浜辺を、近代人がリゾートとして悦楽の場としてゆく過程を抉り出す。海と空と陸の狭間、自然の諸力のせめぎあう場、「浜辺」は人間の歴史に何をもたらしたのか？

Ａ５上製　七六〇頁　**八六〇〇円**

（一九九二年一二月刊）

◇978-4-938661-61-8

LE TERRITOIRE DU VIDE

Alain CORBIN

近代的感性とは何か

時間・欲望・恐怖

〈歴史学と感覚の人類学〉

A・コルバン

小倉孝誠・野村正人・小倉和子訳

女と男が織りなす近代社会の「近代性」の誕生を日常生活の様々な面に光をあて、鮮やかに描きだす。語られていない、語りえぬ歴史に挑む。〈来日セミナー〉「歴史・社会的表象・文学」収録（山田登世子、北山晴一他）。

四六上製　三九二頁　**四一〇〇円**

（一九九三年七月刊）

◇978-4-938661-77-9

LE TEMPS, LE DÉSIR ET L'HORREUR

Alain CORBIN

「群衆の暴力」に迫る

人喰いの村

A・コルバン
石井洋二郎・石井啓子訳

十九世紀フランスの片田舎。定期市の群衆に突然とらえられた一人の青年貴族が二時間にわたる拷問を受けたあげく、村の広場で火あぶりにされた…。感性の歴史家がこの「人喰いの村」の事件を「集合的感性の変遷」という主題をたてて精密に読みとく異色作。

四六上製　二七二頁　二八〇〇円
（一九九七年五月刊）
◇978-4-89434-069-5
LE VILLAGE DES CANNIBALES　Alain CORBIN

世界初の成果

感性の歴史

L・フェーヴル、G・デュビィ、A・コルバン　小倉孝誠編
大久保康明・小倉孝誠・坂口哲啓訳

アナール派の三巨人が「感性の歴史」の方法と対象を示す、世界初の成果。「歴史学と心理学」「感性と歴史」「社会史と心性史」「感性の歴史の系譜」「魔術」「恐怖」「死」「電気と文化」「涙」「恋愛と文学」等。

四六上製　三三六頁　三六〇〇円
（一九九七年六月刊）
◇978-4-89434-070-1

音と人間社会の歴史

音の風景

A・コルバン
小倉孝誠訳

鐘の音が形づくる聴覚空間と共同体のアイデンティティーを描く、初の音と人間社会の歴史。十九世紀の一万件にものぼる「鐘をめぐる事件」の史料から、今や失われてしまった感性の文化を見事に浮き彫りにした大作。

A5上製　四六四頁　七二〇〇円
（一九九七年九月刊）
◇978-4-89434-075-6
LES CLOCHES DE LA TERRE　Alain CORBIN

「社会史」への挑戦状

記録を残さなかった男の歴史

（ある木靴職人の世界1798-1876）
A・コルバン　渡辺響子訳

一切の痕跡を残さず死んでいった普通の人に個人性は与えられるか。古い戸籍の中から無作為に選ばれた、記録を残さなかった男の人生と、彼を取り巻く十九世紀フランス農村の日常生活世界を現代に甦らせた、歴史叙述の革命。

四六上製　四三二頁　三六〇〇円
（一九九九年九月刊）
◇978-4-89434-148-7
LE MONDE RETROUVÉ DE LOUIS-FRANÇOIS PINAGOT　Alain CORBIN

コルバンが全てを語りおろす

感性の歴史家アラン・コルバン

A・コルバン　小倉和子訳

飛翔する想像力と徹底した史料批判の心をあわせもつコルバンが、「感性の歴史」を切り拓いてきたその足跡を、『娼婦』『においの歴史』から『記録を残さなかった男の歴史』までの成立秘話を交え、初めて語りおろす。

四六上製　三〇四頁　二八〇〇円
（二〇〇一年一一月刊）
◇978-4-89434-259-0

HISTORIEN DU SENSIBLE　Alain CORBIN

「感性の歴史家」の新領野

風景と人間

A・コルバン
小倉孝誠訳

歴史の中で変容する「風景」を発見する初の風景の歴史学。詩や絵画などの美的判断、気象・風土・地理・季節の解釈、自然保護という価値観、移動速度や旅行の流行様式の影響などの視点から「風景のなかの人間」を検証。

四六変上製　二〇〇頁　二二〇〇円
（二〇〇二年六月刊）
◇978-4-89434-289-7

L'HOMME DANS LE PAYSAGE　Alain CORBIN

五感を対象とする稀有な歴史家の最新作

空と海

A・コルバン
小倉孝誠訳

「歴史の対象を発見することは、詩的な手法に属する」。十八世紀末から西欧で、人々の天候の感じ取り方に変化が生じ、浜辺への欲望が高まりを見せたのは偶然ではない。現代に続くこれら風景の変化は、視覚だけでなく聴覚、嗅覚、触覚など、人々の身体と欲望そのものの変化と密接に連動していた。

四六変上製　二〇八頁　二二〇〇円
（二〇〇七年二月刊）
◇978-4-89434-560-7

LE CIEL ET LA MER　Alain CORBIN

現代人と「時間」の関わりを論じた名著

レジャーの誕生〈新版〉㊤㊦

A・コルバン
渡辺響子訳

仕事のための力を再創造する自由時間から、「レジャー」の時間への移行過程を丹念に跡づける大作。

A５並製　㊤二七二頁　口絵八頁
㊦三〇四頁
（二〇〇〇年七月／二〇一〇年一〇月刊）
各二八〇〇円
㊤◇978-4-89434-766-3
㊦◇978-4-89434-767-0

L'AVÈNEMENT DES LOISIRS (1850-1960)　Alain CORBIN

〈売春の社会史〉の傑作

娼婦〈新版〉㊤㊦

A・コルバン
杉村和子監訳
山田登世子＝解説

アナール派初の、そして世界初の社会史と呼べる売春の歴史学。「世界最古の職業」と「性の欲望」が歴史の中で変容する様を鮮やかに描き出す大作。

A5並製　㊤三〇四頁　口絵一六頁　㊦三五二頁
（一九九一年二月／二〇一〇年一一月刊）
各三二〇〇円
㊤◇978-4-89434-768-7
㊦◇978-4-89434-769-4

LES FILLES DE NOCE
Alain CORBIN

現代人の性愛の根源

世界で一番美しい愛の歴史

ル＝ゴフ、コルバンほか
小倉孝誠・後平隆・後平澪子訳

九人の気鋭の歴史家と作家が、各時代の多様な資料を読み解き、初めて明かす人々の恋愛関係・夫婦関係・性風俗の赤裸々な実態。人類誕生以来の歴史から、現代人の性愛の根源に迫る。

四六上製　二七二頁　二八〇〇円
（二〇〇四年一二月刊）
◇978-4-89434-425-9

LA PLUS BELLE HISTOIRE DE L'AMOUR
Jacques LE GOFF & Alain CORBIN et al.

「物語」のように読める通史の決定版

キリスト教の歴史
〈現代をよりよく理解するために〉

A・コルバン編
浜名優美監訳　藤本拓也・渡辺優訳

イエスは実在したのか？　教会はいつ誕生したのか？　「正統」と「異端」とは何か？　キリスト教はどのように広がり、時代と共にどう変容したのか？……コルバンが約六〇名の第一級の専門家の協力を得て、キリスト教の全史を一般向けに編集した決定版通史。

A5上製　五三六頁　四八〇〇円
（二〇一〇年五月刊）
◇978-4-89434-742-7

HISTOIRE DU CHRISTIANISME
sous la direction de Alain CORBIN

東西の歴史学の巨人との対話

民俗学と歴史学
〈網野善彦、アラン・コルバンとの対話〉

赤坂憲雄

歴史学の枠組みを常に問い直し、人々の生に迫ろうとしてきた網野善彦とコルバン。民俗学から「東北学」へと歩みを進めるなかで、一人ひとりの人間の実践と歴史との接点に眼を向けてきた著者と、東西の巨人との間に奇跡的に成立した、「歴史学」と「民俗学」の相互越境を目指す対話の記録。

四六上製　二四〇頁　二八〇〇円
（二〇〇七年一月刊）
◇978-4-89434-554-6

フランスの日本学最高権威の集大成

日本仏教曼荼羅

B・フランク
仏蘭久淳子訳

コレージュ・ド・フランス初代日本学講座教授であった著者が、独自に収集した数多の図像から、民衆仏教がもつ表現の柔軟性と教義的正統性の融合という斬新な特色を活写した、世界最高水準の積年の労作。

図版多数

四六上製　四二四頁　**四八〇〇円**
（二〇〇二年五月刊）◇978-4-89434-283-5

AMOUR, COLÈRE, COULEUR
Bernard FRANK

身近な「お札」に潜む壮大な文明史

「お札《ふだ》」にみる日本仏教

B・フランク
仏蘭久淳子訳

大好評『日本仏教曼荼羅』（8刷）に続く、待望の第二弾。民衆の宗教世界の具現としての「お札」には、仏教が遭遇したオリエントの壮大な文明史そのものが潜む。ヨーロッパ東洋学・日本学の最高権威の遺作。全国各地の神社で蒐集した千点以上のコレクションから約二百点を精選収録。

写真多数

四六上製　三六八頁　**三八〇〇円**
（二〇〇六年九月刊）◇978-4-89434-532-4

LE BOUDDHISME JAPONAIS À TRAVERS LES IMAGES PIEUSES
Bernard FRANK

日本古代史の第一人者の最新随筆

歴史と人間の再発見

上田正昭

朝鮮半島、中国など東アジア全体の交流史の視点から、日本史を読み直す。平安期における漢文化、江戸期の朝鮮通信使などを例にとり、誤った〝鎖国〟史観に異議を唱え、文化の往来という視点から日本史をたどる。部落解放など人権問題にも早くから開かれた著者の視点が凝縮。

四六上製　二八八頁　**二六〇〇円**
（二〇〇九年九月刊）◇978-4-89434-696-3

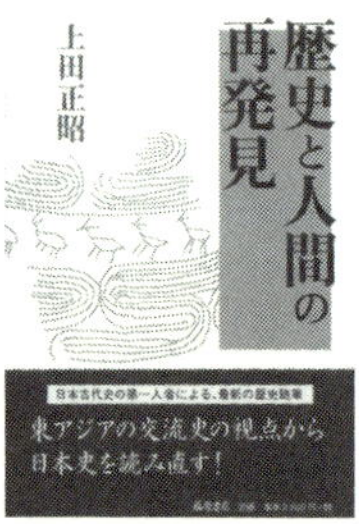

日本史研究の新たな領野！

モノが語る日本対外交易史
（七―一六世紀）

Ch・フォン・ヴェアシュア
鈴木靖民＝解説　河内春人訳

七―一六世紀に及ぶ日本の対外関係の全体像を初めて通史的に捉えた画期的著作。「モノを通じた東アジアの交流」と「モノづくり日本」の原点を鮮やかに描き出す。

四六上製　四〇八頁　**四八〇〇円**
（二〇一一年七月刊）◇978-4-89434-813-4

ACROSS THE PERILOUS SEA
Charlotte Von VERSCHUER

「歴史学」が明かしえない、「記憶」の継承

歴史と記憶

〈場所・身体・時間〉

赤坂憲雄・玉野井麻利子・三砂ちづる

P・ノラ『記憶の場』等に発する「歴史／記憶」論争に対し、「記憶」の語り手／聞き手の奇跡的な関係性とその継承を担保する〝場〟に注目し、単なる国民史の補完とは対極にある「記憶」の独自なあり方を提示する野心作。民俗学、人類学、疫学という異分野の三者が一堂に会した画期的対話。

四六上製　二〇八頁　**二〇〇〇円**

（二〇〇八年四月刊）

◇978-4-89434-618-5

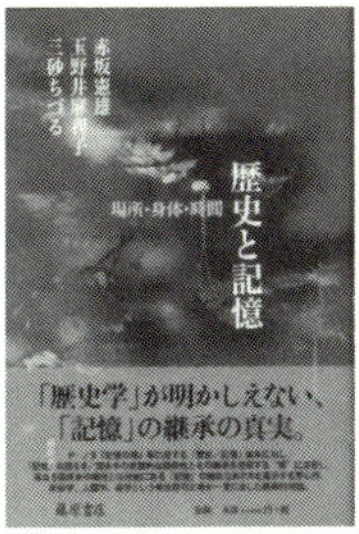

「日露戦争は世界戦争だった」

日露戦争の世界史

崔文衡

朴菖熙訳

「日露戦争」の意味は、日露関係だけでは捉え得ない。自国の植民地化の経緯を冷徹なまでに客観的に捉えんとする韓国歴史学界の第一人者が、各国の膨大な資料と積年の研究により、日露戦争から韓国併合に至る列強の角逐の全体像を初めて明らかにする。

四六上製　四四〇頁　**三六〇〇円**

（二〇〇四年五月刊）

◇978-4-89434-391-7

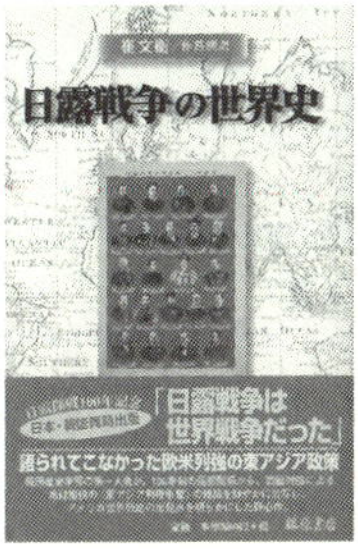

日本近代史上の最重要事件

二・二六事件とは何だったのか

〈同時代の視点と現代からの視点〉

藤原書店編集部編

伊藤隆／篠田正浩／保阪正康／御厨貴／渡辺京二／新保祐司 ほか

当時の国内外メディア、同時代人はいかに捉えたのか？　今日の我々にとって、この事件は何を意味するのか？　日本国家の核心を顕わにした事件の含意を問う！

四六上製　三一二頁　**三〇〇〇円**

（二〇〇七年一月刊）

◇978-4-89434-555-3

屈辱か解放か!?

ドキュメント 占領の秋 *1945*

毎日新聞編集局　玉木研二

一九四五年八月三十日、連合国軍最高司令官マッカーサーは日本に降り立った——無条件降伏した日本に対する「占領」の始まり、「戦後」の幕開けである。新聞や日記などの多彩な記録から、混乱と改革、失敗と創造、屈辱と希望の一日一日の「時代の空気」たちのぼる迫真の再現ドキュメント。

写真多数

四六並製　二四八頁　**二〇〇〇円**

（二〇〇五年一二月刊）

◇978-4-89434-491-4